会社の資産形成
成功の法則

「見えない」資産を築く
最強の戦略

三反田純一郎

中央経済社

はじめに

「社長、黒字の御社は頑張っているほうですよ。日本の企業の7割が赤字ですから」

こんな話が税理士とそのクライアントの社長との間でされています。

国税庁の調査によれば、少なくとも10年以上前からずっと日本の全企業の約7割が赤字ですから、我が国では利益を上げることすら簡単ではないようです。全企業の7割も赤字企業という状況で果たして国が成り立つのか？　真剣に心配になってしまうのも無理はありません。

そこに追い打ちをかけるように誰も予想もしなかった新型コロナウイルス感染拡大防止に伴う経済悪化が押し寄せました。帝国データバンクの調査（2020年4月）によれば全企業の9割ほどがコロナ禍での経済危機により売上に悪影響が出たそうです。

今回のコロナショックではっきりしたのは、中小企業が事業を継続をしていくために必要とされるあらゆる資産形成が不足していたことです。再び緊急事態宣言が出されたら運転資金が何か月持つのだろうか……。そんな不安を募らせている経営者も多いのではないでしょうか。

ただ、全企業の7割が赤字という数字に表れているように、そもそもコロナに関係なく、日本の中小企業の経営自体は、大企業病ならぬ中小企業病という慢性的な赤字体質から抜け出せない症状が続いており、長期的にはあらゆる資産をすり減らし、機能不全となる病気にかかっていることがはっきりしています。

しかも日本はこれから本格的な高齢化による人口減少時代に突入していきます。2050年には労働人口が現在の半分以下となると言われています。その頃には、消費、雇用、社会保障、財源などあらゆる面で中小企業を取り巻く環境はより一層厳しくなることでしょう。

ところで、資産形成に不安がある中小企業の経営者は、税理士や金融機関に相談してアドバイスをもらえばよいと思われるかもしれません。しかし、これまで成果が見込めるアドバイスをもらえることはほとんどないのが実状でした。

資産形成を実現することは誰もが望むことです。どんな経営者でも運転資金が潤沢で、ヒトやモノに申し分なく投資ができる経営スタイルがよいに決まっています。しかし、売上を増やすことが難しい現状のままではなかなか叶えられそうもありません。

資産形成が不足しているのであれば、この状況を打破し、経営者が資産形成を実現する方法はないのでしょうか？　残念ながら、今の日本で経営者が資産形成を正しく行うことは難しいでしょう。

私は、大学卒業後に入社した石油元売りの会社でサラリーマン生活をスタートさせました。その会社でガソリンスタンドの開発などを通じて不動産の投資に目覚めた私は、まず宅建の資格を取得しました。さらに、不動産投資を極めるには税理士になるのが近道だと考えるようになり、税理士を目指し幸い税理士になることができました。また、税理士になったと同時に、不動産投資を筆頭に株式や債券の投資はもちろん、太陽光事業やM&Aなど様々な投資を行うようになりました。

現在はその経験や知識をもとに、税理士としての経営アドバイスにとどまらず、不動産や金融商品をはじめとした幅広い資産ジャンルを包括的に組み込むポートフォリオ型の資産形成を実現するためのコンサルティングを行っています。そして日本の中小企業の高度な資産形成の実現こそが私にとってのライフワークとなっています。

自ら税理士として多くの中小企業と向き合いながら、バブル崩壊からリーマンショック、また今回のコロナ危機と中小企業経営の現場をつぶさに見ている中で、中小企業が絶対に今こそ変わらなければいけないこととして私が何よりも痛感しているのは、経営者には「資産形成についての重大な誤解が二つ存在する」ということです。

一つ目は、資産形成は難しいから無理だという誤解です。

現在、日本は低成長にあえいでいますが、世界全体を見ると世界経済は確実に成長しています。したがって、視野を世界に向ければ、資産形成が難しいと決めつけるのは誤解なのです。「損をしそうだからやらない」とか「本業に専念して資産形成から目を背けたい」と口にする経営者は現実逃避していています。なお、この現実逃避の原因は、そうした経営者に、資産形成の必要性が動機付けされていないことにあると私は考えています。

本書では資産形成が難しいと誤解するに至った背景や原因を解明し、資産形成は正しく行いさえすれば決して難しくないことをお伝えします。

二つ目は、何のために資産形成するのかという目的意識についての誤解があります。資産形成自体が目的化されているのは誤りです。たとえば巷にあふれる「資産を●億円にする方法」などといった資産形成自体を最終目的にしてしまう風潮がそれです。これでは個別のスキームや銘柄の良し悪しといった枝葉末節に目が行ってしまい、資産形成は失敗します。資産形成のあるべき姿はより良い社会、より良い企業、より良い人生になるための「有効な手段」であると理解すべきです。

本書では資産形成に取り組む際に日本人が陥りがちな、予備知識もない初心者にいきなり個別のスキームや銘柄に目を向けたテクニックを授けるようなものではなく、その前に絶対に身に付けておくべきマインドセット（課題の解決を実現するのに有益な価値観）やフレームワーク（課題の解決を進めるうえで有益な枠組み）を優先するべきである、という私の考えのもと、本質的で永続的な資産形成を提案したいと考えています。

さて、先ほどの経営者の資産形成の誤解を解く糸口はどこにあるのでしょうか？

まずは、この失われた30年の間、日本の中小企業が資産形成をすることについてのあらゆる遠心力が働いていたことに気づくことです。

たとえば国も税理士や金融機関といったアドバイザーも、無意識のうちに中小企業の資産形成がされない方向へと働きかける構図ができあがっています。そろそろすべての経営者はこの遠心力の存在に気づき、誤解のない資産形成を行っていかなければ自社の未来はないという危機感を持つべきです。

しかも企業経営における資産形成は個人のそれより複雑なものです。なぜなら企業にはその存在価値といえる経営目的があり、その実現のためには目に見える有形資産だけではなく、目に見えない無形資産の蓄積や活用も求められるからです。

特にこれからの答えのない、事業変革スピードが猛烈に速い世の中においては、目に見える資産や既存事業の陳腐化も予想されます。したがって、新しい事業を生む源泉である、目に見えない資産の形成がこれまで以上に求められるようになります。

さらに、日本では中小企業の人的資産の形成に目が向けられていませんでした。しかし、本来中小企業こそ、人的資産の形成をしなければなりません。中小企業は大企業に比して有形資産の蓄積が乏しいからです。バブル崩壊後の30年間、人的資産に積極的に投資しなかったことで知識や組織が価値を生む経済に適合できなかったことが、我が国の経済成長率の低下を招いたのです。

中小企業が資産形成不足の課題を解決して明日から成長できるようになるためには、これまで怠ってきた資産形成に対する学びや動機付けが必要不可欠です。

数多くの中小企業のコンサルティングをしていくなかで、資産形成が実現できている経営者には共通点があることが見えてきました。本書では、これまでの私の経験を基に、これからの経営環境において資産形成をどのような考え方で、具体的にどのように取り組めばよいかについて説明したいと思います。

なお、このとき重要となるキーワードが「目に見える資産」と「目に見えない資産」です。世界を見ると資産形成の価値観の重心が全く変わってしまったといえるほど、目に見えない資産が重要視されています。我が国の経営者もこのことに気づけないと確実に周回遅れとなってしまい、生き残ることが難しくなるでしょう。

資産形成に成功している経営者には成功の法則と呼べるいくつかの共通した視野や行動パターンがあります。本書では、資産形成に成功しているクライアント企業を通して見えてきた、それらの経営者に共通する視野、目のつけどころやポリシーを元に、資産形成の成功の法則の特徴や強みを見つけ出し、成功のためにはどのように取り組めばよいのか、つまり経営者自身が次の行動に移すための具体的な実践方法もご説明したいと思います。

中小企業の経営環境については、多くの企業で1年後の存続すら危ぶまれるという、いまだかつてないほどの危機に直面しています。

日本は人口減少時代に突入し、何もしなければ必要のない企業はどんどんと消えていく時代です。本来であれば10年がかりでシフトしていく予定であった事業の転換が今回の新型コロナウイルスの流行によって強制的に10倍の速さで大転換を迫られるようになったと考えるべきです。

不安定な環境はリスクも多くありますが、その反面大きなビジネスチャンスと捉えることもできます。そうした中、経営者は何を考えて、どう行動すべきなのでしょうか？

本書によって一人でも多くの経営者が資産形成を実現することによってそのビジネスチャンスを掴み、企業の永続性を高め、経営者ご自身だけでなく、従業員やその家族が豊かな人生を手に入れるための一助となれば、著者としてこれ以上の喜びはありません。

２０２１年２月

三反田　純一郎

目次

コラム 1 人生100年時代で働く人に求められる資産形成の価値観を欧米に学ぼう

第2章 資産形成—成功の法則「見える資産から」

第4章 資産形成を成功させる経営戦略の法則

序

今、なぜあらゆる中小企業が資産形成をすべきなのか

誰も気づかないうちに中小企業の資産は、枯渇していた……

日本経済は中小企業が牽引している？

日本は中小企業大国と言われています。現に「日本経済の底力は下町の町工場に象徴される中小零細企業にあり、このことこそが日本の資本主義の特徴である」という考え方をしている日本人はずいぶん多いように感じます。

特にメディアがお決まりと言ってよいほど、そういった風潮でテレビのニュースやドラマで放映するので、国民全体にそのイメージが刷り込まれているのではないでしょうか。

本来、中小企業大国とは、クラフトマンシップのような守るべき技術を脈々と後世に継承するようなモノづくりを行っている中小企業や、大企業では手の届かない地域経済の課題解決を実現するために高いモチベーションで働く経営者がいる活気ある中小企業などが存在する国のことです。

こうした企業は、その成り立ちの性格上、革新性はもちろん生産性の点で周りの平均的な企業よりも優れているため、そういった企業が増えていくと、生産性の低い企業の悪影響が希薄化され国全体の生産性が高まります。

ただ創業間もない企業は、その規模の小ささから、経営の安定性は当然欠けます。したがって、そうした企業が高い生産性や革新性を維持したまま、あるべき規模へと成長していくためには何らかの支援が必要となる場合があります。そのため日本をはじめとした世界の多くの国で用意されているのが中小企業優遇政策や保護政策というものです。

日本でもかつては、ソニーやホンダのように地域の中小企業から世界的な企業に成長する例が相次ぎ、そうした企業が実際に国全体の生産性や成長性を牽引しました。当時は、日本企業全体の優秀さや革新性は世界に誇れるものであり、日本の人口も右肩上がりで増加して、日本経済そのものが高度経済成長期の真っただ中にありました。

そこからずいぶん時が経ち、人口減少時代にさしかかった現在でも、日本経済はかつての成功体験のイメージを引きずって、多くの日本の中小企業がいまだに生産性や革新性を持てていると過信しているように見えます。果たして実際のところはどうなのでしょう？

働く人材のポテンシャルは世界最高なのに組織としては世界最低の日本

皆さんご存じのとおり、日本は国全体のＧＤＰでの世界ランキング（ＩＭＦより公表）では永らくアメリカに次ぐ第二位であり、２０１０年頃に中国に抜かれたものの、２０２０年12月現在でも世界で第三位というポジションを維持しており、依然経済大国であることには間違いありません。実際、相変わらず日本が裕福な国だと考えている日本人もかなり多いと思います。ただ、残念ながら世界からはそのように見られていません（同様に中国が世界で二番目に裕福な国だと思っている方もほとんどいないでしょう）。

ＧＤＰ（国民総生産）の総額は「生産性×人口」で表され、中国が急激にランキングを上昇させたことでもわかるようにＧＤＰは人口に比例するものです。ＧＤＰの世界ランキングの高い国の国民が皆裕福かといえばそうとも限らないわけです。

そこで近年では国の経済的な豊かさを測るための指標として、ＧＤＰ（国内総生産）を国の人口で割って算出する一人当たりの付加価値額である「一人当たりのＧＤＰ」によって国ごとの競争力を比較することが世界では一般的となっています。

この一人当たりＧＤＰで見ると日本はなんとＯＥＣＤに加盟している36か国中第18位に沈んでしまいます（**図1**）。ここから見えてくることは、経済規模の大きさから離れて生産性の観点で比較すると、日本の経済力や競争力は国際的にも決して高くはないということです。

なお、一人当たりＧＤＰだけでは、日本は専業主婦や高齢者が多いので正確な実態を表わさない、というご意見の方もいらっしゃると思います。そこで日本企業の生産性や競争力の実力をより正確に捉えるために、ＧＤＰを労働者（就業者）の数で割って算出する「労働生産性」からも見てみます（**図2**）。

そうするとなんと、労働生産性で比較したほうが日本の順位が下がってしまうのです。たとえば日本の労働生産性はアメリカと比較するとその約6割しかありません。つまり日本の企業が生み出す付加価値はアメリカの半分強に過ぎません。言い換えると、日本の企業はアメリカの企業の倍の人数をかけてようやくアメリカと同程度の付加価値を上げることができるということです。

ではアメリカの労働生産性が異常に高いのでしょうか？

図1　一人当たりGDPの国際比較（2018年）

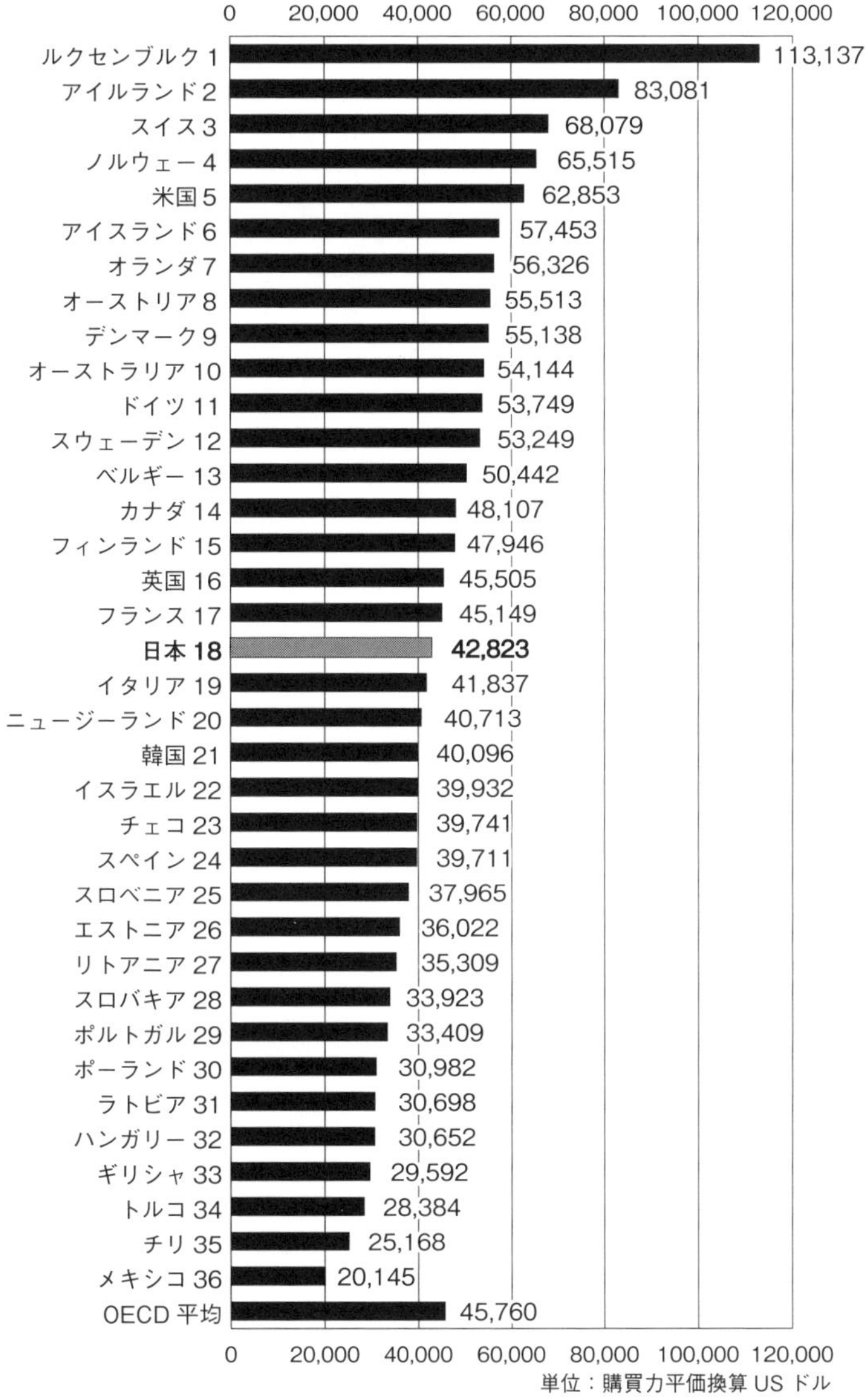
0
20,000
40,000
60,000
80,000
100,000
120,000
ルクセンブルク 1
113,137
アイルランド 2
83,081
スイス 3
68,079
ノルウェー 4
65,515
米国 5
62,853
アイスランド 6
57,453
オランダ 7
56,326
オーストリア 8
55,513
デンマーク 9
55,138
オーストラリア 10
54,144
ドイツ 11
53,749
スウェーデン 12
53,249
ベルギー 13
50,442
カナダ 14
48,107
フィンランド 15
47,946
英国 16
45,505
フランス 17
45,149
日本 18
42,823
イタリア 19
41,837
ニュージーランド 20
40,713
韓国 21
40,096
イスラエル 22
39,932
チェコ 23
39,741
スペイン 24
39,711
スロベニア 25
37,965
エストニア 26
36,022
リトアニア 27
35,309
スロバキア 28
33,923
ポルトガル 29
33,409
ポーランド 30
30,982
ラトビア 31
30,698
ハンガリー 32
30,652
ギリシャ 33
29,592
トルコ 34
28,384
チリ 35
25,168
メキシコ 36
20,145
OECD平均
45,760
0
20,000
40,000
60,000
80,000
100,000
120,000
単位：購買力平価換算USドル

（出所）OECDデータ、日本生産性本部（2019年12月公表）

図２　労働生産性の国際比較

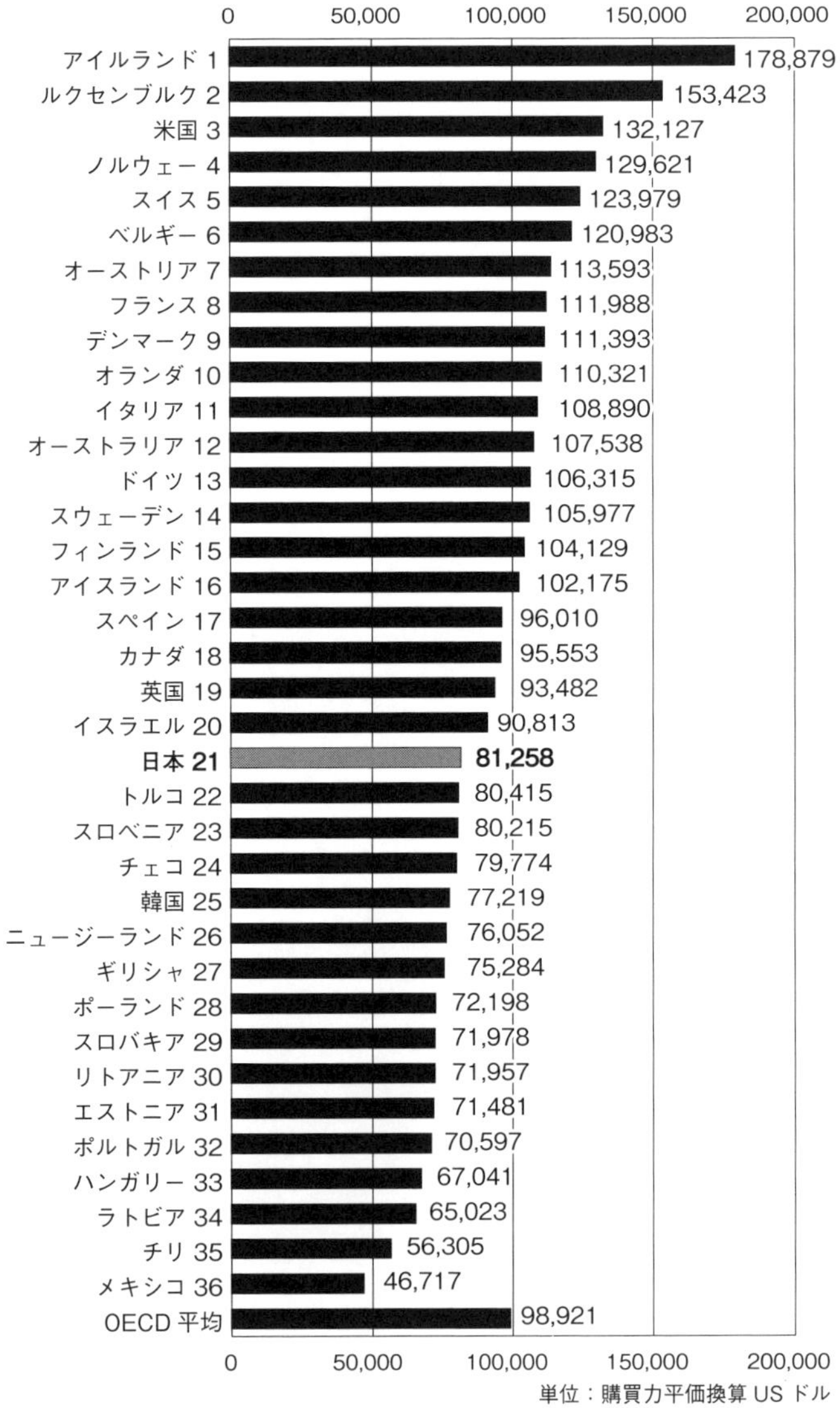

（出所）OECD データ、日本生産性本部

そうではありません。さほど生産性の高いイメージのないスペインと比べても日本の労働生産性はスペインの約8割しかありません。それどころか日本の労働生産性はトップのアイルランドの半分以下で、かつて日本よりも下だったデンマークやオーストラリアにも抜き去られています。

では労働生産性が上がらないということは働く人の能力がよほど低いのでしょうか？

これも違います。世界から見ても日本人労働者の質はまじめで潜在能力も高いとされています。このことは、**図3**の人材の質ランキングで第四位に位置していることからも世界がその能力を認めていることを確認できます。

図3　人材の質ランキング

ランク	国名	スコア
1	フィンランド	85.86
2	ノルウェー	84.64
3	スイス	84.61
4	**日本**	**83.44**
5	スウェーデン	83.29
6	ニュージーランド	82.79
7	デンマーク	82.47
8	オランダ	82.18
9	カナダ	81.95
10	ベルギー	81.59
11	ドイツ	81.55
12	オーストリア	81.52
13	シンガポール	80.94
14	アイルランド	80.79
15	エストニア	80.63
16	スロベニア	80.33
17	フランス	80.32
18	オーストラリア	80.08
19	イギリス	80.04
20	アイスランド	79.74

（出所）「The Human Capital Report 2016」WEF

つまり**働く人材のポテンシャルは世界でも最高レベルなのに、組織として集まって「企業」単位になると先進国でも最下位レベルになる**、というのが日本経済の極めて異質な特徴なのです。やはり、日本の企業経営のあり方に何か構造的な問題や課題があることは間違いなさそうです。

さて、ここまで海外と比較することで日本企業全体の競争力や生産性について見てきましたが、改めて「中小企業」という観点から考えてみたいと思います。まず、「中小企業」は、その括りかたが法律や統計調査などによって少しずつ異なりますが、一般的には**図4**の中小企業基本法に定義される業種ごとの資本金の額や従業員の数で規定される規模に収まる企業のことを指します。

この区分で分けた場合、登録された日本の全企業のうちの99・7％が中小企業ということになります。また、働く雇用者の比率でも中小企業で雇用される労働者の割合は全体の約70％で推移しています。

なお中小企業で雇用される労働者の割合を世界の他の国と比較するとアメリカは約50％、イギリスやドイツは約60％となっていますので、日本が最も高いことになります。いずれの指標からも確かに「量的」な面からは中小企業の日本経済におけるウエイトが大きいことは間違いないようです。

図4　中小企業基本法に定める中小企業者の定義

業種分類	資本金の額	常時使用する従業員の数
製造業その他	３億円以下	300人以下
卸売業	１億円以下	100人以下
小売業	５千万円以下	50人以下
サービス業	５千万円以下	100人以下

次に、「質的」な面でのプレゼンスはどうなのでしょうか？

付加価値、利益といった企業活動の成果の面から中小企業を見ると、中小企業のアウトプットの割合は全体の30～50％程度へと低下してしまいます（**図5**）。

このことからわかるのは、中小企業は企業数が多いにもかかわらず、それに比例した付加価値を生み出すことができておらず、大企業に比べて総じて生産性が低いために、結果として日本全体の労働生産性を引き下げているということです。

ここまで日本国内の中小企業と大企業のプレゼンスの比較について見てきました。「中小企業が日本経済を牽引している」ということはどうやらなさそうです。確かに量的な面では日本は中小企業大国であることは間違いない一方で、質的な面では高度成長時代の思い込みやイメージを引きずりすぎたことが、日本全体の生産性を引き下げる要因となり、国全体が国際的にも際立った低生産性にあえいでいることがはっきりしてきました。

図5　付加価値の大企業との比較（2014年（研究費は2013年））

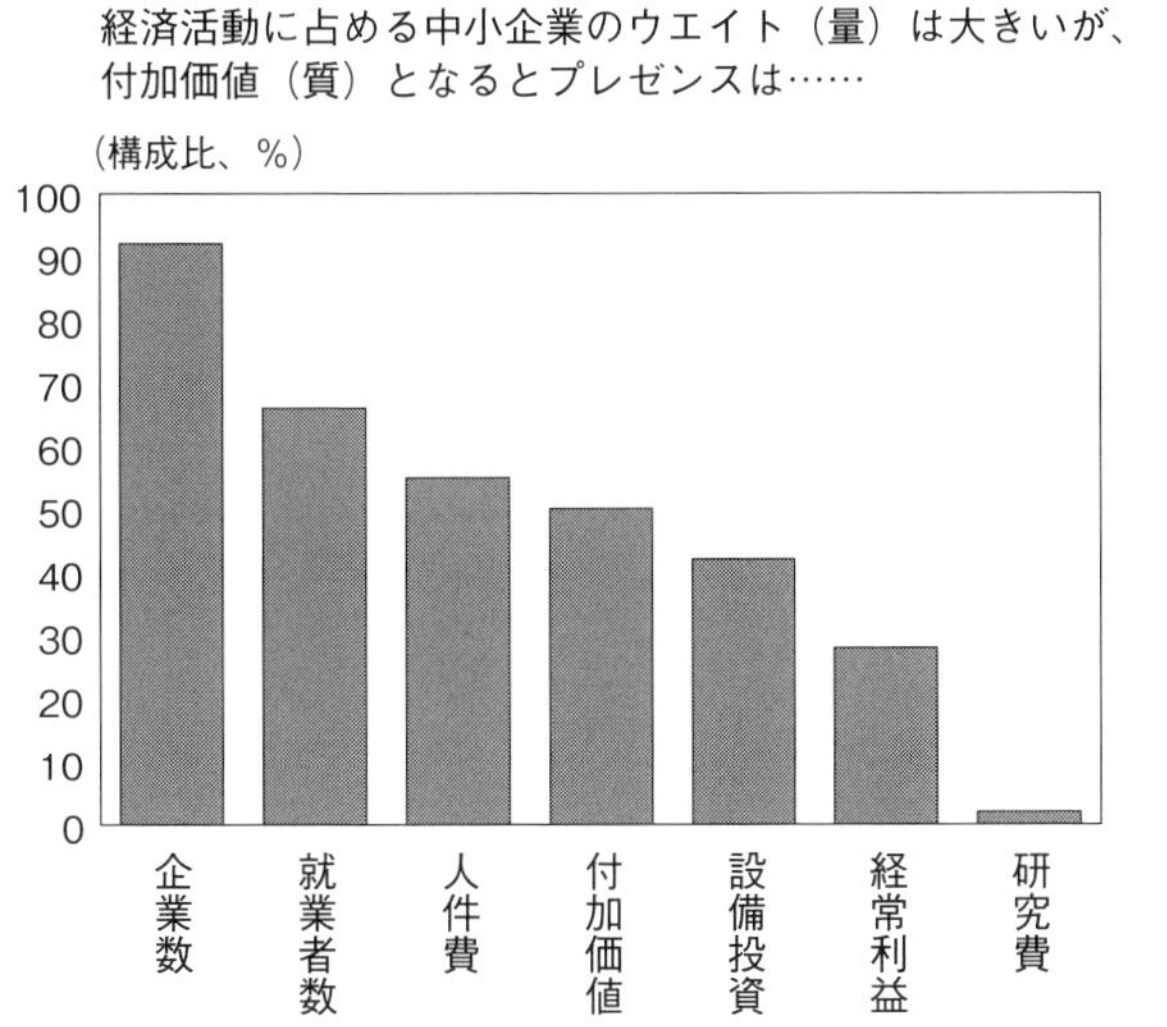

（出所）内閣府

さらに、数の上でウエイトが大きい中小企業が質の面で低生産性にあえいでプレゼンスを発揮できないでいることにより、労働条件が悪い企業を多く生み出したため雇用の質も悪化し、長期にわたって国全体が労働者の賃金上昇の恩恵を受けられなかっため生活は苦しくなる一方となっています。

賃金が上昇しないと国の税収も上がりません。一方で、高齢化による人口減少は待ったなしです。このままでは増税や社会保障の負担に押しつぶされかねません。こんな日本の状況を考えると、とても中小企業の現状を放置していてよいはずはありません。

過保護にされ、新陳代謝もなくなり機能不全に陥る中小企業

欧米の中小企業は、統廃合を繰り返しながら少しずつ最適な規模を目指し生産性を向上させています。このとき存在感を示すのが独自のブランド継承の担い手であったり、ＩＴ系企業や金融系企業を中心とした新しい成長産業の担い手です。

一方、日本の中小企業は高度成長期の終焉以降は、経済成長自体は鈍化したにもかかわらず、廃業数を上回るペースで中小企業数が増加したことから、当然のごとく過当競争となり、次第に体力勝負の消耗戦に突入しました。

その後、バブル経済の崩壊やリーマンショック、東日本大震災といった経営環境への大打撃が立て続いたことにより、本来であれば相当な数の中小企業が淘汰されてしかるべきでした。しかし、国が中小企業保護政策を通して、現存の中小企業を保護する政策をとり続けたことにより、実際は想定されたほど淘汰は起こりませんでした。

つまり本来であれば新しい環境に適するように変化や成長を促すやり方、すなわち産業構造の再編

や労働の移動を促進する政策をとるべきところ、雇用確保という旗印のもと、現存の中小企業の企業数を減らさない、という変化に抵抗する政策によってその雇用を維持するという方向が硬直的に定着してしまったのです。

もちろん雇用が失われることが望ましいわけではありませんが、問題は、雇用を守るという目的を中小企業の過保護によって実現しようとしたことです。このような雇用を維持するための金融緩和や補助金といった市場の競争原理に反した過度な中小企業優遇策によって本来は市場から撤退を求められた中小企業までもが延命されることになり続けました。

本来、数々の経済的な環境の変化に対応するためには、変化に適した新しい企業が、競争力を失い市場から撤退を求められた古い企業に取って代わる必要があります。これが市場の競争原理で、その時に労働者も古い企業から新しい企業にスムーズに移動することができれば、企業を守らなくても雇用を守ることができたはずです。

「雇用維持」という観点から、既存の中小企業の枠組みにとどまる企業を過度に保護するという国の間違った政策は、二つの大きな問題を引き起こしました。

一つは、グローバル時代の産業構造の変化を伴うような大きな変化の時期に新しい経済環境に適した新しい企業の、競争力を失った古い企業に取って代わるという重要な新陳代謝の機会までも減らしてしまったことです。俗に「ゾンビ企業」と呼ばれる、本来は死に体となっている企業が増加してしまうことについてはＯＥＣＤなどによっても広く研究がなされており、その国の生産性上昇率や物価

図6　企業の新陳代謝の国際比較（2011、2012年）

開業率

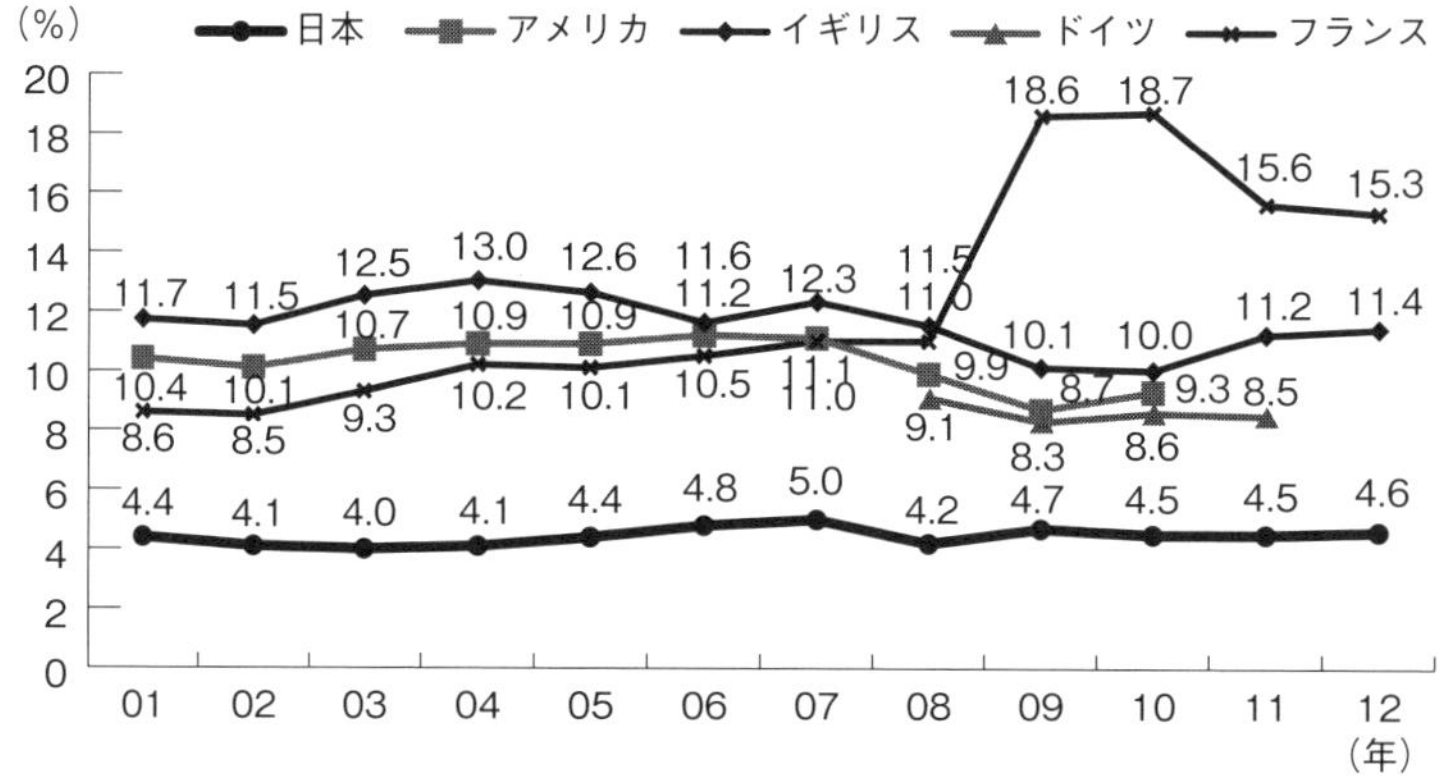

廃業率

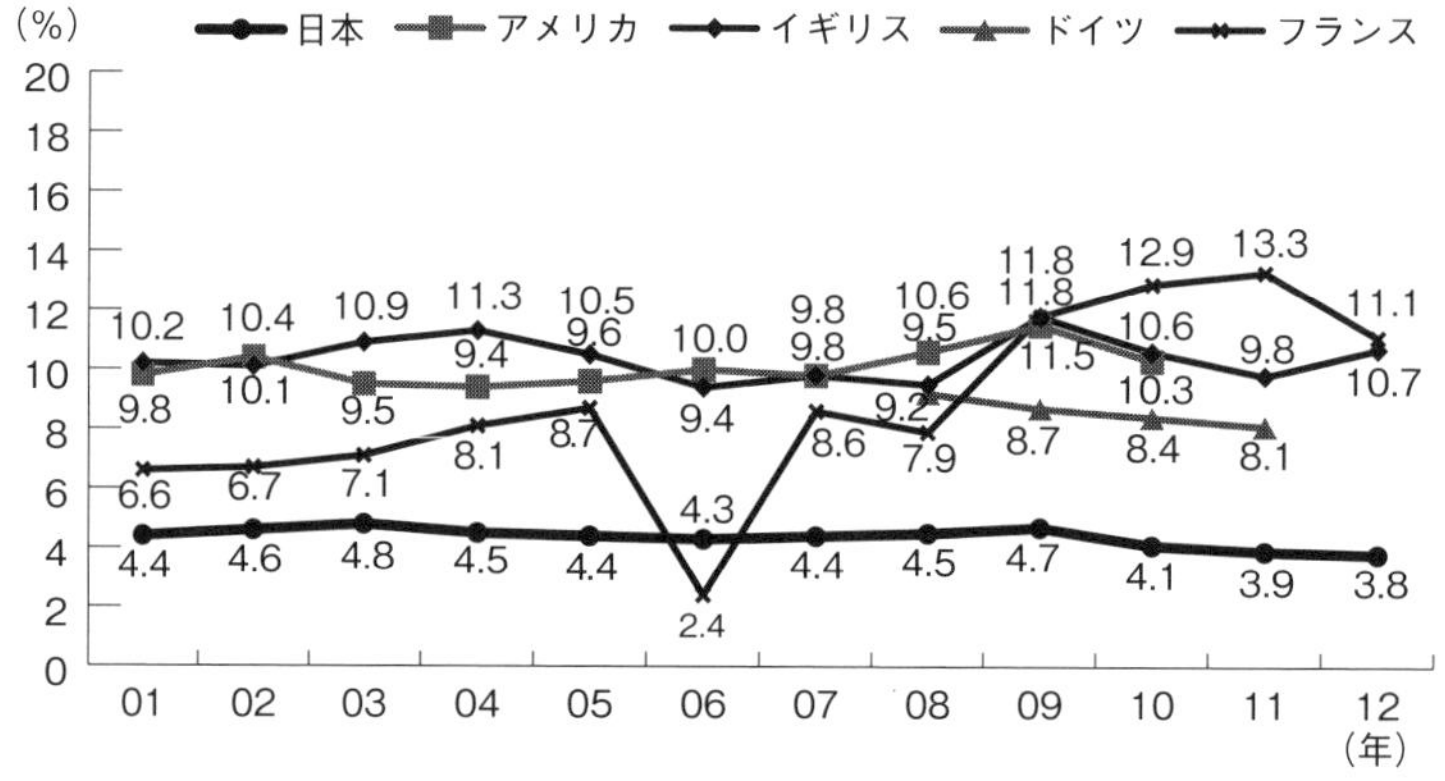

開業・廃業ともに少なく、新陳代謝が見られない

（出所）「中小企業・小規模事業者が担う我が国の未来」中小企業庁

上昇に悪い影響を与えることがわかってきています。

企業の新陳代謝が少ないということは、収益率の高い成長期の企業が少ない一方、収益率の低い成熟期の企業が多くなり、国全体の収益力が低く押し下げられていると考えられます（**図6**）。ＯＥＣＤの調査では開業率・廃業率と経済成長性の関係を見ると緩やかな正の相関が確認されています。

既存の中小企業の「雇用維持」に主眼を置く国の政策のもう一つの問題は、成長できたはずの企業に対してまでも成長の芽を摘んでしまうことです。市場からの撤退も求めないという、まさに過保護の状態が生み出されることで、「中小企業の枠内にとどまり成長しないほうが得をする」という負のインセンティブを国が用意してしまい、結果、高度成長期に爆発的に増加した中小企業の成長する意欲がそがれてしまったのです。

企業は規模が大きくなればなるほど物的資本の投下額が大きくなるため、社員一人当たりの設備は充実することとなり、当然生産性が大きくなります。その点では中小企業が大企業に比べて不利な立場に置かれているのは確かです。ですから、中小企業を応援すること自体に問題があるわけではありません。実際に中小企業保護政策自体は世界を見渡しても多かれ少なかれ存在していますし、頭ごなしに否定されるものではありません。

しかし、アメリカやドイツなど中小企業政策がうまく活かされている諸外国は、中小企業に対して中堅企業や大企業へのステップアップを包括的に促す主旨の政策となっています。日本のように雇用を維持するために成長を止めた企業も含めて既存の企業を思考停止のように保護し続けることは失敗だったと深く反省し、早急に改めるべきです。

私は、現在に至るまでの日本の中小企業経営スタイルを、その特殊性から「日本型中小企業経営」と呼んでいます。あえて「日本型」としているのは、様々な指標から日本以外の国では考えられないような機能不全の症状が隠し切れずに出始めているからです。

ありえないデータの数々。目を覆いたくなる中小企業の実態

次章以降で詳しく説明しますが、日本の中小企業経営には単に低生産性という病巣の問題だけでなく、そこから全身に転移して資産形成や働く人のモチベーションにまで悪影響を与えてしまうという目を覆うような状況が生じています。

まずは**図7**で示される赤字企業の比率です。企業は本来利益を出すために経営していることが大前提です。実際「赤字」という言葉は経営者からも銀行からも忌み嫌われるもののはずです（少なくとも税理士である私はそう理解しています）。にもかかわらず半分以上の企業が赤字申告をしている（10年以上前から60％以上の高い割合で推移しています）というのはやはり異常と言わざるを得ません。

赤字ということは原則として法人税も納めていないことになります。法人税は国全体の税収の２割

以上を占める主要財源です。赤字企業が減少すれば国の税収も上がるということを考えれば何とか赤字企業の比率を下げる方法を考えたいところです。

次に、働いている人の意識はどうでしょうか？　こちらは従業員のエンゲージメントという指標から見ることができます。従業員のエンゲージメントとは仕事への熱意度とも言い換えることができます。

図7　赤字企業率の年度推移

年度	欠損法人割合（%）
平成19年	67.1
20	71.5
21	72.8
22	72.8
23	72.3
24	70.3
25	68.2
26	66.4
27	64.3
28	63.5
29	62.6

過去10年間一度も60%を下回ったことがない

（出所）「平成29年度分『会社標本調査』調査結果について」国税庁

大企業か中小企業かを問わず、世界各国の企業を対象に行った従業員エンゲージメントの調査によると（**図8**）、日本はなんと、「熱意ある社員」が全体の6%しかいません。アメリカの31%と比べて大幅に低く、調査した139か国の中で第132位とほぼ最下位となっています。大企業が足を引っ張っていたかもしれないことを考慮しても目も当てられない低さなのです。

あなたの会社の従業員は世界で一番熱意を持っていない、こう言われて大きなショックを受けない経営者はいません。

図8　従業員エンゲージメント（2017年）

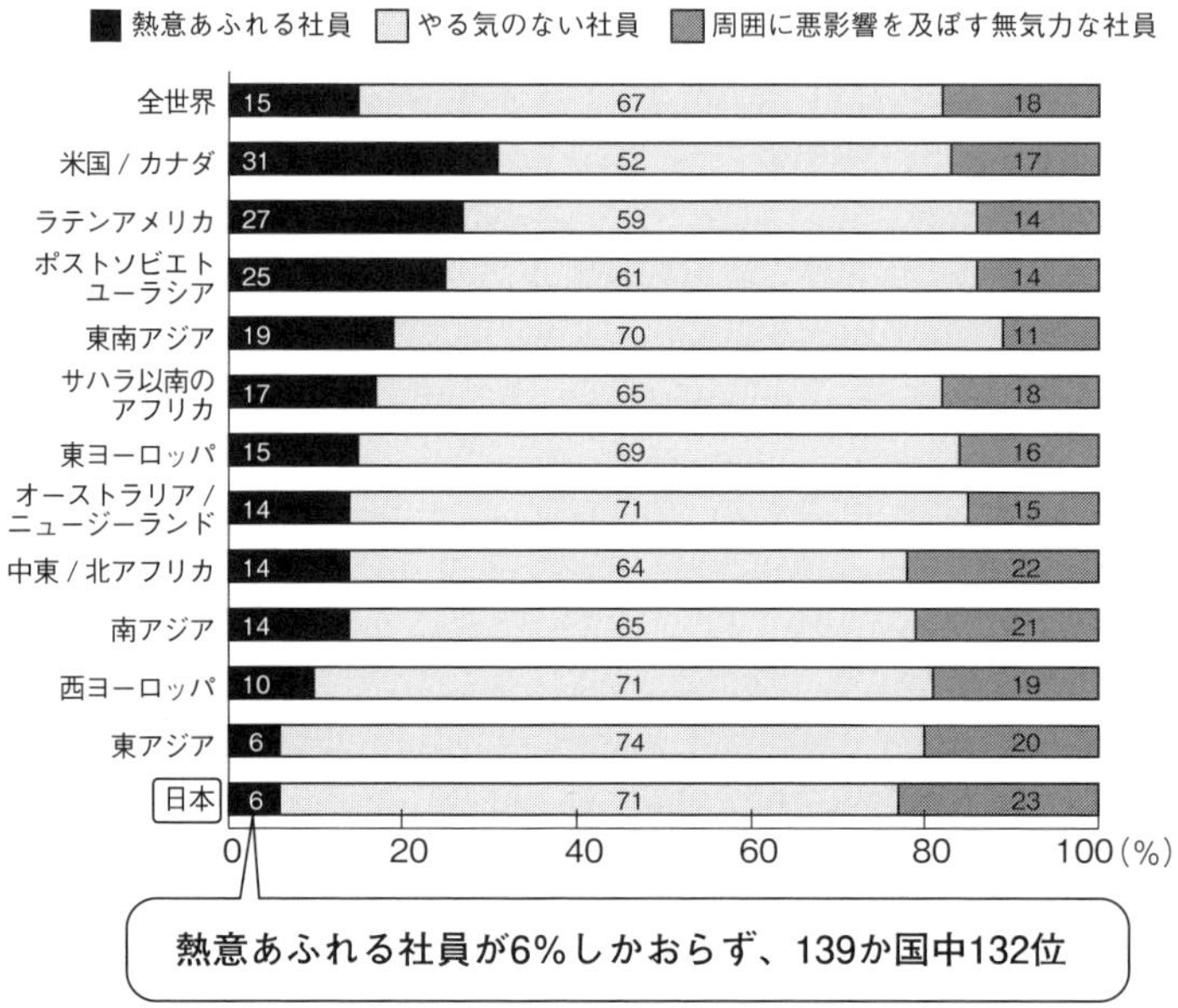

（出所）「『熱意あふれる社員』の割合調査」ギャラップ社

確かに現在多くの経営者が従業員エンゲージメントの向上に取り組む必要性を感じ始めていると聞きます。しかし、まだ実効性のある方法が確立されているわけではありません。

いかがでしょうか。これでも日本型中小企業経営は機能不全に陥っていないと言えるでしょうか？

なお、日本にいるだけでは周りの日本企業の状況も似たり寄ったりですし、忙しい経営者の方々はこのことに気づきづらいかもしれません。しかし、他の国と比較することで我が国の異常さがわかったかと思います。

また、「赤字で生産性も低いから従業員のエンゲージメントが下がるのか、従業員のエンゲージメントが低いから赤字になったり生産性も上がらないのか？」という生産性の低下と従業員のエンゲージメントの低下との関係はアドバイザーの間でよく議題に上がるテーマですが、どちらが正しいかは別として、こうしたテーマは最近急に出てきたものではありません。日本型中小企業経営の長年の蓄積による日本の企業風土や働く方々の仕事観によって生じたものです。

このことは、私が税理士やコンサルタントして日々接している中小企業の現場や経営者の悩み相談を通じても、実感しています。

中小企業の規模の小ささに由来する資産形成の不足はもちろんですが、特に近年、人の面と組織の面で、中小企業は構造的な問題を抱えています。日本はバブル崩壊後の30年間無形資産であるヒトや組織に徹底的に投資しなかったことで、知識や組織が価値を生む経済には適合できず生産性や成長率の低下を招き、それだけにとどまらず働く人のエンゲージメントにまで悪影響を及ぼす結果となってしまっています。

「熱意はない。ただし、その企業を辞めたいわけでもない」という日本企業で働く従業員のエンゲージメントについてのアンケート結果にはゾッとします。身から出たサビとはいえ、人や組織の活性化、チャレンジやイノベーションを起こしていくという課題（これが世界の潮流です）が、これからの日本の中小企業経営に重くのしかかっています。

では、日本の中小企業は変わっていけるのでしょうか？　また変わっていく糸口はどこにあるのでしょうか？

変われなければ中小企業の存続は危うい。中小企業の生産性が日本経済の足かせ

企業全体の99・7%を占める日本の中小企業の生産性は、大企業の3割程度にとどまっている——日本の生産性が主要7か国中最も低いこと、そして中でも中小企業の低生産性が日本経済の足かせとなっていることをここまで述べてきました。

なお、ここまでのいずれのデータも、人口減少前にトレンドが決定しているものばかりです。少子高齢化により労働力はこの先、急速に低下する見通しです。今、中小企業にテコ入れしなければ「地方の再生」といった目標も実現はさらに難しくなります。

今後、日本は世界でも群を抜いた人口減少国となります。世界全体の人口は増え続ける中、日本は2050年には1億人を切るペースで人口が減少すると予測されています。成熟した先進国はこれからいずれも同じ道を辿るでしょうが、かつてこれほど急激な少子高齢化を経験する国は、歴史上もありませんでした。

このことから、日本は人口減少における課題先進国と言われています。これは世界からも注目されているほどの本当に危機的な状況なのですが、なぜか中小企業の経営者はそこに対する備えを全くしようとしていません。高齢化、人口減少、そして労働力不足は、これからの日本の中小企業経営の経営環境に、以下の大きな影響を与えることでしょう。

図9　我が国の時代背景

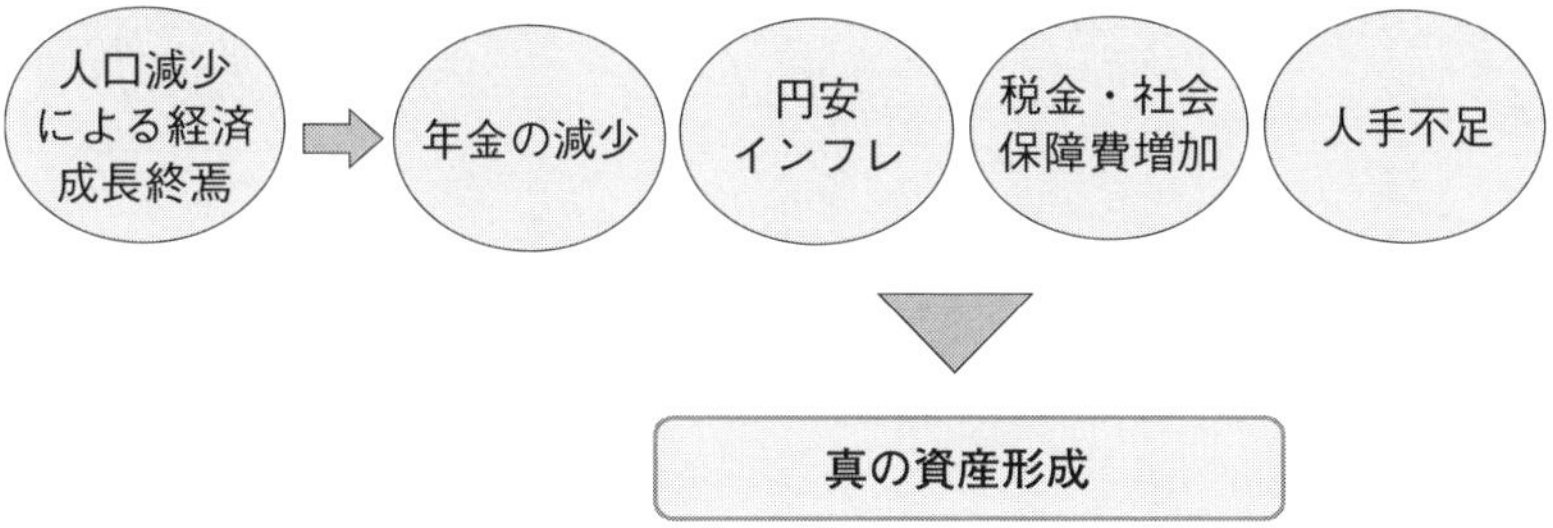

①　人口減少による税収減少
②　労働人口の減少による人手不足
③　少子高齢化の急速進展による社会保障費の負担増加
④　財政悪化による大増税
⑤　年金の支給開始年齢引上げ、支給額の減少
⑥　慢性的な円安
⑦　自給率の減少、慢性的なインフレ
⑧　出生率の低下

　③についてはすでに高い負担率となっており、むしろ税金よりも大きい負担感が感じられ始めています。２０５０年までには、さらに社会保障費の負担が増加することによって手取りが5割未満になるとも言われています。

　④については消費税の将来的な増税は既定路線ですし、⑤の年金積立額は現時点ですでに不足しており、今後は加速していくことでしょう。すでに厚労省では年金の支給開始年齢の引上げや年金の削減案も提唱されているのです。

　このような中で将来への不安から出生率が上がることに期待はで

きません。人口減少のペースが速まることはあっても鈍化することはなさそうです。

人口＝国力です。人口減は日本の国力の相対的な低下につながることから、対外為替は徐々に円安基調になっていくと見込まれる一方、世界の周りの国は人口が増えるわけですから、日本の購買力の低下にかかわらずインフレは進んでいくことでしょう。

手取りは減る一方なのに、負担は加速度的に増え続けていく。これが日本人や日本の企業を待ち受ける未来の姿です。

残された成長資源は家計に１８００兆円、企業に１２００兆円、あわせて３０００兆円と潤沢に積み上げられた金融資産と、世界でも最も優秀とされている「働く人」つまり人的資産だけです。これらを企業という組織単位で束ねることができ、戦略的に活用できれば日本は成長カーブを描き出すでしょうし、逆に活用できないままでは国としての地盤沈下はいよいよ歯止めがかからなくなります。

このように考えると、中小企業が存続できるかできないかという次元ではなく、日本中の中小企業が活かしきれていないあらゆる資産を活用するという経営革新を起こせるかどうか、に我が国の将来が懸かっています。

２０２５年の大廃業問題の本質は資産形成不足にある

実際に中小企業の課題が国全体の課題であると痛感させられることが起こりました。

２０１７年に経済産業省が発表した衝撃的なデータが日本中の経営者やアドバイザーを震撼させました。なんと２０２５年までに6割以上の経営者が引退年齢とされる70歳を超え、その企業のうち半分の１２７万社で後継者不足となり、このまま放置すると「大廃業時代」を迎え、約６５０万人の雇用と約22兆円にのぼるＧＤＰが失われるおそれがあるというのです（**図10**）。

このニュースには私もそれまでの仕事観が変わるほどのショックを受けたことを今でも覚えていますし、数年経った現在もこのまま何もせずに「大廃業時代」だけは迎えたくない、という危機感がクライアントへのアドバイスにおいて大きな影響を与えています。

国の発表も唐突になされた感がぬぐえませんが、経営者の引退年齢が起点となっている問題である限り、いま何も手を打たなければ国の試算どおりに進むしかないのです。国がこのような悪いニュースを国民に発表することは珍しいので、いよいよ国としてもメスを入れないととんでもないことになると考えてのことだと思います。

ところで、この問題の本質は１２７万社という、とてつもない数の企業で後継者不在、つまり継ぎたい後継者候補が見当たらないということです。このようなことになってしまったのは、なぜなのでしょうか？

通常、廃業といえば、毎年赤字が続いてやむにやまれず事業の継続を断念せざるを得ない、というイメージがあります。廃業見込みの企業が赤字企業ばかりなのであれば、誰も継ぐ人がいないということは至極当然に思えます。実際のところはどうなのでしょうか？

図10　2025年大廃業問題の概要

中小企業・小規模事業者の経営者年齢の分布（法人）

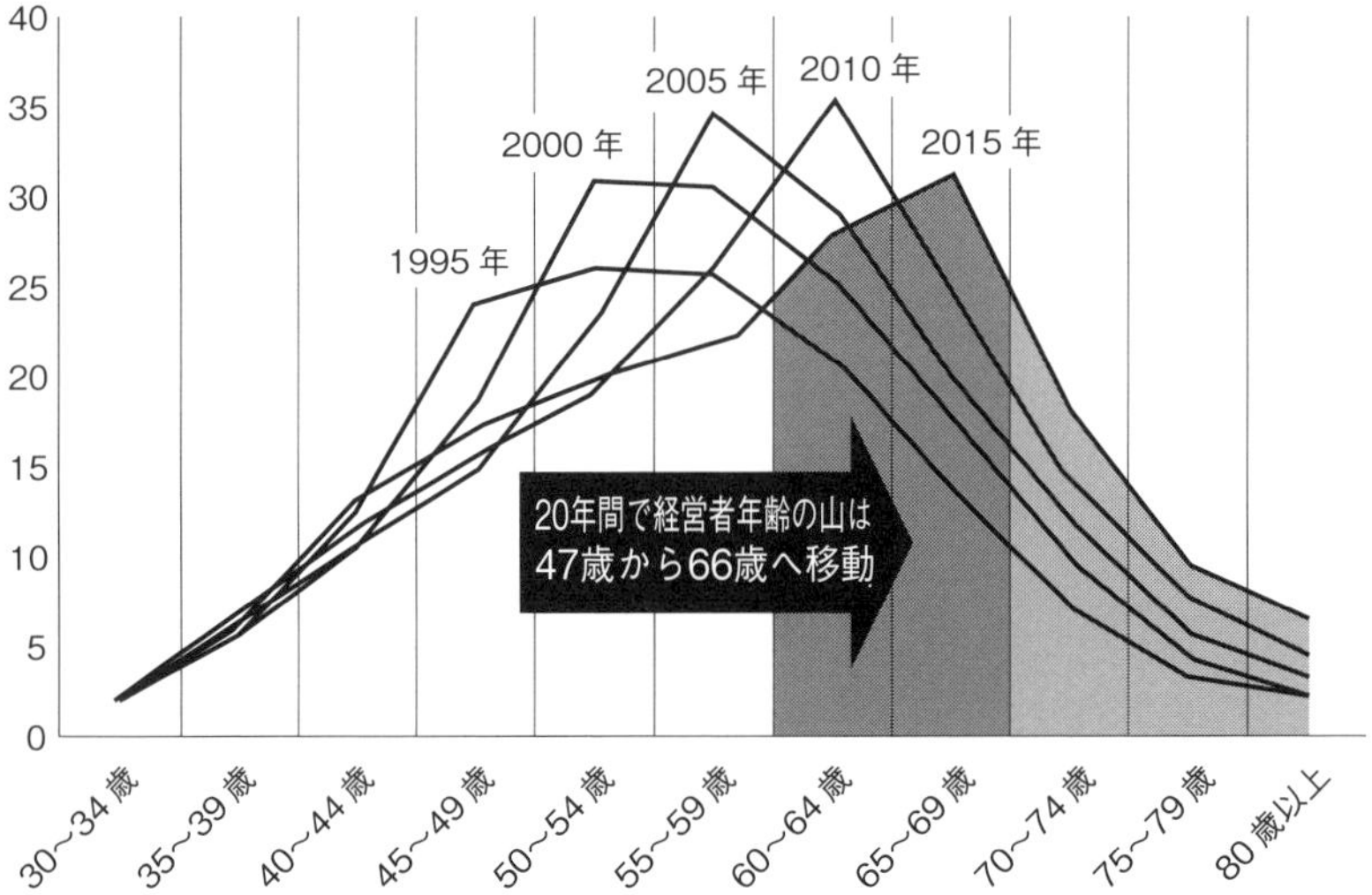

中小企業・小規模事業者の経営者の 2025 年における年齢

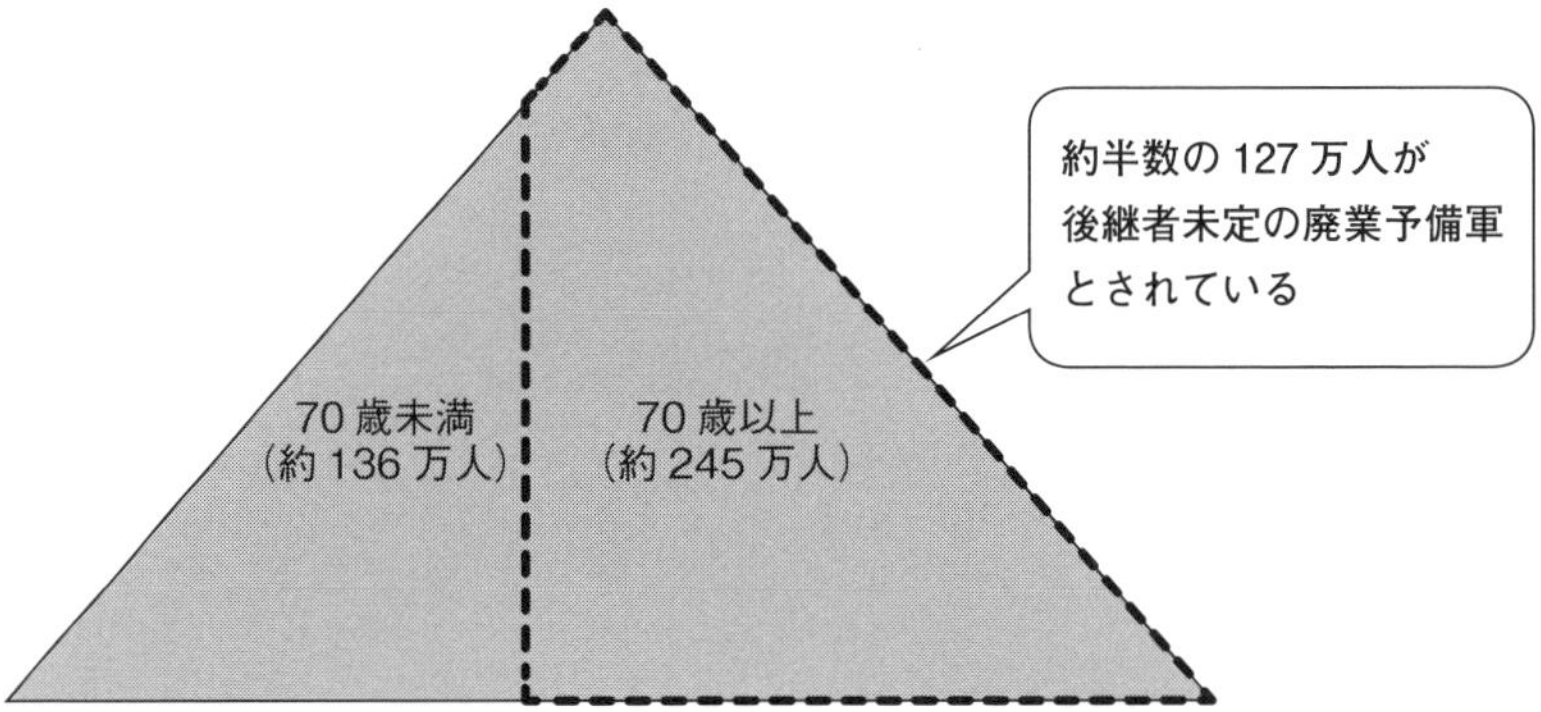

（出所）「中小企業・小規模事業者における M&A の現状と課題」中小企業庁

図11　廃業する企業の大半は黒字

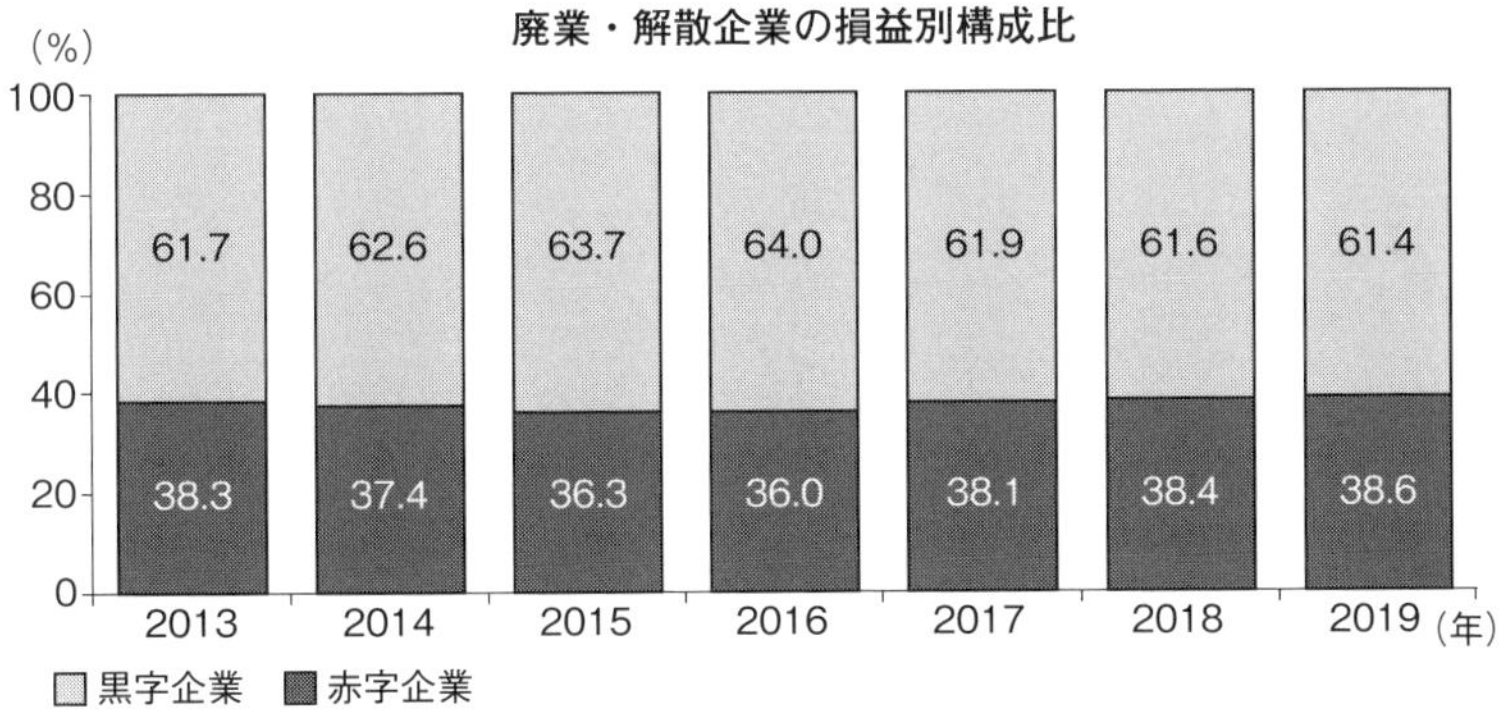

（出所）「2019年版『休廃業・解散企業』動向調査」株式会社東京商工リサーチ

なんと、廃業を迎えようとしている企業の6割以上は、黒字のまま廃業を迎えようとしています（**図11**）。廃業する企業の赤字率は、国全体の赤字企業比率よりも大幅に低いのです。

赤字体質が廃業の原因でないとすると、なぜこのような後継者不足による大廃業時代を迎える事態となってしまったのでしょうか？

私がアドバイスする企業でみる限り、中小企業の経営者の仕事は金銭的報酬、つまり「経済的な報酬・待遇」と非金銭的報酬の面での「精神的なやりがい」の両面で見ても、そこまで捨てたものではないと思います。というよりむしろ恵まれていることが多いと感じます。したがって、後継者不足の問題はそれらでは説明できないような、構造的な根深い問題があるに違いありません。

なにせ127万社もありますので、何か一つだけの理由で説明できるようなことではありません。しかし、日々中小企業経営者と向き合っている中で、事業承継ができないと考える様々な要素があるとわかってきました。

事業承継をせず（できず）、廃業を予定している企業は以下のいずれかの仮説に当てはまると私は考えています。

① 仕事観として後継者側に経営者になりたがる人が減っている。

② 経営者やその配偶者が家業を継がせることを子供や親族に求めなかった。

③ 経営者が「後継者がいない・後継者に能力がない」ことを理由に自らの代で廃業を予定している。

④ 経営者が「継がせるだけの価値がない、事業の先行きが不安がある」ことを理由に自らの代で廃業を予定している。

⑤ **後継者が継ぎたいと思える魅力（価値）が企業にない。**

①については日本人がリスクを取らなくなっているとか、しんどい仕事より割のよい仕事が好まれる仕事観が主流になっている影響があります。特に父親がしんどそうにしている姿を見ると子供は後継者となることを敬遠しがちです。確かにこうしたことは、一定割合あると思いますが、そこまで大きな潮流とは思えません。

②もよくあります。経営者の奥さんが旦那さんのしんどそうにしている姿を見てあえて子供に継がないで別の道を歩むことを勧めるという姿はよく見ます。私はこれに関しては問題視しており、経営

者夫婦には、ご子息が継ぐことも選択肢に入れるようアドバイスをしています。

③については情報の不足による事業承継への取組み不足です。このままよいアドバイザーに巡り会えなければそのまま廃業になることでしょう。

④については現状の中小企業の環境を見れば事業の先行きに不安があることは仕方ありません。しかし、継がせる価値がないという現状認識には疑問符がつきます。

特に問題なのは⑤のケースです。実際、株式会社ニッセイ基礎研究所が後継者候補側の子供の方々に対して行った「就業意識調査」（２００４年）によると、親の事業を承継したくない理由は、

１位　親の事業に将来性・魅力がないから　45・８％
２位　自分には経営していく能力・資質がないから　36・０％
３位　今の仕事が好きだから　16・９％
４位　今の収入を維持できないから　13・９％
（複数回答可）

という結果となっています。私が立てた仮説とほぼ合致しています。

２位の能力・資質が無いという点は、経営者の親とのコミュニケーション不足や謙虚な現代の若者の仕事観として理解できますし、３位の今の仕事が好きだから、は経営者の親から家業を継ぐことを

進められたうえでの判断か気になりますが、いずれにしてもとても幸せなことだと思います。

問題は1位の「事業に将来性・魅力がないから」と4位の「今の収入を維持できないから」というところです。ここから見えてくる大廃業問題の構造的な根深い問題は、継がせる側の問題です。

つまり**「会社に魅力がない」**ということです。

では、次世代が事業を継ぎたいと思える魅力（価値）は何で表されるでしょうか？　それは、次の二つです。

① **事業を継ぐことで「経済的な」価値の面で幸せになれるか。**

② **事業を継ぐことで「精神的な」価値の面で幸せになれるか。**

子供はこの二つの面から、事業を継ぐことに、他の職業、たとえばサラリーマンや公務員として就職することや自ら起業することよりも優位性があるかを見極めるのです。

この点は、子供を後継者とする親族承継でなく、幹部社員を後継者とする社内登用の場合であっても同じです。社内登用の場合も、後継候補者はサラリーマンのままでいくか、経営者になるかを判断します。

私自身も親が事業をしていましたので、就職活動時にそのように考えた記憶があります。ただし、私は親不幸なことに家業を選ばずに就職してしまいましたが……。

企業の魅力はその蓄えている資産から生まれる

私は**企業の魅力は、企業に蓄えた様々な資産から生まれる**ものだと考えます。**継ぎたいと思う後継者がいないのは、すなわち企業としての「経済的」、「精神的」な価値を生み出す資産の蓄積がないので、後継者が継ぐことに対しての魅力を感じなくなっているということです。**いくら老舗で先祖代々続いている家業でも、「経済的」、「精神的」な資産の蓄積が感じられないと、事業を継ぐという人生を左右する大きい決断を下すことは難しいのです。

第1章で詳しく触れますが、企業には「経済的な」面から評価される、目に見える資産と、「精神的な」面から評価される、目に見えない資産とがあります。

たとえばバブル経済真っただ中のときのように、大企業も中小企業も儲かって儲かって仕方がなくて、潤沢な資産によって経済的に満たされていれば、親族の誰しもが事業を継ぎたくない、ということにはならないでしょう（現にそういった企業の場合、黙っていても後継者のほうから継ぎたいと言われますし、むしろ複数の子供の間で社長のポジションが取り合いになるケースもあるくらいです）。

また、私が税理士の仕事を始めた頃はよく「我が子に継がせるときには無借金経営にしておきたい」という表現の仕方で、先代経営者から事業承継のタイミングの目安を教えて頂きました。これも最近の経営環境では、無借金経営など望むべくもないため、後継者への事業承継のタイミングを逸してしまう原因になっているのでしょう。

いずれのケースからも企業の魅力にとって、まずは「経済的な」面から評価される資産が重要であることがうかがい知れます。

一方、後継者世代に当たる最近の若者は仕事観として、金銭的な対価ではなく非金銭的な対価に価値を見出すと言われています。

非金銭的対価は、地域から尊敬される企業で働くことで地域に貢献できるというやりがいや、人が集まってチームワークを発揮する仕事で自らの価値が高まることに価値を見出すというういわゆる無形資産で表されます。

そうだとすると、これからの時代は「経済的な」面からだけではなく、企業の魅力にとって「精神的な」面から評価される資産も不可欠になることを経営者は理解する必要があります。

残業代の未払いが常態化して働く人のロイヤリティが下がっていたり、グレーな節税ばかり行って地域の尊敬を集められなかったり、チームワークを重視せず生産性の低い仕事の進め方を頑なに続けていたりということだと、精神的価値を感じられるような社風やチームワークといった無形資産が醸成されるはずもなく、後継者が魅力的に思う資産は形成されません。

残念ながら実際は、大部分の中小企業が「経済的」、「精神的」双方の資産の蓄積とも思いどおりにできていません。これが、後継者不足に陥っている原因なのです。

経営者自身が自らの企業の価値の現状分析をできているか

「うちの会社って周りの会社に比べてどんなものでしょうか?」

税理士としてこれは本当に経営者からよく聞かれる質問です。まず、自社の財務諸表に関しても売上高や当期利益といった損益計算書面以外の数字について理解している経営者が圧倒的に少ないと感じます。近年、以下のような経営者は本当に多くいます。

① 永らく過当競争にさらされ、自社の優位性や先行きが見えなくなっている。
② 周りから勧められるまま過度な節税をした結果、本来の利益が読めない。
③ 社員に劣悪な労働環境を強いたうえでの利益を本来の利益と誤認している。

さらに、自社の価値を客観的に把握して、社内外の人に正確に伝えられる中小企業の経営者は、残念ながらほとんどいません。なぜこのようになってしまったのでしょう?

一つは、本来であれば価値を生み出す資産の蓄積ができていないような企業であれば、市場からの撤退を余儀なくされるものですが、日本では先に述べたように、国の過度な中小企業保護政策により大多数の資産蓄積の無い企業が残ってしまったからです。

さらに怖いのは茹でガエルのように数十年にわたり、国の「現状維持」施策に浸かりすぎた中小企業では、そうした事態が少しずつ進んでしまったために、誰もこの危機的状況に気づかないままでした。その結果、経営者自身が自社の現状認識や、これからの経営環境を直視することをせず、漠然とした不安はあるものの、価値向上に向けた取組みを開始する決断をいつすればよいのかという動機付けのタイミングを見失ってしまったのです。

その証拠に私の目に映るのは、資産の蓄積が本当に少なく、今すぐにでも抜本的な経営改善に取り組まなければ廃業に追い込まれかねないような企業の経営者であっても、何かしらの形で少しでも資産を増やそうとしたり、少しでも固定費を削減しようとすることに必死になろうとしていない姿です。

そして、そのような企業が銀行の言われるがままに、保証協会付き融資という形で、返済できるあてもない運転資金を借り入れて何事もなかったかのように事業を継続するのです。本業が赤字でも国の税金で保証を付けるのなら、銀行はリスクをほとんど取ることなく融資ができます。銀行には融資実績というメリットが、企業は延命を図ることができるというメリットがあり、双方の利害が一致します。経営改善が待ったなしの企業でもこの公的融資が受けられてしまい、経営者が経営改善する機会を逸する姿がまさに日本型中小企業の経営の機能不全に陥っている典型例です。

全体の構図を見ようとせず、自行の利益のためにこのような融資の仕方をする銀行も罪深いと思いますが、銀行が変わることを期待しても仕方ないですし、何より融資を受けてしまう経営者に問題があります。

必要なのは、資産の蓄積に関して「現状維持」ではダメで「今すぐにやらないといけない」といった危機感に揺り動かされた動機付けです。

自社の現在の資産価値やこれからの資産の価値向上についての危機感の圧倒的な欠如から経営者は脱却しなければなりません。

資産の価値向上のマインドセットを一から見直す

しかし、多くの中小企業の経営者は、これほど厳しい経営環境に身を置きながら、ほとんどが漠然とした不安を持つだけで、危機感すら持つことがありません。その結果、現状維持を選び、動機付けするまでに至っていません。

図12は、資産形成ができている経営者のマインドセットです。

資産形成ができている経営者は、現状維持ではダメだという危機感を持っています。そして強い危機感から現状維持の外に踏み出すために、まず目標設定をするための現状分析を行います。次に目標設定をするために、目標設定スキルを取得します。さらに明確な目標設定ができてようやく実践というチャレンジに踏み出します。

これが価値向上のためのマインドセットです。この視点を、資産形成を実現できている経営者は例外なく持ち合わせています。

図12　本来の価値向上のためのマインドセット

動機づけ

↓ 「現状維持」ではダメだという危機感

現状分析

↓ 目標設定スキルの習得のためには現状分析が必要

目標設定スキル

↓ 明確な目標設定のためには目標設定スキルの習得（学び）が必要

明確な目標設定

↓ 実践・チャレンジするためには明確な目標設定が必要

実践・チャレンジ

なお、間違った資産形成に踏み出す経営者のマインドセットは図13のとおりです。

本来図12のあるべきアプローチで進めるべきところ、一部の経営者では強い危機感から動機付けだけはできたものの、価値向上に対するスキルや経験がなかったために、本来重要な要素となる現状分析や目標設定などのステップを飛び越えてしまい、準備もせずに、即価値向上を実践するというアプローチをとってしまいます。

現状分析ができないと目標設定はできません。自社の価値の現状分析ができていない経営者に、価値を向上させていくための解決策が立てられるはずはありません。

こうした間違った価値向上のアプローチによって価値向上に失敗した例は後をたちません。これでは失敗しても当たり前ですよね。

図13　間違った価値向上のためのマインドセット

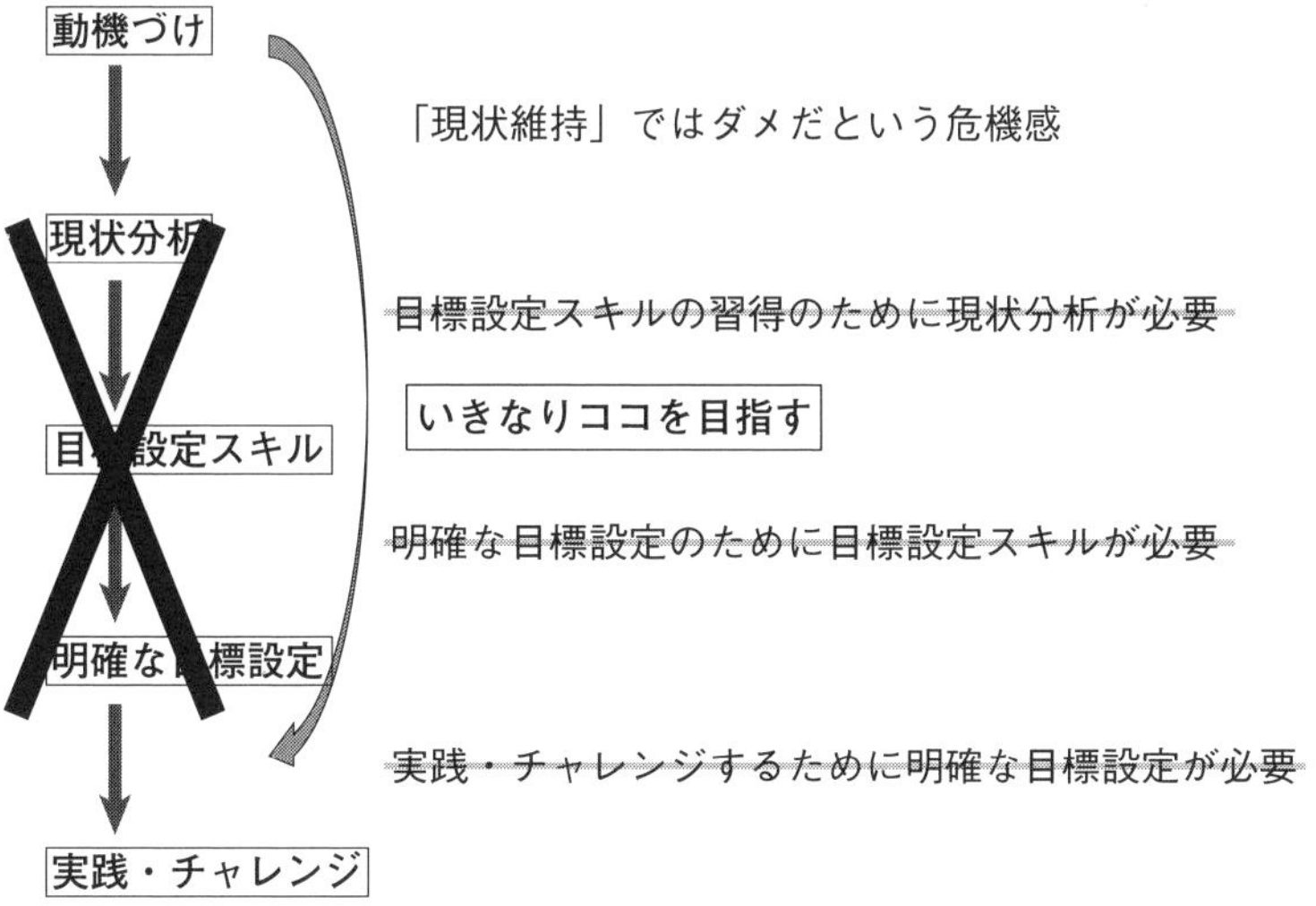

大廃業時代を乗り越えて事業承継していくための正しい企業価値の捉え方とは

これからの若い世代の人たちにとっては、一から起業するより、事業のベースや顧客基盤があってそれを活用できる事業承継のほうが有利であることは間違いありません。これは日本に限らず全世界に共通していることです。

にもかかわらず、我が国では数百万という数の黒字のまま廃業が迫りくる企業に対して、継ぎたい人が圧倒的にいません。このことに、日本中の経営者が強い問題意識を感じて頂きたい、というのが私が本書を通して訴えたいことです。ここで、ここまでで見えてきた我が国企業の資産形成に対する課題を整理します。

- 魅力の源泉たる企業価値を生み出すあらゆる資産形成が不足していた。

・資産形成する動機付けや正しいマインドセットが経営者になかった。

これらの根本的な原因は、後継者の方々がその企業に魅力や価値を感じていないということにありますが、一番の問題は、継がせる側の経営者自身に資産形成不足の自覚がないことです。そのため、危機感や変革につながらないのです。危機感がある一部の経営者でも価値向上の正しいマインドセットは持ち合わせていません。結果として先代経営者の考える企業の価値と次世代経営者の考える企業の価値に大きなズレが生じていて、事業承継の実現がどうしようもなくなっています。

そこで資産形成に成功している経営者に共通する考え方に学ぶために、次章以降で今後の課題解決の方向性をお示ししようと思います。

【今後の課題解決の方向性】

・これからの時代の企業価値を再定義する。
・企業価値を向上させるためのフレームワークを学ぶ。

継がせる人と継ぐ人とでは、立場が違いますから、企業価値の捉え方が異なることは仕方ありません(ただし、事業承継の引継ぎの中で埋め合わせることができます)。そして正しい企業価値向上のマインドセットがされていないことも仕方ありません。これについても必要性を認識してこれから学べばよいことです。

何よりも大事なことは、これからの時代に求められる企業価値とは何かということのマインドセットを継がせる人と継ぐ人で一致させ、企業全体で企業価値を上げる実践方法を学ぶことです。

【企業価値の評価方法について】

昨今盛んに「企業価値経営」が叫ばれているように、経営者も私たち税理士やアドバイザーも「企業の永続性を高めるため」という目的で、これまで企業価値評価に着目した経営スタイルを模索してきました。諸説ありますが、一例としてこれまでのアプローチを**図14**に示します。

これまでの財務諸表に載っている資産などから導き出される付加価値を企業価値として評価する方法は数字で見えるので追いかけやすいというのがメリットです。

しかし、ここまで述べたように時代は大きく変わっています。このアプローチで表すことのできる企業価値ですら、これからの時代には適応しなくなっています。したがって、これからの世代にふさわしい「企業価値とは何か」という観点を考えてみることが不可欠なのですが、そのような機運すら盛り上がらず、譲る側の先代経営者の悩み相談ばかりを国もアドバイザーも聞いているように思えてなりません。

経営者にとって大事なことは、これまで企業価値と思われてきた価値観がもはや変わってきてい

図14　これまで定義されてきた企業価値の評価方法

①　ストック面からのアプローチ	⟶	時価純資産の増加
②　フロー面からのアプローチ	⟶	営業キャッシュフローの増加

て、新しい企業価値の価値観を形成できた企業こそが次世代から選ばれ、同時に市場からも価値を見出されるのだということを知ることです。今こそ企業価値評価の新しい枠組みづくりが促されており、再定義が必要になっているのです。

私は再定義される企業価値の評価方法は以下の方向性をとっていくと考えます。

① **「経済的」な価値を生む資産の資産形成**

② **「精神的」な価値を生む「＋α」の資産の資産形成**

そこで次章では、まずは財務諸表に載ってくる純資産の蓄積や営業キャッシュフローの大小だけではない、目に見えない「＋α」の資産形成についての考え方をご説明したうえで、双方の資産を価値向上させるための動機付けやフレームワークについて詳しく解説いたします。

1

日本の中小企業には資産形成のフレームワークがなかった

資産形成させない遠心力を打ち砕くための動機付け

目に見える資産と目に見えない資産

企業にとっての「資産」といえば皆さんは何を思い描かれるでしょうか？　おそらく財務諸表の一つである決算書のうち貸借対照表（いわゆるB／S）に記載されている現預金や商品、有価証券及び不動産といった金銭に換金できる資産、つまり目に見える資産を第一にイメージされることでしょう。

もちろん企業活動に不可欠なこれらの資産を増やしていくことは経営活動の本質的な部分です。これまでも企業が生み出す価値は主にその企業が持つ金融資産と物的資産によって評価されてきました。そして通常、経営者も自らの企業の目に見える資産への投資と価値については熟知しているものです。より最新の設備を持つ企業がマーケットで有利になるから、結果として金融資産が積み上がり、設備の充実に再投資することができ、より高い成果を出すことができるので成長していくという理屈です。

そして従来は、我々アドバイザーも、とにかく財務諸表に載っている、つまり目に見える資産を時価純資産ベースでいかに大きく形成するか、という観点から時価純資産を大きくすることを唯一の目的として営業キャッシュフローを最大化することばかりをアドバイスしてきました。

これに対して、近年において「バリューダイナミクス」（※）という見えない資産を定義しようというフレームワークが出始めたように、企業の価値を決めるのは金融資産や物的資産だけではなく、

図15　企業価値向上の軸となる資産

目に見える資産

金融資産（本業）
物的資産（本業）
金融資産（ストック収入）
物的資産（ストック収入）

目に見えない資産

人的資産（従業員・パートナー）
組織資産（理念・社風）
その他無形資産（顧客・社会）

人材、組織、ブランド、ノウハウ、マーケットからの信頼といった形のないものの価値が相対的に大きくなっています。

（※）ボストン・R.E.S.、リバード・B.D.、サメック・S.M.著／アーサーアンダーセン訳『バリューダイナミクス』（東洋経済新報社、２０００年）

人材、組織、ブランドといった資産は貸借対照表に資産として計上されることもなく、目には見えませんが、れっきとして存在し、最近では目に見える資産と同じかそれ以上に企業価値を生み出す大きな源泉になっています。

なお、本書では日本の資産形成の乏しさの原因を明らかにして、経営者が資産形成を実践していく学びにつなげてもらえるよう目に見える資産のほうも「本業のため」のもの、と「ストック収入を得るため」のものに区分しています。

目に見える資産

目に見える資産には次のものがあります。

(1) **金融資産（本業）**……本業の運転資金である現預金や売掛金、また退職金や貸倒れなど将来発生する債務に対して引き当て積み立てている現預金、または取引先に担保提供している預金など。

利益を出すことや、在庫や売掛金の回転率を上げることにより増加し、損失を出すことや在庫や売掛金の回転率を下げることにより減少します。

(2) **物的資産（本業）**……在庫である商品や製品、本業に用いている土地、工場、店舗及び事務所などの不動産、機械装置、什器備品など。

新規の設備投資をすることにより増加し、売却や除却をすることにより減少します。

(3) **金融資産（ストック収入）**……本業以外の定期預金、上場株式、関係会社株式、債券、投資信託、生命保険など。

配当や利子収入といった本業の売上の補完をするまたは固定費を補填するストック収入を得られることになります。

本業で蓄積された現預金を用いて他の金融商品に投資することにより、投資した金融商品から得られる配当や利子を再投資したり、資産価値の値上がり益いわゆるキャピタルゲインを得ることによっても増加します。一方、値下がりによるキャピタルロスが発生することにより減少します。

(4) **物的資産（ストック収入）**……本業以外の収益用投資不動産や航空機・船舶または太陽光発電所などの動産など。

家賃収入やリース収入または売電収入といった本業の売上の補完をするまたは固定費を補塡するストック収入を得られることになります。

本業で蓄積された現預金を用いるまたは金融機関から融資を受けて設備投資を行うことにより増加します。資産価値の値上がり益いわゆるキャピタルゲインを得ることによっても増加します。一方、値下がりによるキャピタルロスが発生することにより減少します。

これまでの時代の企業価値とは、右記(1)~(4)の資産がそれに対応する負債をどれだけ上回って蓄積できたかを表す純資産と、(1)~(4)から生み出される営業キャッシュフローの双方を大きくすることに着目し、企業もそのことを目指してきました。

しかし、これからの時代の企業が永続的に発展していくためには、これらの財務諸表に記載される目に見える資産だけでなく、「+α の資産形成」が欠かせなくなります。この「+α の資産形成」が何かといえば以下の財務諸表に記載されていない資産、つまり理念、社風、地域や取引先の信頼や従業員のエンゲージメントといった人的資産や組織資産といった目に見えない資産であり、こうした資産を形成していくことが重要になります。

目に見えない資産

目に見えない資産には、次のものがあります。

(1) **人的資産**……従業員やパートナーなど。メンバーの持つ人脈や経験、スキルが付加価値を生み出すものとして人材も経営資源と捉える。

働く人が増えることはもちろん、教育や育成をすることにより人的資産は増加していきます し、様々な経験や仕組みを通じて働く人が成長していけば人的資産は大きくなっていきます。逆に従業員がモチベーションを失い、成長が止まってしまうと人的資産は減少します。

(2) **組織資産**……共有されている組織の文化や風土、知識やブランドといった組織としての企業の強み。企業の組織風土(社風)こそが付加価値を生み出すものとして組織風土を経営資源と捉える。

理念や起業の情熱、仕組みを整え磨きをかけることができれば増加していきます。逆にノルマ達成に突き進み、当初持っていた理念や情熱を忘れてしまうと減少することになります。

(3) **その他無形資産**……顧客やチャネル、提携している会社からの信頼、地域社会からの承認といった自社の製品・サービスを熱烈に支持してくれる顧客等がどれだけいるかなど。

顧客数はもちろん購買頻度や客単価が上がれば増加します。クレームやトラブル、不祥事などが発生すれば減少します。

見える資産にもフロー収入を生む資産とストック収入を生む資産がある

企業における売上(収入)には、本業から得られるフロー収入とは別に、本業以外の資産から得られるストック収入もあります。ストック収入を生み出す金融資産で代表的なものには、株式や投資信託の他に、物的資産として収益不動産などがあります。ストック収入とフロー収入とは区別されます。

フロー収入とは

「フロー（flow）」は「流れ」の意味で、本業でその都度物を売ったり労働力を提供したりすることで得られる収入のことです。たとえば販売による売上やサービスの対価としての報酬などがこれに当たります。個人でいうと給与収入のような労働収入・勤労所得を指します。

本業で得られる売上といったフロー収入には以下の特徴があります。

- 元手（資本）がなくても環境やスキルによって大きく増えることもある。
- 環境やスキルによって一気に減少する。
- 連続する一過性の収益で安定性がない。

ストック収入とは

「ストック（stock）」は「蓄える」の意味で、顧客と契約を結んだり、自らの資産を確保することで継続的に得られる収入のことです。たとえば株式の配当金、債券からの利息や不動産の家賃収入などがこれに当たります。個人でいうと資産所得のような資産から生み出される所得を指します。

資産から得られるストック収入には以下の特徴があります。

図16　フロー収入とストック収入の違い

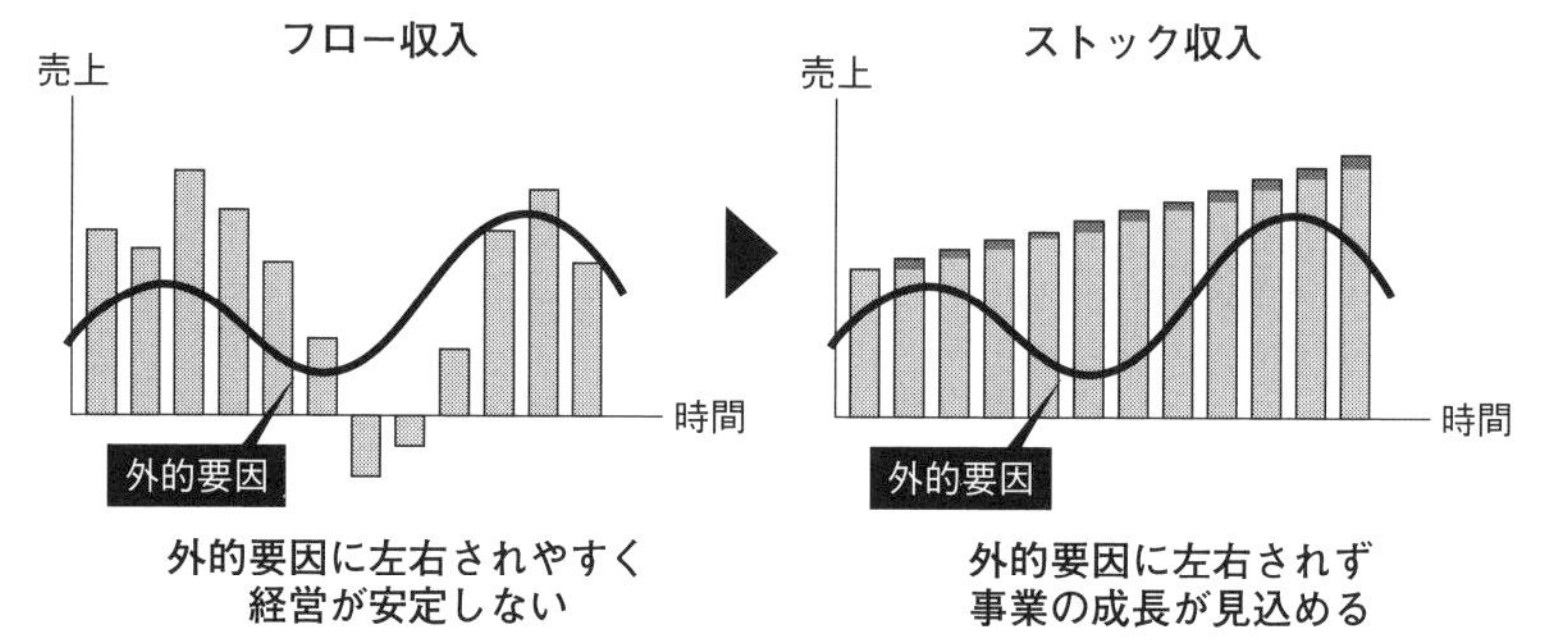

- 元手（資本）がないと大きくすることが難しい。
- 環境やスキルによる影響を受けにくい。
- 継続的に収益が積み上がっていくので安定性がある。

コロナショックで、飲食店をはじめとしたサービス業が大きな影響を受けたことからもわかるように、フロー収入は爆発力がある反面、経営の安定性に欠けますし、ストック収入は安定性がある反面、爆発力はありません（**図16**）。

したがって、企業の資産形成は、ポートフォリオの発想でフロー収入を生む資産とストック収入を生む資産をうまく組み合わせることが求められます。

資産は経営のＤＮＡ――中小企業にはＤＮＡが欠けていた

物的資産が強い企業もあれば、人的資産を源泉として価値を創出している企業もあります。資産というＤＮＡにフォーカスすると企業の強みと課題が見えてきます。**資産という経営におけるＤＮＡは、日々の営みに基づいて脈々と作り上げられるものです。**

ＤＮＡは一度形作られると簡単に変わるものではありません。

資産形成に成功している経営者は決まって自社が「どのような資産を」「どのような理由で」「どのくらい」所有しているかを熟知しています。さらに、それらの資産を手に入れるために投下した資金と、いったいどの程度の収益がその資産から生み出されているか、についても把握しています。なぜなら、その資産が見える資産か見えない資産なのかにかかわらず、その企業が持っている資産はビジネスのファンダメンタルズ（経済の基礎的条件）だからです。

にもかかわらず、多くの中小企業の経営者と話していて痛感するのは、自社の強みや課題以前の問題として資産形成不足に対する危機感や現状認識が欠けていることです。これは、資産形成に着手する動機付けができていないからです。経営者の本心はおそらく、

「今のままで何とか乗り切れるだろう」
「今さらやり方を変えるのは怖いしな」
「資産形成とか投資って難しそうだし」
「難しいことは考えずに本業に専念しよう」

ということなのでしょう。これがまだ経営者として優秀でない方であれば納得もできるのですが、経

営者として非常に優秀で、本業の業績が堅実な企業を経営されている方でも同様のことが多いです。このことは余計に厄介なことです。

私はこの数年にわたり、これらの優秀だけれども資産形成に踏み切れない経営者に対して、手を変え品を変え、それもあらゆる角度から資産形成に対する動機付けを試みました。しかし結果は残念ながら、岩盤のように固い壁の存在を感じるだけで、なかなか事は進みませんでした。

そこで、なぜこうなってしまったのかについて、私は仮説を立てました。その仮説は以下のとおりです。

仮説① 中小企業の経営者にとって、資産形成のフレームワーク（マニュアル）がなかったから実践できなかった？

資産形成のフレームワークについては、これまでの中小企業を取り巻く環境の中では、真のフレームワークと呼べるものが存在しなかったのは確かです。よってなぜ存在しなかったのかその背景から考える必要があると考えました。

仮説② 日本人に個人レベルで染み付いた投資に対する強い固定観念やこの20年のなだらかな経済環境が動機付けを行う機会を奪った？

日本人には資産形成に対して高度経済成長の時代から長年にわたって染み付いた固定観念と呼べる誤解があります。本来は時代の変化に合わせて変わらないといけなかったのに、経済環境の悪化が何とか我慢できるレベルだったので、変わる動機付けができなかったと考えました。

仮説③　動機付けやフレームワークに学ぶ以前に、経営者に資産形成をさせない遠心力が働いていた？

資産形成について国や教育の後押しがなく、これまでの中小企業を取り巻く環境の中では、真の公平中立なアドバイザーは存在していませんでした。つまり経営者を資産形成から遠ざける遠心力が働いていたと考えました。

以下では、３つの仮説についてより詳しく見ていきます。

資産形成ができている経営者は資産形成のフレームワークを身に付けている

仮説①　中小企業にとって資産形成のフレームワークがなかったから実践できなかった？

我が国の金融リテラシーのレベルに関しては、残念ながら経営者もサラリーマンも大差はなく、あまり高くありません。つまり企業も家計も資産形成に対する共通の課題を抱えています。

しかし、資産形成ができない課題は全世界共通のものではありません。海外では資産形成のために投資をするのが当たり前とされています。むしろ投資をしなければ、金融資産の枯渇を心配しなければならず、自由な生活やゆとりをもった経営を営むことは難しいと考えられています。実際、資産形成に関して考え方の面でも成果の面でも、海外と日本との間で決定的な差がついたのは、この30年の間であるというデータには枚挙のいとまがありません。

それでも日本は他の国とは違うのだ、という方もいらっしゃると思います。しかし、この30年の間に資産形成について、諸外国が何を学び、実践してきて、日本が何をしてこなかったのか、変われなかったのかを真摯に反省し、今後の改善に活かすべきだと私は考えています。

ここまで顕著な差がつくということは、世界の進んでいる国では何らかのフレームワークがあって、他方、日本には資産形成についてのフレームワークがなかったため、日本の個人も企業も、社会全体が資産形成について実践するどころか、学ぶことすらできていないというのは明らかです。

中小企業の経営者は今こそ、投資の世界から資産形成の正しいフレームワークを学ぶ必要があります。

経営の世界と投資の世界には多くの共通点があります。投資家と同様に、経営者は自社がどのような資産をなぜ所有しているかを知らなければなりません。

経営者は資金を設備投資や人材投資に充てます。もちろんその際には、将来の経済環境や景気動向など、様々な見通しのもとに、どのような投資が必要なのかを検討しますが、これは投資家が株式に投資する際に検討することと全く同じです。ただ投資する先が設備や人材なのか、それとも株式なのかが違うだけです。

どのような資産を、どのような理由で、どのくらい所有するか――。これは見える資産も見えない資産も、すべての企業の価値を創出するものについて共通する課題なのです。

図17は日本でこれまで常識だった資産形成に対する向き合い方と、資産形成ができている経営者がとっているあるべきフレームワークを示しています。この２つには根本的に大きな違いがあります。以下で詳しく説明しようと思います。

フレームワーク「現状分析」――何を、なぜ所有しているか

「持っているものは何か、そして、なぜ持っているかを知らなければならない」

著名な投資家であるピーター・リンチはこのように資産形成との向き合い方を示しています。

「どのような資産」を「どのような理由」で持っているかを知らずに資産形成に成功している投資家はいません。

企業の資産形成を目指す経営者であれば投資家と同様にどのような資産をどのような理由で持っているかを知らなければなりません。現在地を知らなければ、目標までの実践手法が見当たるはずがないのです。運用ポリシーならぬ資産形成ポリシーを決めましょう。

実は日本の企業が資産形成できてこなかった理由はここにあります。私にはいつも経営者に聞いてみる設問があります。

図17　これまでの日本の資産形成とあるべきフレームワーク

- 自社の貸借対照表（B／S）の純資産の額を知っていますか?
- 自社のB／Sを銀行に説明できますか?
- 自社の金融資産のうち生命保険の保障額と解約返戻金額はいくらですか?
- その生命保険はどのような目的で加入していますか?

これらの設問にすべて答えられる経営者は、残念ながらほとんどいません。これでは、中小企業の経営者はやはり資産形成ポリシーがないと言わざるを得ません。ましてや自分の経営している企業のことなのに……。これが日本型中小企業経営の現実なのです。

資産形成の第一段階である現状分析ができていないのに、資産形成がうまくいくはずはありません。なぜ日本の中小企業の経営者の視野はこのようになってしまったのでしょうか……。

フレームワーク「リスクの理解」――資産を持つリスク／持たないリスク

中小企業の経営者には、目に見える資産だけにフォーカスしている方が多いように思います。残念ながらこれでは、資産形成のリスクを正しく理解されているとは言えません。資産を持つリスクを考えるには、各資産ごとに価格変動のリスクと運用リターンとの関係性があることを理解していくことになりますが、日本の中小企業の場合は、それ以前に銀行預金に不必要に現金を置いたままにしている会社がとても目立ちます。現在の預金の金利は定期預金でも年０・０１％しかありません。普通預金に至っては０・００１％と、１億円を１年間預けても１０００円しか利息が付かないような馬鹿げた状況です。

定期預金は収益性がほとんど期待できないことから、資産を定期預金に置いておくとするにはよほど収益性以外の経済合理性がないとおかしいことです。しかし、経営者に定期預金に置いたままにしている理由を尋ねると「銀行からお願いされた」や「昔からそのようにしている」、といった答えが返ってきます。目的や合理性がないのは明らかです。

そこで、こちらから「それでは定期預金を解約して何かの投資に振り替えませんか？」と尋ねてみると「定期預金を何に替えればよいかわからない」とか、「振り替えたら銀行にどう思われるかが心配だ」といった答えが返ってきます。定期預金にしていることに特に理由はなく消去法による現状維持であることは明白です。

このような経営者は正しい資産形成のリスクを理解しているとは言えません。こうした経営者の方には、これから予想される為替変動リスクやインフレリスクを考えると、定期預金に置いたままにするリスク、つまり運用資産を「持たないリスク」を理解して頂いたうえで、資産形成の正しいリスクを取っていきましょう、とアドバイスすることになります。

またリスクと言えば、資産を取得する際に行う借入れにしても、銀行員の「皆さん個人保証してもらってますから」という説明にもなっていない説明だけで、企業の借入れに代表者個人が連帯保証に当たり前のように署名押印する姿には、「そのリスクの大きさがわかっていないのでは？」と思うことがあります。

その証拠に、後から数千万円の借入れをする際の個人保証のリスクについて聞いてみても、全員が理解されているわけではありません。これほど大きなリスクに、説明も求めずにサインされる経営者が、月数万円の定期積金を同額の投資信託の積立投資に振り替えることについては、「リスクがあるから」と首を縦に振らないといった姿には強い違和感を覚えます。

日本人はリスクを取りたがらない、とよく言われますが、正しくはリスクを取る以前にリスクを正しく理解、把握をすることが苦手なのです。

フレームワーク「目標設定」――ポートフォリオの構築「何を」、「どのくらい」

目標を持っている人と目標を持っていない人とでは、将来に大きな差ができる、ということについては今さら説明するまでもありません。先に述べましたが、目標設定するにも知識と技術といった目標設定スキルが必要となります。

資産形成でいう知識とは金融リテラシーのことです。基本的な金融リテラシーの考え方に基づいた資産形成の技術は、ポートフォリオ（※）の発想につながります。

（※）投資の世界で市場の変化に対してお互い（相反）するような動きをする資産を組み合わせることでリスクを抑え、長期的にはリターン（期待収益率）が高まるという考え方

資産形成の目標設定に重要な、「何を」、「どのくらい」持つかを考えるときに、私は投資には「一つのカゴにすべての卵を盛ってはいけない」という格言をご紹介しています。この格言は聞いたことがある方も多いと思います。これは一つのカゴだと万が一、カゴを落としたら中に入っている卵はすべて割れてしまいますが、複数のカゴに卵を分散させることで、どれか一つのカゴを落としても他の卵は残るので、そのリスクを回避できるというものです。

市場の変化に対してお互い相反する動きをする投資資産を複数保有することで、市場からのリスクが抑えられ、長期的なリターンをより高めることが可能になります。

資産のすべてをいずれか一種類の資産に投資していた場合、その資産の価値が暴落してしまった場合には、資産がすべてなくなってしまう――だからポートフォリオの発想でバランスをとって分散投資することが大切だ、ということです。一つ例を挙げましょう。

（例）全天候型のポートフォリオ

片一方が落ち込めば、もう片一方が持ち上がるような逆の動きをする相関関係をもっている例として全天候型の相反関係の例です。これは、傘メーカーとゴルフ場経営会社の例です。晴れればゴルフ場経営会社は利益を上げますが、傘メーカーの利益は下がります。反対に雨が降れば傘メーカーが利益を上げ、ゴルフ場経営会社は利益を減らすことになります。投資家はこれら会社の片方ではなく双方に投資することで、天候に左右されることなく、常にプラスのリターンを得ることを実現できます。

このように、一つのカゴの中に相反関係のある資産を持っていれば、一発ＫＯで売上が一切なくなるようなことはなくなります。

フレームワークの「実践」

資産形成はどのくらいの資産形成を目指すかによって実践手法や投資金額が異なります。したがって、資産ポートフォリオを考えるにはまずは「何を」、その次に「どのくらい」という目標を設定する必要があります。そうでないと目指すリターン（期待収益率）の大きさと、取るべきリスクの大きさが見えてきません。

たとえば金融資産を「何年」で「●億円」といった資産の額で設定する場合もあれば、金融資産か

図18　ポートフォリオイメージ　資産の分散と地域の分散

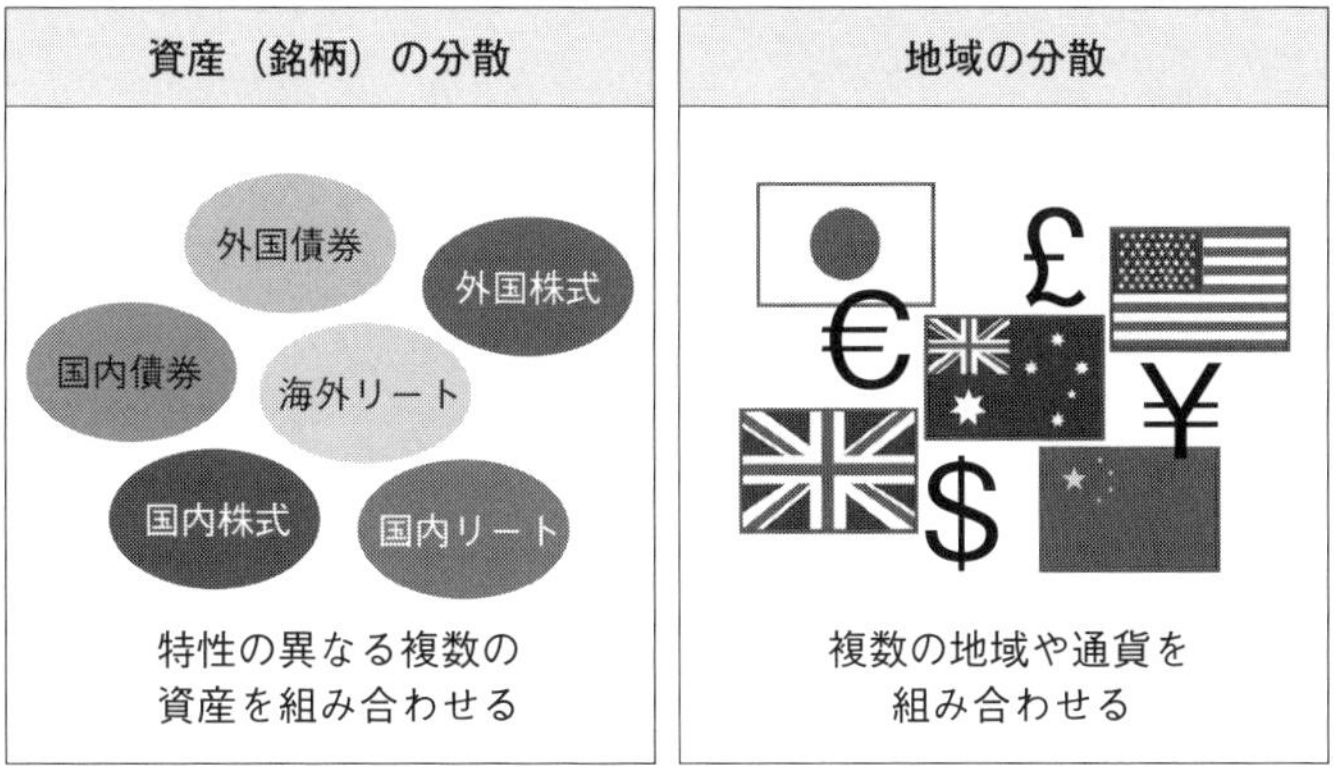

らのストック収入が固定費をどのくらいカバーしたいかという発想から目標を設定方法もあります。どちらがよいかは資産形成の目的によって異なってきます。

今後のチャレンジや投資計画、もしくは新規事業のために貯めておきたい額の予定があれば、その投資金額を目標に設定することになります。

目標設定ができれば、ポートフォリオマネジメントを意識した「分散投資」を実践します。一つの資産に投資するのではなく、性質がなるべく異なる複数の資産に分散することにより、相反関係が働いて各資産の動きが打ち消し合い、リスクを抑えることができ、長期的にはリターンが高まります。

また、ポートフォリオを構築する際にはリスクとリターンの関係性も意識します。たとえば株式は債券よりリターンも大きい代わりにリスクも大きい資産です。ですから、ある程度短い期間で大きなリターンを目標に設定する場合には、株式を一定程度ポートフォリオに組み込みます。

逆にリスクを考慮して安全なリターンを最低限のリスクで

確保することを目標とする場合には、債券を一定程度組み込んだポートフォリオを組むことになります。

以上のことを踏まえると資産形成は、次のように実践することとなります。

① 資産のバランスを考えて、株式だけでなく債券、不動産などにも投資する。
② 地域のバランスを考えて、国内の資産だけでなく、海外の資産にも投資する。
③ 目標設定に沿ってリターンとリスクのバランスを考えたポートフォリオとする。

参考までに、約160兆円を運用し、世界最大の機関投資家といわれる日本の年金資産を運用しているGPIF（年金積立金管理運用独立行政法人）では、次のような目標設定とポートフォリオにより運用を行っています（GPIFサイト「2020年4月からの5カ年における基本ポートフォリオ」より）。

現状分析

経済情勢については、世界経済は安定的な成長を遂げているものの、先進各国の政策金利は、世界金融危機以降、歴史的な低水準で推移しており、特に国内においてはその傾向が顕著になっている状況等を踏まえる。

リスクの理解

株式等は想定よりも下振れ確率が大きい場合があることも十分に考慮する事。予定された積立金額を下回る可能性の大きさを適切に評価するとともに、リスクシナリオ等による検証について、より踏み込んだ複数のシナリオで実施するなど一層の充実を行う。

目標設定

長期的に年金積立金の実質的な運用利回り年平均1.7％を最低限のリスクで確保することを目標とし、この運用利回りを確保するよう、基本ポートフォリオを定め、これに基づき管理を行う。

ポートフォリオ策定

長期的な運用においては、短期的な市場の動向により資産構成割合を変更するよりも、基本となる資産構成割合を決めて長期間維持していくほうが、効率的で良い結果をもたらすことが知られている。このため、公的年金運用では、各資産の期待収益率やリスクなどを考慮したうえで、積立金の基本となる資産構成割合（ポートフォリオ）を定める。

ＧＰＩＦは、年金財政上必要な利回りを満たしつつ、最もリスクの小さいポートフォリオを選定した結果、**図19**のような基本ポートフォリオとしました。

なお、基本ポートフォリオについては、マクロ経済や市場等の動向を注視しつつ、策定時に想定した運用環境から乖離がないか、適時適切に検証を行い、必要に応じて見直しの検討を行うこととしています。

公的年金運用は国民にとってとても重要な年金資産ですから、減るリスクは抱えたくありません。かといって１６０兆円もの積立金を、利子のつかない預金のまま置いておくわけにもいかないわけで、示された目標設定やポートフォリオからはリスク重視で運用されていることがわかります。なお、ＧＰＩＦの運用実績は**図20**のとおりです。

私は、中小企業においてもこのフレームワークに則って、すぐに見える資産の金融資産で資産形成を開始するべきだと考えています。

具体的には、本業の金融資産を元手に、株式や投資信託といったストック収入や将来のキャピタルゲインが期待できる資産へ投資を実践することをお勧めします。

もちろん株式や投資信託には値下がりリスクがあるのですが、株式や投資信託へと振り替えることで、各資産なりのリターンが得られることになります。

なお、金融資産が円建てで利子がほとんどつかない定期預金に偏っているなら、ドル建ての資産に振り替えることによって為替のリスクをヘッジすることになります。仮に一気に振り替えることが決断できなければ、長期分散投資であるドルコスト平均法（長期スパンでの資産形成を前提として投資信託などを定期的に購入していく投資手法です。リスクを分散しながら資産を増やせるメリットがあります）を用いて数年に分けて毎月拠出という形で投資するやり方でもよいと思います。

いずれにせよ、誰もが疑わずに行ってしまっている円建ての定期預金を積み立て続けることだけは絶対に見直していただくことが、資産形成のファーストステップとなります。

図19　GPIF のポートフォリオ例（2020年４月〜）

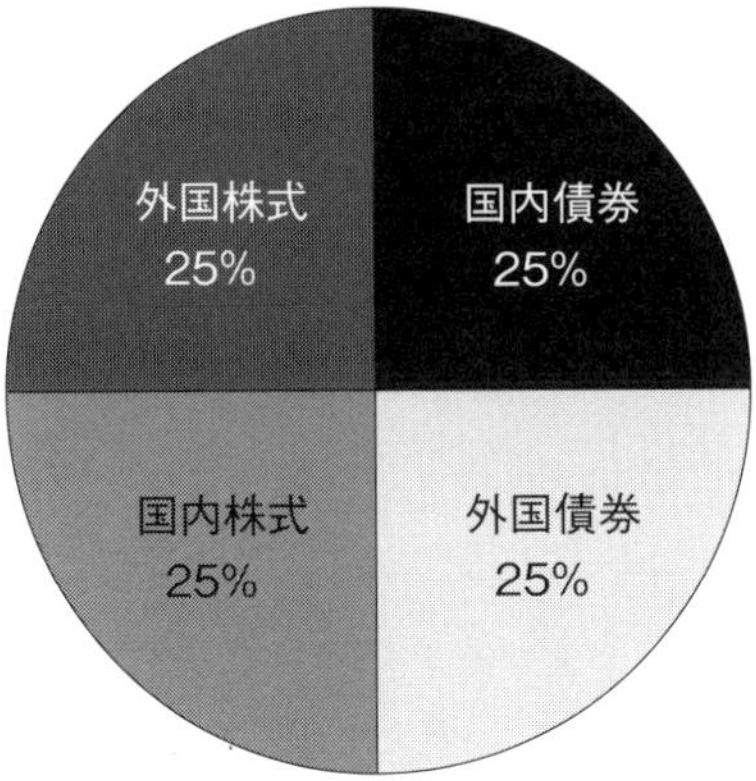

図20　GPIF の運用実績（2003年から2018年分）

収益率（運用手数料控除前）の推移	
2003（年度）	8.40（%）
2004	3.39
2005	9.88
2006	3.70
2007	△ 4.59
2008	△ 7.57
2009	7.91
2010	△ 0.25
2011	2.32
2012	10.23
2013	8.64
2014	12.27
2015	△ 3.81
2016	5.86
2017	6.90
2018	1.52
直近10年間（年率）	3.70

リーマンショック前後を除くと
基本的にプラスの収益となっている

「日本人は投資が嫌いな国民性」で片づけてはいけない

仮説②　日本人に個人レベルで染み付いた投資に対する強い固定観念やこの20年のなだらかな経済環境が、動機付けする機会を奪った?

日本人には失われた20年を経た現在、個人レベルにまで染み付いた世界の常識とはかけ離れた考え方と断定せざるを得ないものがいくつかあります。

その最たるものが「投資はギャンブル」や「貯蓄こそ日本人の美徳」といった投資や資産形成に対する誤った固定観念です。このような誤った固定観念から、日本では家庭や学校で投資や資産形成について学ぶことはいまだに行われていません。一方、世界ではすでに投資や資産形成についての正しい知識を習得することを自国にとっての重要なテーマであると位置付けて、政府と民間が力を合わせながら学校のカリキュラムとして、幼少期から金融教育を受けることが常識となりつつあります。日本と世界の教育における取組みの成果の差は残念ながら目に見える形で出始めているのです。

そして、「日本人は投資が嫌い」という国民性を理由に当てはめてそれ以上の議論をしないでおこうとする姿勢は、現状や将来から目を背けて、動機付けを避けているようにしか見えません。国民性を理由にしてしまうと、現状を分析して目標設定するという価値向上のマインドセットが全く機能しません。

図21　家計資産の国際比較

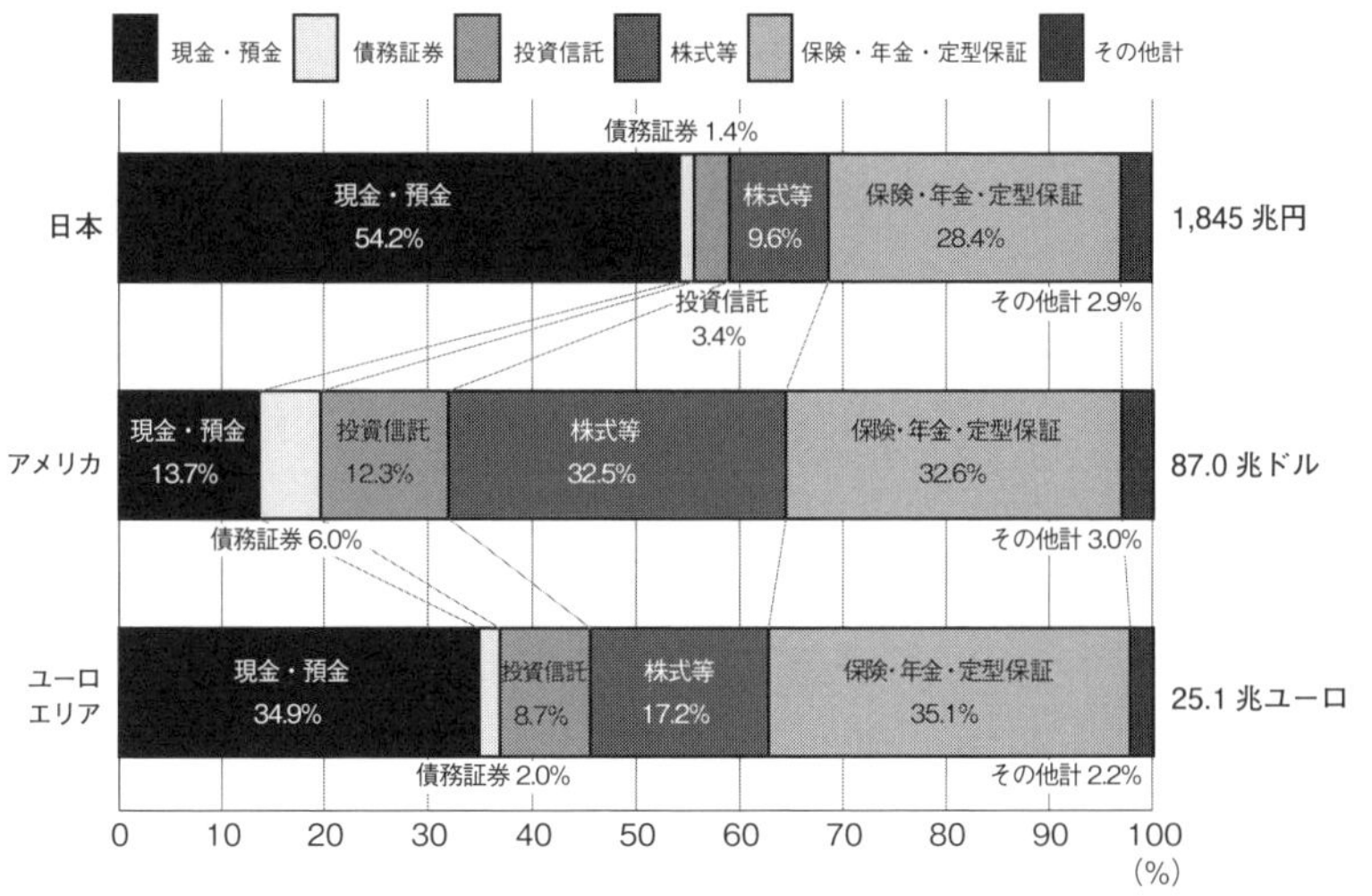

（出所）「資金循環の日米欧比較」日本銀行調査統計局　2020年より

しかし、本当に日本人が資産形成できないのは、単にただ投資が嫌いなだけなのでしょうか？　私はそうではないと考えています。それを確かめるために日本人の資産形成の特徴を見てみます。家計資産の国際比較で見ると他の諸外国と比べて日本には以下の特徴があります（**図21**）。

①　預金の比率が異常に高い。
②　株式・投資信託の比率がとても低い。
③　保険の比率が高い。

日本人の家計は預金が多いことと株式・投資信託が少ないことが特徴であることは有名です。注目すべきは保険の比率が約30％と、保険にだけは投資していることです。

実際、保険加入率の国際比較のデータでは日本は90％を超えていて、世界でもトップクラスの保険好きと言えます。なぜ日本人は保険が好きなのでしょうか？

保険が好きな理由の一つに、日本人の「一億総中流階級」という意識があるのは間違いありません。そもそも生命保険は、中間所得層向けの金融商品と言えます（富裕層はお金を持っているため保険を必要としません）。逆に低所得者層は、保険料を負担する経済的余裕がないので、保険に入れません。かつて日本に多かった中間所得層が唯一保険の引き受け手になるのです。

保険に入った方の中には、周りの人たちが次々と保険に入る様子を見ながら、一人前の大人に見られるために何となく自分も保険に入らなければ、と考えて保険に加入した経験のある方も多いと思います。そこには何のために保険に入るのか、保険がそもそも必要なのかという根本的な発想が抜け落ちています。

日本人が保険が好きな理由の二つ目は、詳しくは後ほどご説明しますが、自身に金融リテラシーがなく、資産形成に受け身になっているため、多すぎる保険会社の数とその販売員の数を維持するための顧客無視、自己都合な「保険は入るもの」という販売戦略の餌食になっていることです。

そもそも保険には次の二つの機能があります。

- 保障機能……保険本来の機能です。死亡など万が一のことが起きたときに保険金を支払います。
- 資産運用機能……保険料をマーケットで運用し、配当金や保険金として支払います。生命保険会社は機関投資家としての側面をもっています。

確かに保険の保障機能は重要です。私のクライアントでも毎年どなたかが亡くなられて死亡保障を受け取られるのを見ると、つくづく保険の保障機能の重要性を再認識します。

問題は、資産運用機能のほうです。貯蓄性保険という資産運用と保障をあわせもった商品に投資している人も多いのですが、日本で販売されている貯蓄性保険の資産運用面のパフォーマンスは海外の商品と比べても歴然と見劣りします。

また、貯蓄性保険は資産運用としては原則元本保証の円建て資産なので、貯蓄性保険と預金に投資が集中している場合は為替リスクやインフレリスクが大きいことを理解すべきです。

いずれにしても日本人は必要以上の生命保険に入りすぎています。保険もれっきとした投資の一つです。よって不要な保険に入るということは、それだけ他の資産形成を圧迫しているのです。

諸外国ではすでに「保険はそもそも必要なのか？」という発想が潮流となっています。日本には残念ながら必要がなければ保険はできるだけ入らないという当たり前の発想すら出てきていません。主だった資産である①株式・投資信託・債券、②保険、③不動産のうち保険に対しては投資しすぎといえるほど投資していたのです。

保険にはせっせと投資する経営者の姿からは、資産形成ができなかった原因を、日本人は投資が嫌いという国民性を理由だけに求めることに合理性がない、私はそう思っています。

図22　リスクとリターンの関係　預金、株、投信、債券

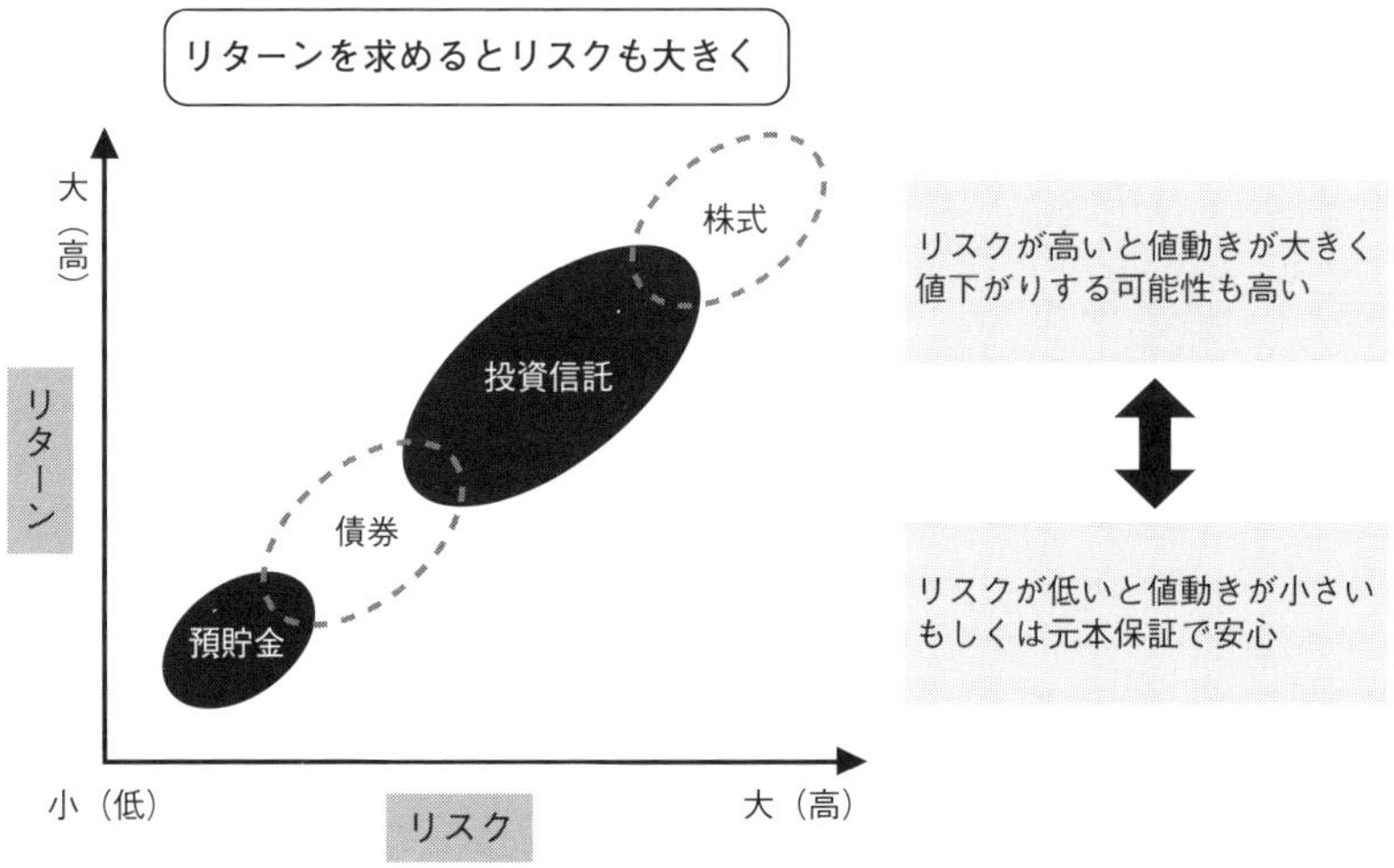

嫌いなのは投資そのものではなく投資について正面から向き合うこと

もっと言えば、日本人が嫌いなのは投資そのものではなくて投資について正面から向き合うことではないでしょうか。

日本人は、投資について正面から向き合うことを避け、資産形成の動機付けができなかったため、当然あるべき資産形成のフレームワークを学ぶことができませんでした。

そしてフレームワークを学べなかったことから、リスクとリターンのバランスを考えるポートフォリオの理解や知識に欠けていたため目標設定をするスキルも身に付きませんでした。

その結果、深く考えずに元本保証のある預金と保険にのみ投資するという資産形成をいきなり実践してしまったのです。

資産には、**図22**のように資産ごとのリスクとリ

ターンがあり、それぞれ表裏の関係性があります。

預金と保険に集中させるということが、いかにリスクとリターンのバランスを考えていないかということはポートフォリオの発想が理解できる人にとっては一目瞭然です。

そして、その状態のまま見直すこともなく、30年間にわたって放置してしまった場合、リスクも取らなかった代わりにリターンもほとんど享受することができないことも明らかです。ほとんど日本人の資産は増えることがないのです。またこのことは経営者がそうであったために、中小企業の資産形成においても同じことが起こりました。

ここで、ここまでで見えてきた日本の資産形成における課題をまとめます。

- 固定観念を振りかざし、お金を働かせるという発想がない。
- 固定観念を盾にして、投資に正面から向き合わず学ぼうとしない。
- 金融リテラシーを学んでいないため怖くて正しいリスクすら取れない。

たった20年でここまで開いた世界との差

日本が動機付けすらできずに停滞していた間に、資産形成に正面から向き合った海外との差は驚くほどに開いてしまいました。

投資による資産形成の成果に目を向けると、この20年でアメリカ人は家計における金融資産を3倍以上にしたのに対して、日本人は約1・5倍となっていて、思ったように増やせずに低迷しています。アメリカだけが特別なのでしょうか？

そうではありません。イギリスも2倍以上となっていることから、日本だけが増やせていないことがわかります（**図23**）。

図23　金融資産増加の国際比較

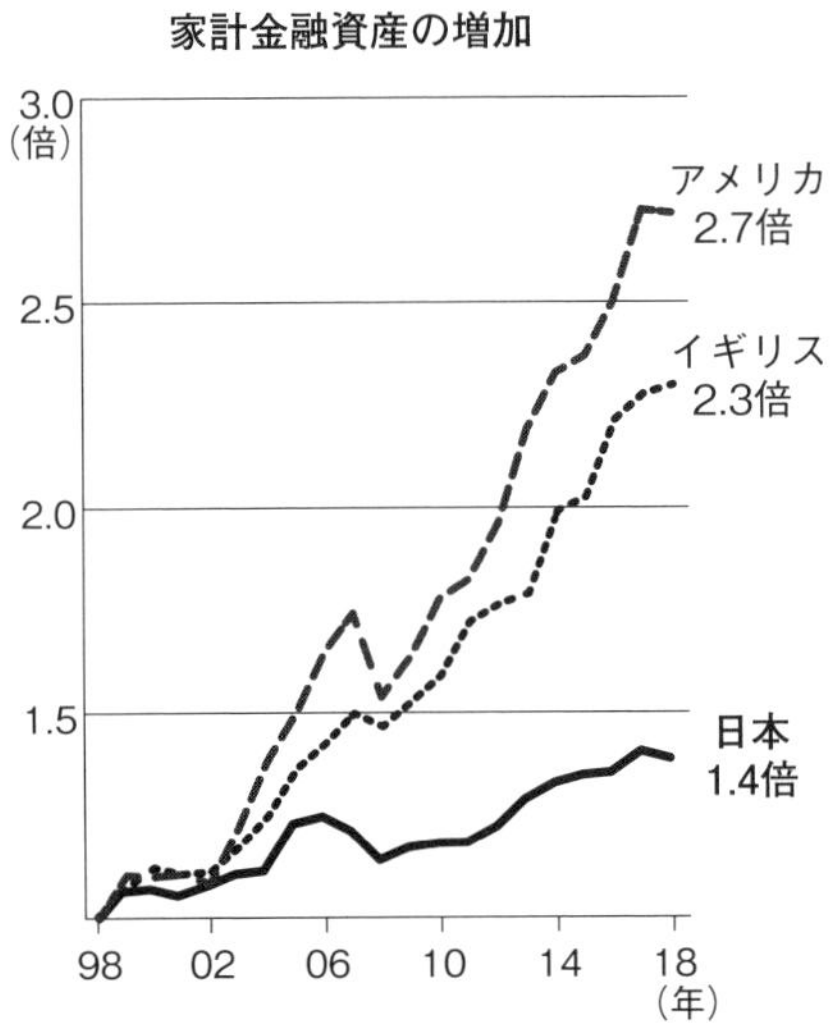

1998年からの20年を見ると、アメリカ・イギリスでは、それぞれマクロの家計金融資産は2.7倍、2.3倍へと伸びているが、日本では1.4倍に留まっている

（出所）金融庁レポート

ここまでの差が広がったのは、アメリカ人が資産形成において何か特別なことをしていたからでしょうか？

確かに日本と違い、海外の人々は家庭や学校で金融リテラシーを身に付けて、リスクとリターンのバランスをとる必要性を理解していたようです。

実際、アメリカ人やイギリス人は世界経済の成長に資産を委ねる発想で投信信託をメインにお金を

図24　海外はストック収入（リターン）で増やせている

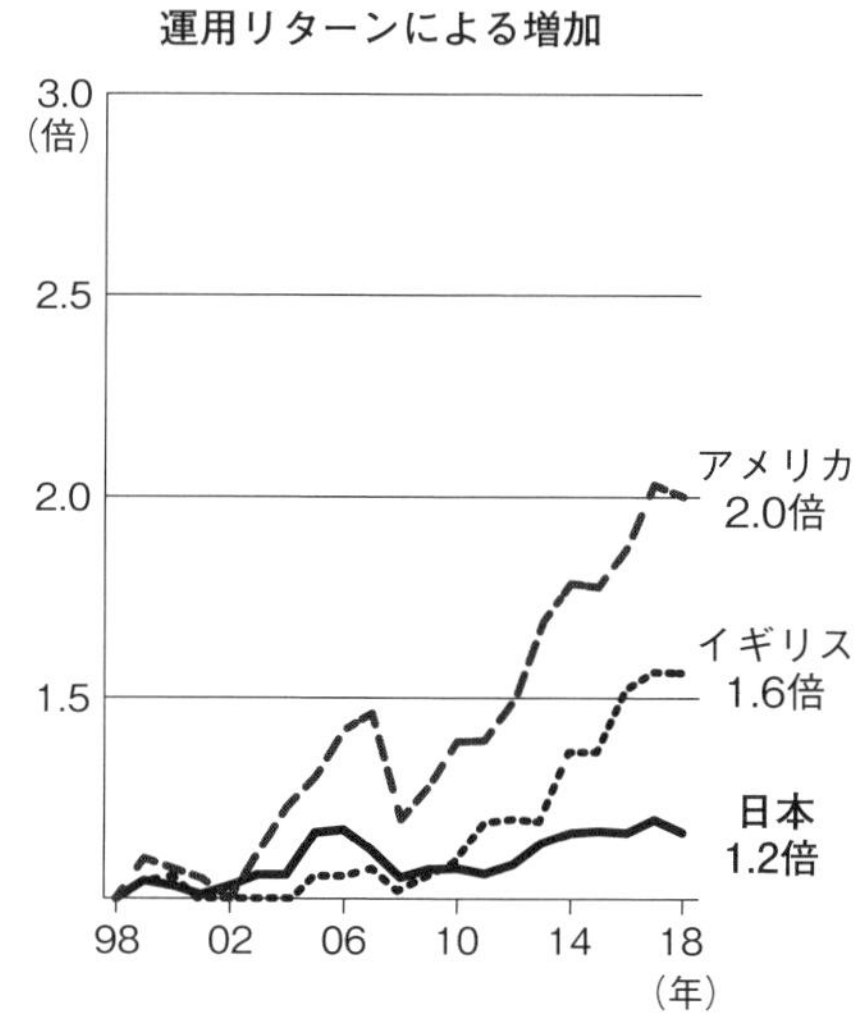

家計金融資産の増え方に差がある背景として、運用リターンの違いが大きく影響している

（出所）金融庁レポート

働かせた結果、**図23**のような成果を出せたのです。

彼らは以下の投資の本質を理解していたということです。

- リスクとリターンのバランスについて……投資信託で広く世界経済に投資している。
- お金を働かせるについて……元金でなくリターンで増やせている。

海外の人々がリターンの重要性にも気づいていたことは**図24**でもわかります。**お金を働かせるという発想で、リスクを取った投資をしているかどうか、が日本と海外の大きな差を生んだのです。**

しかも彼らは単純にお金を殖やすことばかりを考えているわけではなさそうです。というのも海外ではさらにもう一歩進んで、リスクを徹底的に抑えて安全に殖やすことを目的とした「ドルコスト平均法による積立投資」という投資手法が広く普及しており、資産形成を安全かつ、確実に行うというステージに歩みを進めています。こちらに関しては第2章で詳しくご説明しようと思います。

日本の経営者はどうして変われなかったのか、変わるきっかけはなかったのか

それでは経営者はなぜ変われなかったのでしょうか？　日本の国民全員まで変われないとしても、経営者くらいは失われた20年の中で変わるきっかけはなかったのでしょうか？

その答えのヒントは日本の近年の経済環境にあります。リーマンショック（２００８年頃）の影響は小さくなかったものの、リーマンショック以降の安倍政権によるアベノミクスの政策効果により、景気動向指数から見たいわゆる景気の山は２０１８年10月までは続いていたということが２０２０年夏頃発表され話題になりました。つまり日本は２０１０年代は景気は良かったということなのです。

また、長らくデフレ経済に苦しんできた日本経済は、２０１３年より日本銀行が「物価安定の目標」というインフレ目標政策に舵を切ることになり、目標の２％には到達していないもののデフレ基調には一定の歯止めがかかっています。

この適温経済環境が続いた結果、本来はもっと早く変わらないといけなかった中小企業の経営者の資産形成に対する考え方が、変わる動機付けをされないまま、残念ながら現在に至ったと考えられます。その結果、勉強熱心な経営者ですら、あるべき価値向上のマインドセットができていなかったため、動機付けや現状分析に及びませんでした。

こうして日本は世界でも有数の金融資産を持つ優位性を活かすこともないまま、資産形成の後進国と成り下がったのです。

経営者自身が明日から変わらないといけない

いったいこのままでは中小企業はどうなっていってしまうのでしょうか？　衰退の一途を辿り本当に国の予測どおり２０２５年には１００万社以上の企業が廃業することになるのでしょうか？

昨今労働生産性を上げる、とか最低賃金をより引き上げるという議論などがよく出ますが、日本型中小企業経営ではこれまで続いた中小企業保護政策により低い生産性のため低賃金で雇用する仕組みが固定化されており、生産性が低いから本当に最低賃金が上げられない、最低賃金を上げられないから生産性も上がらないという負のスパイラルに嵌っています。こうした状況では、労働生産性も最低賃金も簡単に上げられるとは思いません。

これらを上げるためには、一番の原因である、多すぎる企業数を減らさない中小企業優遇政策を転換することは避けられません。政府の成長戦略の２０２０年版では、これまでＫＰＩ（重要指標）の一つに掲げてきた「開業率が廃業率上回る」との表現を削るという報道がありました（２０２０年7月17日付日本経済新聞）。

中小企業は新型コロナウイルス禍で経営環境の厳しさが増しました。統廃合を含めて新陳代謝を促し、全体の生産性向上を目指す方針に転換されていくべきです。逆に言えることは、いますぐに自助努力で勝ち残っていくための資産形成をするほかないのです。

繰り返しになりますが、そのためにまずは、資産形成に対する考え方を変えることが求められます。それにはまずは現状を認識し、次に資産形成するることに対する「動機付け」を行い、さらに資産形成の目標設定について「学び」、そして最後に実践あるのみです。私は日本の中小企業は動機付けさえできれば、「のびしろ」は大きいと思っています。なぜならこれまでの中小企業にはフレームワークもなければ、学びも実践もしていないのですから。

枯渇していた中小企業の資産。原因は資産形成に対する遠心力

ここまで資産形成についてのあるべきフレームワークを見てきましたが、改めてどうして日本では資産形成についての正しいフレームワークを学ぶという動機付けができてこなかったのでしょうか？

その理由もここまでにも繰り返し述べてきました。日本の社会には、資産形成をさせない遠心力が強く働いていたのです。その背景についても詳しく見ていきます。

仮説③　動機付けやフレームワークに学ぶことに対して、経営者に資産形成をさせない遠心力が働いていた？

序章で述べた事業承継の２０２５年問題（大廃業問題）は実は、

- **中小企業の経営者に資産形成のフレームワークが根付いていなかった。**
- **現状を分析したり、目標設定をすることを推す価値向上のマインドセットが無かった。**
- **経済環境もギリギリ「現状維持」を許されたため危機感も芽生えなかった。**

という状況のもとで、中小企業の資産の枯渇で生じていたことに起因します。

たとえば新陳代謝の減退や、働く人のモチベーションが最低レベルで低迷していることは組織資産の枯渇、労働生産性の停滞は人的資産の枯渇といえます。今回のコロナショックでたちまち資金繰りに窮した企業は金融資産の枯渇にも遭いました。

コロナショックですべての経営者が自社の資産形成の不足や枯渇の恐怖を感じたはずです。これからもいつ何時コロナショックのような予測できない経営環境の悪化が押し寄せるかわかりません。

そう考えるとこれまで現状を省みることなく資産形成に背を向けていた経営者も、資産形成についての理解を深めて実行に移すことが今こそ不可欠です。特にこれからの時代はそもそも過去の経験の活かせない、答えのない時代に突入していくこととなります。**そのような時代を力強く生き抜く企業は、潤沢な物的資産や金融資産を背景に、その人的資産や組織資産から次々と資産形成の芽が芽生える土壌のある企業に他なりません。**

本来であれば、このような企業の成長には、目に見える資産と目に見えない資産が連動して次々と自社に形成されていくといった「求心力」を働かさないといけないところですが、日本では目に見える資産、目に見えない資産双方の資産に対する遠心力が働いていました。

資産形成の求心力のために変わらなければいけない「国」

現在に至るまでの国の中小企業向け政策は、聞こえのよい、「雇用を守る」という大方針のもと、生産性に目をつぶってまでも中小企業の数を維持する、というものでした。

言い換えると、幾多の経営環境の悪化というショックが押し寄せても、我が国の中小企業は、大した経営努力をしなくても淘汰されずに生き残ることができたのです。

高度成長の時代は人口も増え続けて、モノを行き渡らせるために、少品種大量生産が求められる、まさにモノを作れば売れる時代でした。資産形成などそっちのけでモノを作れば売れる、という時代が長らく続いたため、企業における資産形成の原点である「将来のために資産をバランスよく蓄える」という発想が生まれようもなかったのです。

しかし、そこに1990年代のバブル経済の崩壊という経営環境の谷が中小企業を襲いました。少ないながらそれまで蓄えた資産は吹き飛び、そこからの30年は日本にとっての「失われた30年」と言われ、資産形成どころか、資産デフレという形で将来のための新たな資産形成がなされる機会も失うことになりました。

バブル経済という空前のインフレから、一気にデフレに転落するという大きな変化に直面したのですから、我が国は社会変革に取り組まねばならず、資産形成に対する見方についても国や経営者が変わっていれば、日本が「質」の高い経済社会を実現するチャンスはあったはずです。

しかし国も経営者もそちらに舵を切りませんでした。むしろ、国民の金融リテラシーを高めることをあきらめたかのように資産形成を促進する政策を放棄したため、金融機関や大企業が内向きに中小企業の資産形成を阻害することが横行しました。

また、金融庁はそれを見て見ぬふりをして金融機関にレッドカードを出しませんでした。そのような大企業や国に不都合な情報が大々的に表に出ることは少なく、この30年間に国民の金融リテラシーが上がるきっかけはついに現れませんでした。

その結果が、個人レベルでは１８００兆円と家計に積み上がった潤沢な資産の大半が預金に置かれたまま、ほとんど増やせていないこととなり、企業レベルでは、資産形成不足により事業継続の危機を迎えている膨大な数の中小企業が現在まで生き残っているということなのです。

資産形成の求心力のために変わらなければいけない「教育」

「投資はギャンブル」
「お金は汗をかいて稼ぐもの」
「子供の前ではお金の話はしない」

いまだにこのような固定観念を信じている人がいるのを見るとゾッとします。もともと日本人には投資やお金に関することを話すこと自体「卑しい」という考え方が根強くあり、家庭や学校で行われる教育の中でも、金融や投資については一切学ばれることのない状況が現在まで続いてきています。家庭や学校で学んだことのなかった人々が大人になって親になったり、先生になったりして子供を育てているのですから、教えようにも知識もありません。高度成長期の時代はそれでよかったのですが、時代も大きく変わり、教育自体も変わらないといけないと気づく必要があります。現に世界では政府と民間が力を合わせながら幼少期から金融教育を受けることが常識となりつつあります。

一方で、我が国では、誰もが金融リテラシーや経済的なリスクを正しく理解することができないまま、社会に出ていくこととなり、投資経験のないまま中小企業の経営者となり、企業経営を担うということがしばしば見られます。

実際、私が金融教育をしていても資産形成に関しては子供も大人も大差はないですし、サラリーマンも経営者も関係なく皆未成熟だと痛感します。

将来への不安から、計画的に貯金しようとしても、超低金利政策が維持されている日本の現状では、銀行に貯金したところで全く増えません。

「お金を増やしますよ」という証券会社や保険会社の営業トークに乗せられて投資を始める人もいますが、日本の保険商品や投資商品は利回りが低かったり、手数料が高かったりと問題だらけで、資産を大きくするための手段として十分とは言えません。

この状況を打破するには、正しく投資を行うこと、すなわち「お金を働かせることにより正しく資産形成する」ことしかありません。そのためには何より、資産形成に関する「正しいフレームワーク」を身に付けておかなければなりませんが、残念ながら、今の日本で資産形成に関する正しいフレームワークを得るのは難しいのが現実なのです。

資産形成の求心力のために変わらなければいけない「大企業」

中小企業が苦しい経営環境に置かれる中、経営体力に優れた大企業は円高や国内での低金利を背景に海外進出や海外M&Aを盛んに行うなど存在感を増しています。それでも、我が国の大企業はGAFA（Google, Apple, Facebook, Amazon）をはじめとした海外のIT企業などからははっきり遅れをとっており、内向きになっている傾向が顕著です。

そして本来はグローバルな競争に立ち向かうべき大企業やベンチャー企業が、効率性や収益性において多くの経営課題を持つ国内中小企業を販売ターゲットにしています。

【中小企業の経営課題を収益源にしている企業例】

- 中小企業向け管理部門効率化：freee、マネーフォワード
- 中小企業向けIT導入促進：弁護士ドットコム、スマレジ

図25　日本の金融機関の数

業態	2020年８月	2015年８月	増減
都銀・信託銀行	8	8	0
地方銀行	102	105	▲3
信金・信組	400	421	▲21
その他銀行	610	705	▲95
証券会社	269	251	18
生命保険会社	42	41	1
損害保険会社	28	26	2
合計	1459	1557	▲98

（出所）日本金融通信社（2020年８月時点）

この日本型中小企業経営を収益源とした業態が目立つことは、内向きな国といわれるゆえんとなっています。

海外の熾烈なマーケットで戦うことに比して、国内マーケットで国内の中小企業をターゲットとしているほうが大企業にとって収益を上げやすくなる環境となっていることが、中小企業の生産性だけではなく上場企業の競争力までもそぐこととなっています。このことが、日本経済全体を内向きに、かつ長期にわたって停滞させています。

また、内向きといえば**図25**のとおり、金融機関と言われる企業が日本には１５００社も存在します。２０１５年から２０２０年の５年間でもさほど減っていません。そもそも証券会社が２００社以上も必要なのでしょうか？

これほどまでに数が多いと、過当競争となるため彼らも生き残るために顧客本位からかけ離れた過度な利益重視の販売手法をとることになりかねません。

現に、これら金融機関でも地方銀行や生命保険会社などは中小企業を主要販売ターゲットとして中小企業向けの商品やサービスを開発・販売することにより、高額な手数料を受け取り続けています。

これらの業種は日本の国力や国の規模からして以前から数が多すぎると言われています。過剰な金融機関は、日本の中小企業が効率性・生産性が低く、経営課題が多いうえに企業数が多いという経営環境を前提に、生きながらえていると言えます。このような状況が資産形成の動機付けをさせない遠心力となっているのです。

ではこのことを誰も問題視しなかったのでしょうか？

実は資産形成に対しての遠心力の存在に、国は気づいていました。それまで「貯蓄から投資へ」をお題目としていた金融庁が、２０１６年に「貯蓄から資産形成へ」へと舵をきって、資産運用改革に乗り出そうとしたのです。

そのとき金融庁はその金融行政方針（２０１６年10月）の中で、資産形成に関する現状の課題として以下の点を列挙して改革を促していました。

- 金融資産の過半が現預金で資産運用のリターンが低い。
- 投資のリテラシー・成功体験が不足している。
- 手数料稼ぎを目的とした顧客不在の金融商品販売が横行している。
- 商品・サービスの手数料水準やリスクの所在が顧客にわかりにくい。

この結果どうなったのでしょうか？　販売会社や金融機関は、低金利下のさらなる過当競争を生き延びるために、顧客本位とは程遠い、自己都合による販売を繰り返しました。そして売る側も買う側も資産のバランスなど考えないままにフレームワークに沿わない資産形成がなされていきました。

「こんなことをしていたら大変なことになる」と一部の人は気づいていました。しかし、国や大企業、経営者が現状維持ではダメだ、という危機感まで持つことにまでは至らず、変わりませんでした。

「アドバイザー」も資産形成の求心力のためには変わらなければいけない

ただ、このような状況になった原因は企業や経営者個人にだけにあるとは言えません。アドバイザー側にも相応の責任があると言えます。

第2章で詳しく説明しますが、経営者が資産形成について公平中立なアドバイスを求めて頼った金融機関や不動産会社が、自らのビジネスモデルの中でブローカーとしての立ち位置を望んだことにより、公平中立性が担保されなくなってしまっています。このことも、経営者が資産形成について正しいフレームワークを学ぶ機会を逸する原因となっています。

つまり、経営者の資産形成アドバイザーが自社の営業ノルマを達成するために、投資を行うような利益を上げている企業に対しては、保険や投資信託といった本業以外の金融資産への投資を勧めることが常態化していたのです。その投資商品が資産形成に資する商品であれば問題もなかったのですが、いずれの商品も販売会社側の手数料が高いことを理由に選ばれただけの商品性の低いものばかりであったため、中小企業の競争力をそぐ原因となってしまっています。

さらに、私は税理士にも大きな責任があると感じています。税理士は経営者の相談相手としてのポジションを長らく頂いています。それにもかかわらず、中小企業の重要な経営テーマである資産形成の面で企業価値の向上が見られていないとすれば、アドバイザーとしてその責任は相応に大きいはずです。

アドバイザーとして税理士がいながら、企業価値の向上が見られない原因としては、短期的な目先の対症療法的なアドバイスが多く、かつ自らの得意分野である節税対策のカテゴリーに持ち込みがちな傾向が強いところにあります。特に税理士が提案する事業承継に際しての偏った相続税対策などは目に余るものがあります。経営者の方からは、「税理士は経営のことがよくわかっているので、経営のアドバイスはまず税理士の意見を聞く」という有難いご意見をよく頂きます。ただ、果たして本当に税理士の先生は経営のことがわかっているのでしょうか?

ここで、税理士事務所の平均像を見てみましょう。業界のデータによると税理士事務所全体のうち、

「1人～4人」の事務所が60％強
「5人～9人」の事務所が30％弱

となっています。約90％の事務所が10人未満という零細な事業組織なのです。

そのうえ，税理士業自体は，大きな設備投資も要らない労働集約型のビジネスなので，借入に依存することも稀です。自身では設備投資やそれに伴う借入もしたことがない税理士に，税金関連以外の経営全般のアドバイス役を期待するには荷が重いのです。

つまり，日本では多くの従業員を雇ったり，投資を伴うような大きなビジネスや，それに伴う借入をしたことのないアドバイザーが，経営者の一番の経営相談の相手であるという組み合わせとなってしまっているのです。こうした背景の下で行われている企業へのアドバイスも，雇用や投資・借入を避けるような，企業の成長促進を促さない方向性につながっているのではないでしょうか。

「見えない」資産――人的資産を蔑ろにしてきた日本

これまでの日本型の中小企業経営では目先の事業戦略を優先するあまり，金融資産や物的資産，それも本業のみの目に見える資産への優先順位が高すぎました。

さらに人的資産に積極的に投資しないどころか，経営者が損益計算書の主要な経費項目である人件費を圧縮することに主眼を置き続けた結果，人や組織が価値を生む経済への適応に失敗し始めています。これが見えない資産形成の遠心力によるものです。

また企業価値の評価や意思決定を財務諸表から得ることに偏りすぎて，組織戦略として目に見えない資産を認識することは劣後され，本当の企業価値である目に見える資産と目に見えない資産の総合評価を怠ってきました。その結果、本業以外のストック収入を生み出すような金融資産や物的資産はもちろん、目に見えない資産についての認識や情報があまりにも欠如していることから、それらの資産も含めてリスクを把握してポートフォリオの発想でバランスよく資産形成をするということを、あまりに多くの企業ができていません。

たとえば以下の設問に答えられる経営者はどれくらいいるでしょうか？

- 人的資産を増やすためにワンマン型の経営スタイルからチーム型の経営スタイルに変えていくことの価値とリスクを把握していますか？
- 組織資産を増やすためにはどのような取組みをする必要がありますか？
- 人的資産や組織資産に多様性を持たせるメリットを把握していますか？
- Ｍ＆Ａや新規事業に取り組むにあたって必要な人的資産や組織資産を考えたことはありますか？

全く答えられない、そんなこと考える暇もない、という経営者は今すぐ見えない資産を増やすための意義について考える動機付けに取り組むべきです。

これからの時代は過去の経験や知識の活きない、答えのない時代です。また同時に事業の変革のスピードも猛烈に早い時代になっていくとも言われています。そうなると目に見える資産の陳腐化にも備えないといけませんし、新しい知識や新しい事業を生み出すような目に見えない資産の形成もバランスよく行うことが求められるようになります。

本章では日本にはびこっていた資産形成をさせない遠心力を、中小企業の経営者が打ち砕くために自身が資産形成に関するフレームワークを身に付ける必要があることを説明してきました。

実際、資産形成ができている経営者の共通点の一つに、「見える資産と見えない資産」どちらも、決して他人任せにせずに投資や資産形成について自分自身で理解をしようとする姿勢がある点が挙げられます。

次章からは、私がクライアントへのアドバイスを通して得た、見える資産、見えない資産双方についての資産形成の成功の法則を紹介し、具体的な資産形成に取り組むための動機形成と目標設定までの道筋をお示しします。

コラム 1

人生100年時代で働く人に求められる資産形成の価値観を欧米に学ぼう

これからの時代は企業の寿命が短くなる一方で、人間の寿命は長くなります。実際数年前から「人生100年時代」と言われ、これまでのような就業→就職→リタイア後といった3ステージのシンプルな人間としての生き方の考え方すら変える必要があるとされています。

直近では企業の寿命は3～5年と言われています。そうすると、今後、人々はいったい何回転職することになるのでしょうか？　転職を有利に進めるには市場価値のあるスキルが相当必要になってきます。この観点でも大企業はつぶしが効きませんから不利になるかもしれません。

実際、トヨタ自動車の豊田章男社長が2019年に終身雇用を続けることは難しい、と宣言したように、大企業であっても、いつまでも企業が定年まで面倒をみてくれる、などと考えるのはとんでもない勘違いだということを、働く側もそろそろ理解しないといけないでしょう。

欧米では幼少期から家庭や学校でお金や投資について学びます。これは、働くことで得られる勤労所得だけで生きていく厳しさをわかっているから投資について教えるのです。実際、欧米の家計は資産所得の比率を増やすことに成功しており、教育についての投資回収ができています。

一方、日本を見てみるとお金や投資について学ぶ機会が全くないため、相変わらず「勤労所得が所得の全部」という人がほとんどです。しかも日本は欧米に比べて勤労所得自体もこの30年でほとんど増やせていません。まさにダブルパンチを喰らっています。いや、日本が欧米諸国より早く高齢化による人口減少が始まることを考えると、社会保険などを控除した手取りの勤労所得は減っていきますからトリプルパンチです。

このような環境に置かれているリスクに対して日本人が正しい向き合い方を身に付けるべきだと思います。向き合うべきリスクは働けなくなったとき勤労所得が途絶えるリスク、一つの企業でずっと働くことのリスク、１００年寿命が続くであろうことの長生きするリスク、など様々です。

もちろん、資産所得を得るための資産形成に向けた投資を何もしないことに対するリスクや、勤労所得で稼いだお金を預金だけで置いておくことのリスクもわかって頂きたいです。

先に述べたように、日本と違って、金融リテラシーのある海外の人々はリスクとリターンのバランスを理解して、投信信託をメインに資産に投資した結果、この20年間で資産を3倍に増やしました。海外の国々と我が国のこの20年の資産形成の天と地ほどの違いは、勤労所得と資産所得のバランスを見ると明らかです。金融庁のレポートによると日本で資産所得が勤労所得の８分の1であるのに対して、アメリカでは資産所得が勤労所得の3分の1を占めています。アメリカでは、圧倒的に、勤労所得に依存しない形を作り上げることに成功しているのです。

これからの時代は労働の対価である勤労所得だけでは生きづらい時代になります。非労働収入

である資産収入を得ようと思うならリスクを取って資産形成をすることになると思います。

リスクと正しく向かい合えるということは、自らをマネジメントするスタートラインに立てたことになります。投資の面でも仕事の面でも自らをマネジメントできるようになれば人生100年時代は楽しいものになるのではないでしょうか。

リスクを取れる人材が増えてくれれば、経営者になりたい人材が不足している問題である2025年問題も、少しずつではありますが改善の方向に向くのではないかと期待しています。

2

資産形成—成功の法則「見える資産から」

日本の常識は世界の非常識！
できそうでできなかった見える資産の積み上げ

資産形成はすぐにできる「見える資産」から取り組もう

資産形成を目指すにあたって、まず取り組むべきは目に見える資産を形成することです。目に見える資産を増やすには二つのアプローチがあります。

① 本業の企業活動の成果（利益）として金融資産が増え、それを物的資産や人的資産に投下することにより、企業活動がさらに拡大し利益としての金融資産がさらに増えるというスパイラルをつくる。

② 本業の金融資産を、本業以外のストック収入を得るための金融資産や物的資産に投資することにより、インカムゲインやキャピタルゲインを得る。

ここでは②についてのみ、詳しく説明するようにします。なぜなら本業の利益獲得による金融資産や物的資産を資産形成することとは、あらゆる経営者が黙っていても目指されていることです。本書はあくまで「資産形成」の本であり経営戦略の本ではありませんので、①については世に出ている経営戦略の本をご覧いただくことをお勧めします。

さて、本業以外のストック収入を得るための金融資産や物的資産の資産形成は、言ってみれば本業の金融資産を、本業以外のストック収入を得るための金融資産や物的資産という目に見える資産の中での「資産の組み替え」を行うことになります。したがって、人や多大なコストを使わずして自らの資産形成に関する視点やリスクの取り方を変えるだけで資産形成を開始することができます。

つまり、「見える資産」の資産形成は、やり方次第で早期に着手が可能であるということです。しかも目に見える資産には、投資の世界で資産形成のセオリーが相当程度確立されていますので、極力損をしにくい手法で実践することができます。

一方、目に見えない資産の人的資産や組織資産は、目に見えないというだけあって、たいていの経営者にとって簡単に着手できるものではなく、相応の時間とコストをかけながらコツコツと培っていくものとなります。また、目に見えない資産の資産形成にはセオリーと言われるものが見当たらないため、時間とコストをかけたからといって必ずしも成功するわけでもありません。ここが目に見えない資産の難しいところです。

ですから取り組む順番を間違えると金融資産を使い尽くしてしまう、といった致命的なことになりかねません。そこで取り組む優先順位を下げるというわけではありませんが、まずは目に見える資産形成を目標設定し、その実践状況をみながら、次のステップで目に見えない資産の形成にも取り組むという順序をとるべきです。

これは資産形成の世界の常識です。ただし、ここでも我が国では世界の常識が通用していません。ほとんどの日本の企業で先に取り組むべき目に見える資産の資産形成ですらうまく進んでいないのです。なぜそのようなことが起きるのでしょうか？

これまでの資産形成では見える資産すら増やせない

我が国では史上空前の低金利時代が続いていますし、経済成長が停滞していたり地域経済の景気が深刻な落ち込みをしていたりと、資産を増やすことは簡単でないように感じてしまいます。

図26　世界経済の成長率データ（過去20年）

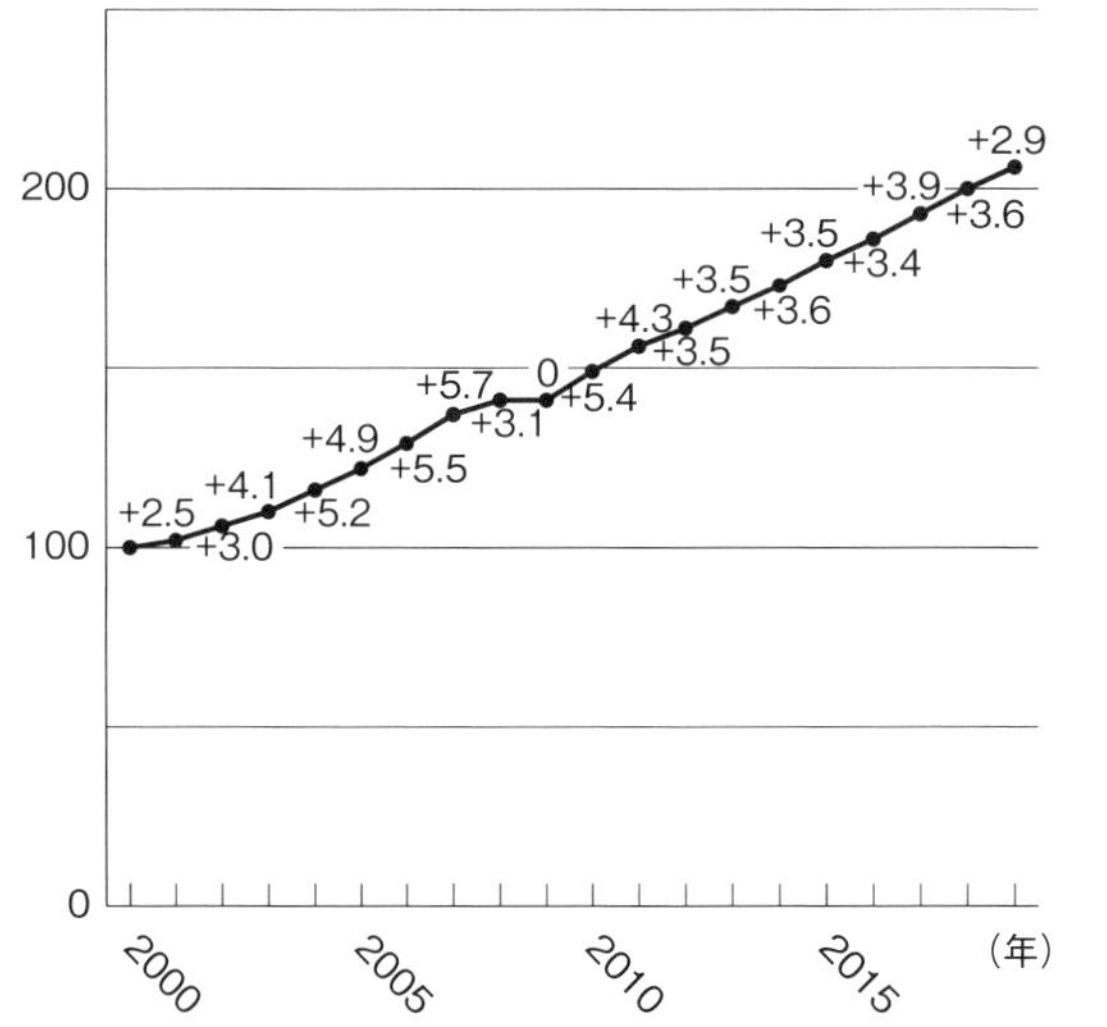

2000年を100とした場合の成長率

（出所）Morning Starのデータをもとに筆者作成

それでも、毎年同じ利益の額を出す企業が、その稼いだお金をどこに置いておくかの違いだけで、将来の資産額は決定的に差がつきます。

我が国では、資産形成の意識や動機付けが全くなかったり、資産形成についてのフレームワークを正しく実践することがイレギュラーであると誤解しそうなほど、世界の常識からかけ離れた資産形成の方法がまかり通っていますが、本来目に見える資産形成というのは、何倍にも増やす、という無謀な目標設定でなければさほど難しいものではありません。世界の常識や投資のセオリーとされる方法

図27　S＆P500の推移データ（過去20年）

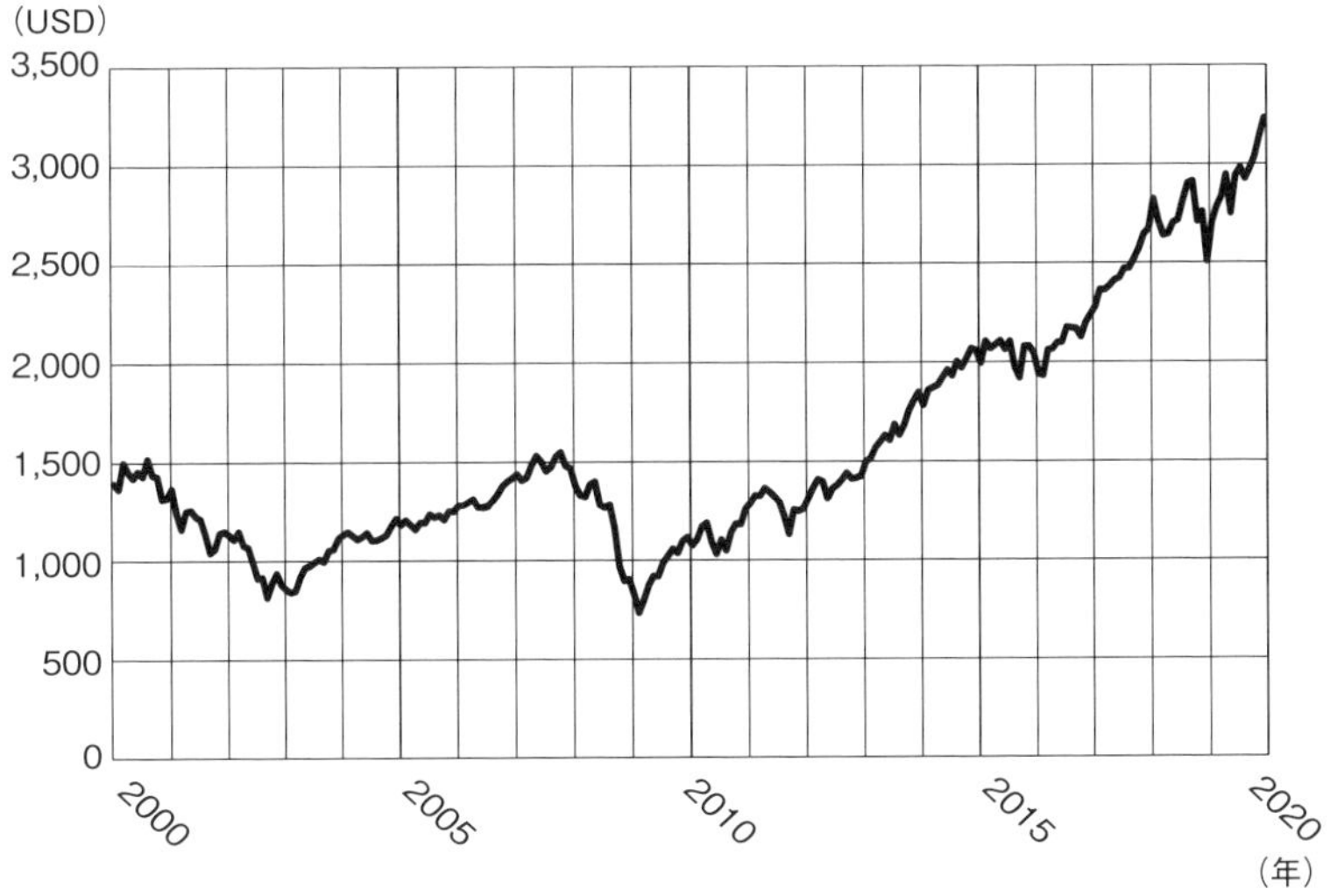

（出所）Morning Starのデータをもとに筆者作成

で長期的リスクをコントロールして行えば、資産を減らしてしまうリスクは限りなくなくせるものなのです。

ちなみに世界全体の経済成長はこれまでも**図26**のように確実に右肩上がりで成長を続け、今後10年も最低年間5～6％程度は成長を続けると予想されています。

また経済成長を続けるアメリカに目を向けてみてもたとえばアメリカ経済のパフォーマンスを示す指数で、全主要業績を代表する株価指数のS&P500の推移を見てみると、小さな山あり谷ありはあるものの、長期的には一貫して右肩上がりで成長していることが見てとれます（**図27**）。

ここまで歴史的に右肩上がりが続いているマーケットでは、要するにどのタイミングで投資しても失敗することがない、そう思いませんか？

日本の経済成長だけをベースに考えると理解しづらいのですが、世界の経済成長を取り込む発想で資産形成を行えば、着実にリターンを得続けることが可能となります。

日本の経営者は、投資のリテラシー・成功体験ともに不足している

ただ残念ながら実際は、日本の中小企業が目に見える資産形成で成果が出ないことがほとんどです。これは、そもそも投資のリスクとリターンに対する経営者の理解不足がとても根深いこと、仮にこの理解不足が解消されたとしても、金融リテラシーが不足していることが原因で、当然投資の成功体験も少ないからです。

このことに関しては、非常に残念なことですが、これまで金融資産の株式や投資信託に投資する際に、一括投資方式でなされることが多かったためあまりにも損失、つまり失敗することが多く、経営者の間で株式投資が投機に当たると誤解を生んでいたということもあるでしょう。

プロの投資家にとっても株式や投資信託の一括投資は本当に難しいものです。投資した直後に相場が下がれば成す術がありません。よって私は株式や投資信託の一括投資を中小企業に勧めることは絶対にしません。リターンは一括投資のほうが大きくなる可能性がありますが、リスクも比例して大きくなり、それではこれまでの失敗を繰り返すことになるからです。

資産のほとんどが銀行預金に放置される

ところで、そんなことには目もくれず、販売会社は目先の手数料稼ぎを目的として一括投資ばかりを勧めます。その結果、顧客の長期的な資産形成のための販売とならず、顧客の信頼を失い、ひいては資産運用への関心まで薄れさせてしまうことになってしまっていました。

そうして本来行うべき投資までが避けられた結果、金融資産のほとんどが金利のほとんど付かない銀行預金にたなざらしのように放置されることになります。

銀行預金は原則、①円建てで、②元本保証の金融資産になりますので、一見安心感があるように映ります。しかし金利による資産運用は、リターンが圧倒的に低い、というデメリットだけではなく、これからの時代押し寄せるであろう、インフレや円安が進むと相対的に目減りする可能性が高いマイナスリターンというリスクを抱えています。

現在、国はインフレ目標を年2％とし、物価を上げようとしています。また為替の面でも日本の国力を考えると円安基調が進展しても誰も驚くことはないでしょう。このような状況で資産の大半を金利のほとんど付かない銀行預金に置いたままにしておくということは世界の常識では絶対に理解されない合理性のない行動です。

個人ならまだしも、企業は経済合理性を追求するために存在する営利組織なのです。実際、資産形成に成功している経営者であれば、預金には決済機能しか期待していません。ですから残す預金は月商の数か月分と決めてあとは資産運用に回します。仮に急な資金が必要になったとしても現下の国内の融資環境では必要であればすぐに銀行から借りることができます。

それでもなぜ、日本では金利がほとんど付かない預金に必要以上に資産が集中してしまうのでしょうか？

資産形成の現場で横行した目に余る顧客不在の商品販売

そこには日本の常識は世界の非常識といえる実態があります。というのもこれまで述べてきましたように、ほとんどの企業の経営者は、投資について学ぶことが無かったことから、金融リテラシーがありません。その結果、資産形成の現場で、次のようなことが起こったのです（**図28**）。

● 目的の欠如

資産形成の目的の着眼点が本来企業全体の価値向上という高いところを見るべきだったところ、経営者、アドバイザーともにその意識が欠如していたことから目線も下がってしまいました。

その結果、目的が一つ一つの個別の資産の価値向上にとどまったため、各資産を販売する販売会社の販売ブローカー（営業マン）と向き合うこととなっていました。

● 視野の偏向

経営者は、資産形成に対する視野全体にポートフォリオの発想を持ち込み、経営者の知識や経験の

図28　これまでの資産形成の姿

これまで		あるべき
個別資産の価値向上	**目　的**	企業価値の向上
タテ割り 不動産 → ブローカー 有価証券 → ブローカー 保険 → ブローカー	**視　野**	ポートフォリオ 資産三分法 有価証券　安全性×　流動性△　収益性○ 預　金　安全性○　流動性○　収益性× 不動産　安全性○　流動性×　収益性○ アドバイザー
受け身	**経営者のスタンス**	能動的
• 販売会社のブローカー • 画一的アドバイス	**アドバイザー**	• 全体を俯瞰できる会社 • 課題解決型アドバイス
• 各スキームを学ぶ • リスク説明は業法範囲のみ	**学び方**	• 全体のポートフォリオ • あらゆるリスク
おまかせ	**実　践**	自ら実践・管理

不足する部分についてはポートフォリオ全体を俯瞰した観点からのアドバイスをできるアドバイザーと向き合うべきところ、実際は、個別の資産の価値向上についての画一的なアドバイスしか持ち合わせない個別資産ごとのブローカーの台頭を許してしまいました。

経営者つながりや銀行の紹介で販売ブローカーの話を聞いては、企業全体のポートフォリオを考えない各資産の価値向上に偏った方策をとってきました。

●受動的な経営者のスタンス

自社の現状を一番理解しているのは経営者ですので、本来は経営者自身が能動的にあるべき資産形成の進め方を模索するべきです。

しかしブローカーたちは、販売会社から自らの商品を大量に販売することについてのインセンティブを与えられ、日夜セールストークを磨いて販売現場に臨むため、いかに経営者であっても抗弁することすらできず、受け身のまま契約させられていきました。

経営者に金融リテラシーがなかったために、販売ブローカーの販売スキームを信じてしまったことが大きな要因です。

●アドバイザーの身勝手なふるまい

金融機関や保険会社、不動産会社のブローカーたちは、自社の投資商品の知識しか持ち合わせない、資産形成のプロでも何でもない立場であるにもかかわらず、いかにもアドバイザー然と立ち振る舞いました。

彼らは一方的な自己都合によって、画一的な販売スキームを中小企業にとってのアドバイスと称して自社の売りたい商品を代わる代わる勧め続けました。またその売りたい商品も自らの収益最大化のためだけに選んだ商品だったため、売り手すら中身のよくわからない新興国などに投資する手数料の高い商品を顧客に売りつけ、顧客もよくわからないまま買ってしまい、損失を出して「二度と投資なんかするものか」と怒りを募らせることになりました。

本来は資産形成の全体を俯瞰できるアドバイザーに、資産ポートフォリオ構築に向けた課題解決型のアドバイスを受けるべきですが、そのようなアドバイザーが現れることはありませんでした。

●学ぶ価値のないアドバイス

ブローカーが自称「アドバイス」と呼んだ、個別資産の範囲に限定された一方的な自社の商品説明は到底学びと呼べるようなシロモノではありませんでした。

また、リスクの説明についても、中小企業のためを思って、幅広く説明しすぎると誰も契約してくれなくなるため、各々の資産の属する業法（金融商品取引法、保険業法、宅建業法など）の範囲に限定されました。これは資産ポートフォリオの視点やあらゆるリスクやリターンとのバランスについて、アドバイザーに学びながら資産形成を図るという、本来のあるべき姿からは程遠いものでした。

● おまかせの資産形成

向き合い方が受け身でしたので、実践の段階でもブローカーにおまかせになってしまうことは避けられませんでした。本来は自ら主体性を持ちつつ、アドバイザーの意見も取り入れながら実践することが求められます。投資はいつの時代も自己責任です。

顧客不在の資産形成の現場のなれの果ての姿

以上が資産形成の現場の姿です。大げさに見えるかもしれませんが、これが私が日々見てきた真実の姿です。金融機関のあまりの販売手法の強引さに金融庁が業界に手数料の開示を求めたり、強引な販売を自粛する要請を出すこともしばしばで、本当にひどいケースでは業務停止命令や業務改善命令が下ることもあるなど、資産形成の販売の現場は熾烈を極めました。

図29はこれまでの金融機関の販売手法がどれだけ顧客不在だったかを物語るデータです。

金融庁が2018年に公表したもので、金融機関から投資信託を購入した顧客の何割が利益を得ているかを明らかにするために、投資成果を分析したものです。

図29のとおり、投資信託を販売した顧客の割合を開示した36の金融機関では、単純平均で4割もの顧客が運用損益がマイナス、つまり投資損失でした。

含み益のある顧客が9割を超える金融機関がある一方で、なんと3割台にとどまる金融機関もあ

図29　投資信託顧客の４割が損失（2018年）

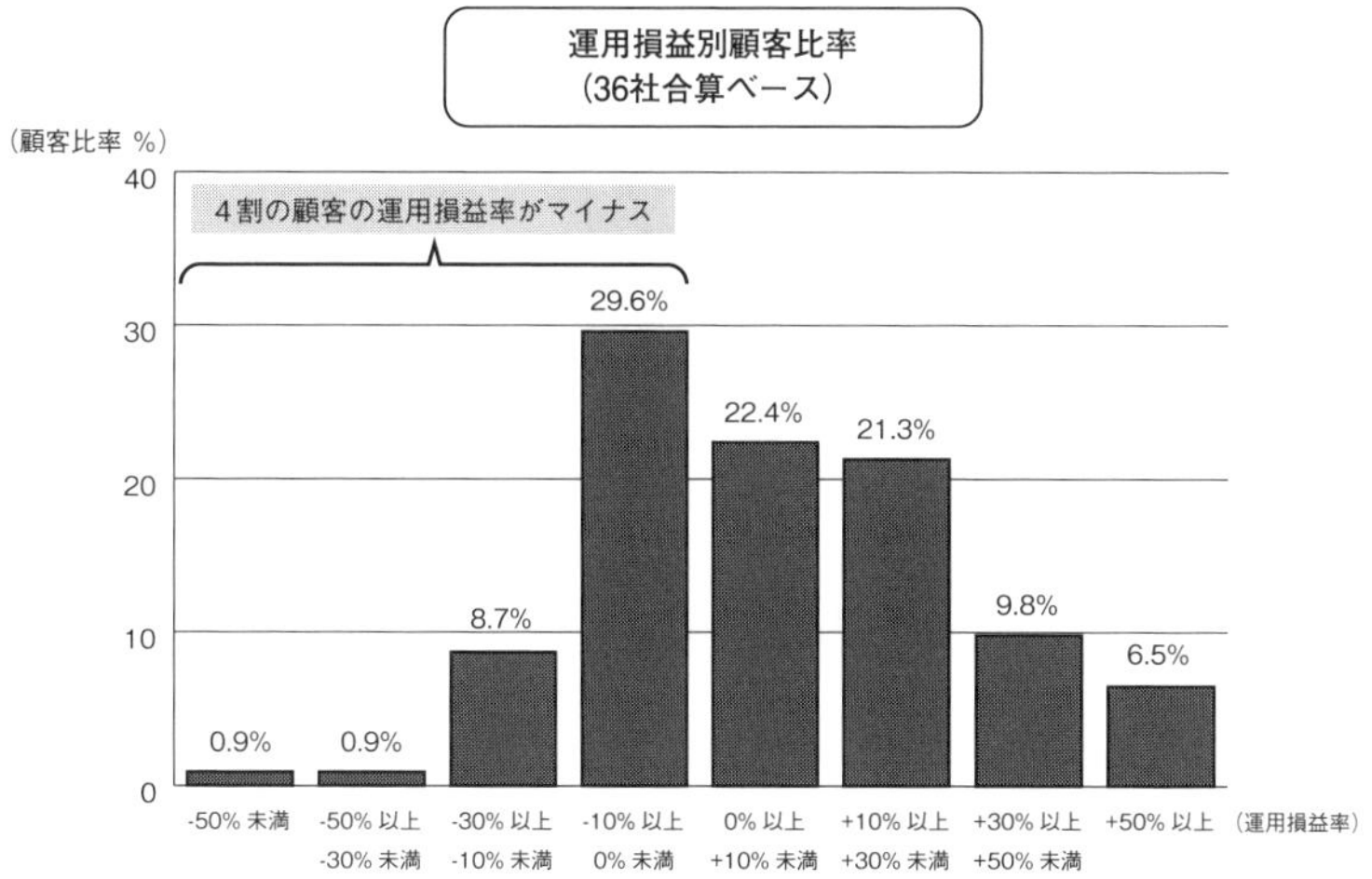

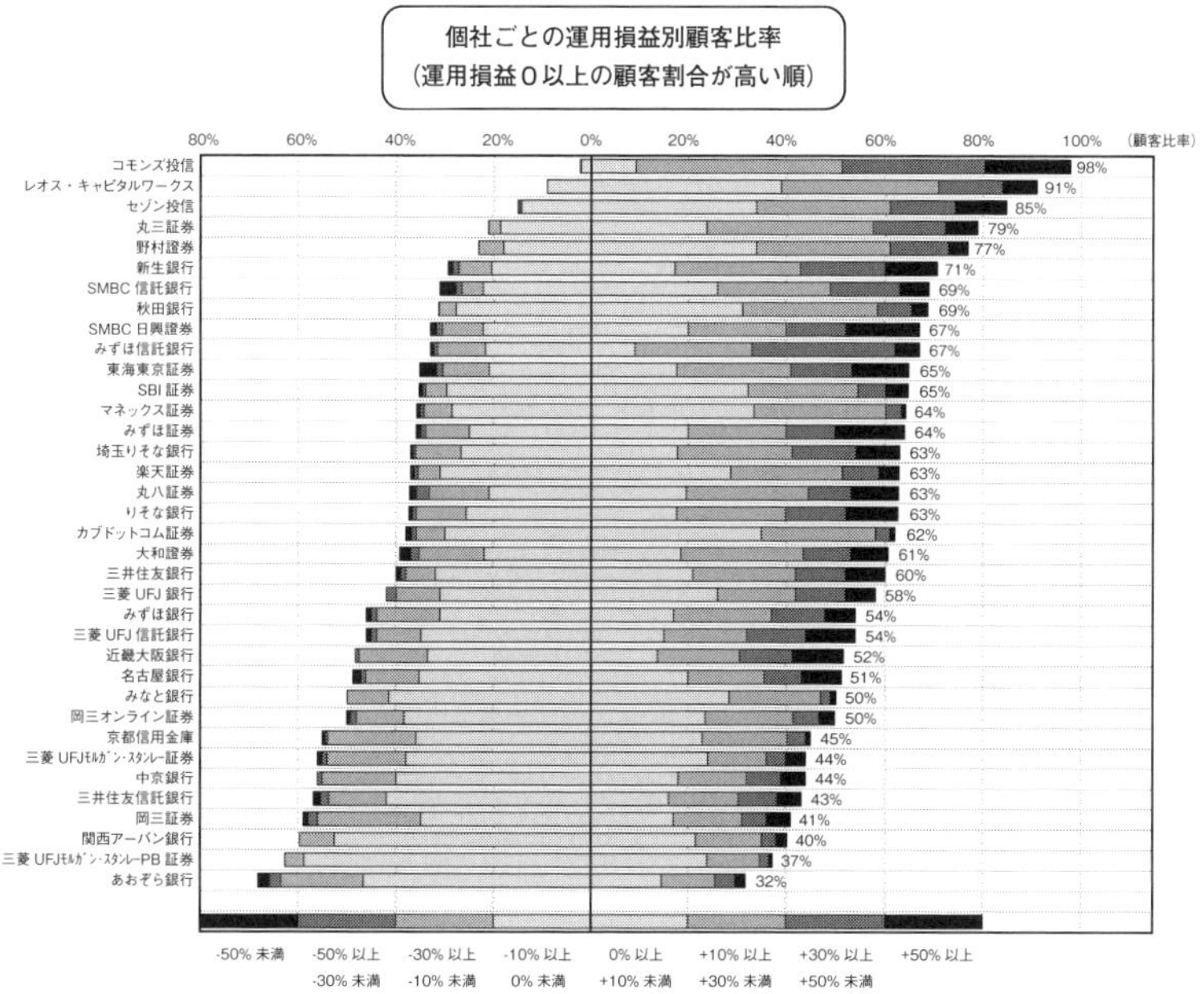

（出所）金融庁

り、格差が浮き彫りにされました。含み益がある顧客が3割台しかいないという金融機関はビジネスモデルが顧客本位でなかったと言われても仕方ないと思います。

目につくのは上位3社が大手金融機関系列に属さない独立系であることです。逆に最も問題視される点は大手金融機関系列会社が軒並み下位に沈んだことです。

しかし、残念ながら、これは当然の結果と言えます。

何よりこれまで正しい方法での資産形成が何一つやってこられていませんでしたから。

日本には正しくリテラシーを学びながら主体的に資産形成するという投資のセオリーといえる土壌がなく、「お金を働かせる」「リスクを取らないとリターンはない」という基本的な発想すら存在しませんでした。

金融機関や不動産会社の強い勧誘を受けたことのあるほとんどの経営者で、株式や不動産といった資産形成をいったんはカジってはみたという方も、その金融機関や不動産会社という、本来資産形成の一翼を担うべき業界の人たちが、顧客不在の販売スタイルを続けたことで顧客を裏切ってきたことに気づいたころには時すでに遅く、セオリーである資産ポートフォリオの発想がないのに、いきなり投資を実践することとなり、その結果、一つ一つの資産形成すら予定通りにはいかず一発KOになったり、いずれかの資産に偏ってしまったり、といった失敗を積み重ねるばかりで、成功体験が蓄積されることもありませんでした。

そしてリスクを取ることへの心を閉ざした経営者たちは、最終的に上にも下にも「値動きをしない」資産、ということで元本保証である預金に、消去法的に回帰してきてしまった――これが、私がアドバイスしているほとんどすべての中小企業で起こったことです。

そろそろお金に関することを教育で扱わない、というタブーを取り除かなければいよいよ大変なことになることは間違いありません。

これまで資産形成で起こってしまったことは、とても残念です。しかし、現状の酷さを認識して、これを機に企業の資産形成に対する考え方が１８０度変わっていくならば、まだ間に合います。

変わっていくための糸口は見つかるのか

これまでの反省を踏まえると、今後の中小企業の資産形成への方向性は次のようになっていくべきです。

まず、経営者の資産形成に向かいあう認識が甘かったということを受け入れましょう。

次に、アドバイザー選びを重視せず、スキーム押しつけ型のブローカーの台頭を許したことを改めて、ポートフォリオ全体を俯瞰できる課題解決型のアドバイザーを手間をいとわずに探しましょう。

これは、これからの時代のアドバイザーに求められる資質には、これまでの反省を踏まえて顧客本位の考え方を持っていることが必須ですし、資産形成には現状やリスクの理解と、学んだことから得られる目標に沿ったバランスの良いポートフォリオが欠かせないからです。

以上のプロセスを経て、かつ、一つ一つの商品やスキームに偏ることなく、全体のバランスやリスクを考慮したポートフォリオの構築さえできれば、今からでも日本人や日本の中小企業の資産は数倍になるでしょう。

これからの活躍が期待されるＩＦＡ

このような状況は国も認識しており、現状の資産形成手法を変えていくために金融庁は「貯蓄から投資」といっていた総合方針を「貯蓄から資産形成」へと改めたうえで、国全体に浸透・定着をしようとしています（93ページも参照）。

この取組みの一翼を担う存在として金融庁肝煎りのＩＦＡ「Independent Financial Advisor」という、いわゆる独立系ファイナンシャルアドバイザーに期待が集まっています。

これまでのように保険は保険会社の営業マンから買って、株式は証券会社の営業マンから買う、といった歪な形での資産形成のアドバイスではなく、ＩＦＡには資産ポートフォリオ全体を俯瞰した、公平中立な立場からのアドバイスが受けられることが期待されています。

独立した立場からの公平中立なアドバイスを行うＩＦＡ（**図30参照**）は海外では広く普及しているアドバイザーです。日本での普及はまだまだこれからですが、盛り上がるであろう資産形成の機運と併せてその存在意義が増していくものと思われます。

図30　IFAについて

IFAとは

IFAとは金融商品仲介業者のことを指し、証券会社（金融商品取引業者）の委託を受け、「有価証券の売買等の媒介や募集、もしくは売出しの取扱い」などを行う事業者のことです。内閣総理大臣の登録を受けることにより業務を営むことができます。

<業務の流れ>

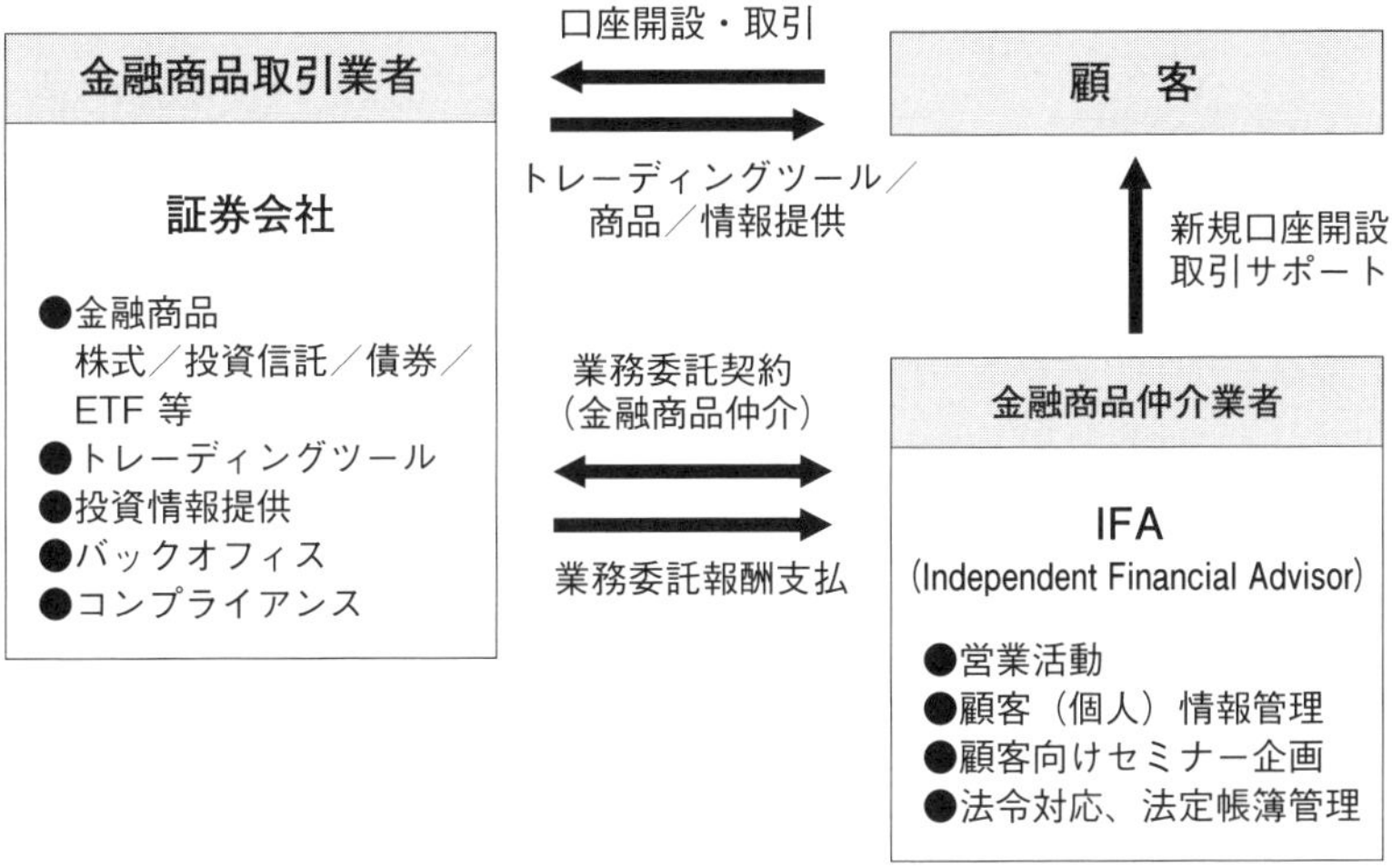

< IFA制度の成り立ち>

日本の個人金融資産1800兆円を、市場を通じて投資商品へ移行させる「貯蓄から投資へ」の国のスローガンの元「幅広い投資家が参加できる証券市場の育成」ならびに「金融商品販売チャネルの拡大」を目指し、証券会社以外の事業者が、国の登録を受けることにより証券業務（金融商品仲介業）を営むことが可能になりました。金融機関に属さないため、独立・中立的な立場で顧客の資産形成の助言を行うことができます。

それまでの日本は、金融商品の販売や投資勧誘は銀行や証券会社などの金融機関のアドバイザーに限定されていました。金融機関のアドバイザーは膨大なノルマに追われ顧客の利益を完全に優先できない事情もあり、手数料目当ての回転売買の推奨などを行い、顧客と利益相反が生じることも否定できません。しかし、日本ではまだまだ認知度が低く、IFAというものを理解していただくのに時間がかかります。また欧米などと比べてもIFAの質（アドバイス、コンプライアンス、システム等）および数（アドバイザー数）ともにまだまだ不足していると言われています。

驚くことではない「老後資金の2000万円問題」

2018年の老後資金の2000万円問題は、世間をにぎわせました。金融庁が発表した「高齢社会における資産形成・管理」という報告書によると、モデル世帯でも定年退職後のいわゆる老後に公的年金だけで生活しようとすると亡くなるまでに約2000万円が不足するということです。

「公的年金が不足する」という部分だけをマスコミが取り上げて政府を突き上げましたが、私が報告書を読んだ限りでは、金融庁の報告書は公的年金だけでは不足になるという点よりも、現状とこれからを見据え、国民全体に広く私的年金の活用喚起や、公的年金の不足を見越した金融商品での資産形成を促す内容となっていました。

もちろん公的年金で老後を豊かに暮らせることは理想ですが、果たして現在の日本の公的年金の仕組みと将来の人口構成を鑑みて、公的年金だけで死ぬまで生活できると思っている国民がどれだけいるのでしょうか？

これからどの国も経験したことのないような超高齢化社会を迎え、2060年までに人口が半減すると予想される日本で、現在の公的年金が維持できるとは到底思えません。もちろん政府もこのことは認識していましたが、これまで批判を恐れて隠し続けてきたところを、金融庁の一ワーキンググループが明らかにしてしまっただけだと理解するべきです。

賢い国民の捉え方としては、政府が公的年金だけでは国民全員が死ぬまでの生活を支えることができない、と認めたわけですから、信じたくない気持ちはわかりますが、国民自身が自助努力で資産形成について考える時代に入ったと認識するべきなのです。

これまでは漠然と公的年金があるからなんとかなる、という認識が日本人のどこかに残っていて、「投資が嫌いな国民性」、「お金について語らない美徳」とお高くとまる余裕がどこかにありましたが、これで完全にそんなことは言ってられなくなりました。

では、今後、投資や資産形成をしたことが無い人はどうすればよいのでしょうか？

今回の金融庁の報告書には「心がまえ」として次の四つが挙げられています。

- 早い時期からの資産形成の有効性を認識する。
- 少額であっても安定的に資産形成を行う。
- 自らにふさわしいライフプラン・マネープランを検討する（必要に応じ、信頼できるアドバイザー等を見つけて相談する）。
- 金融サービス提供者が顧客側の利益を重視しているかという観点から、長期的に取引できる金融サービス提供者を選ぶ。

そのとおりだと思います。

一つ目は資産形成のフレームワークやリテラシーを学ぶ必要性を、二つ目は、少額でもよいので早く始めて成功体験を作る必要性を説いています。三つ目については「自らに合ったＩＦＡを見つけましょう」とされていますが、気の合うＩＦＡを見つけるだけでよいのでしょうか？

ＩＦＡにも色々なタイプがあり、実はそのうちほとんどが証券会社や保険会社のＯＢです。信頼できるかどうかの見分け方は、特定の商品や銘柄ばかり勧めるＩＦＡは避けるようにし、ヒアリングを欠かさず、投資手法のリスクやポートフォリオの課題解決の考え方を理解できるまで丁寧に教えてくれるＩＦＡを選びましょう。

最後の四つ目は金融機関の顧客本位の姿勢を注意喚起しています。どこまでいっても、金融機関等の販売会社は顧客本位に変わっていけないのでしょうか？　そう考えると目に見える資産のうち比較的参入ハードルの低い金融商品ですら、これからどうなるのか予断は許されません。

起きるべくして起きた不動産の「シェアハウス問題」

そういえば目に見える資産の代表格である不動産投資においても、シェアハウス問題という社会問題がありました。これはあるシェアハウス販売会社が、スルガ銀行などと連携してサラリーマンなどに低品質の収益不動産を相場を大きく超える金額で販売していたというもので、販売会社が破綻した矢先に、身の丈を超えるアパートローンを抱えて破綻状態となる多数の被害者が出る結果となりました。

銀行が書類の偽造に関わっていたという、内容が衝撃的だったことから、この問題の影響は想像以上に大きく不動産投資全般に対するイメージも急激に悪化し、他の投資用収益不動産に対する融資や不動産市況全体も冷え込むこととなってしまいました。

この問題に関してはスルガ銀行を批判する論調が大きいように見えます。もちろん銀行の責任は免れるものではありません。融資用の偽造書類を組織的に黙認していた行為は許されるものではありませんし、その責任は同様に大きなものです。

しかし銀行に偽造書類を持ち込むことに手を染め始めた不動産会社に一義的な責任があるのは当然です。不動産会社といっても玉石混交です。もちろん大手の不動産会社などコンプライアンス意識の強い会社も存在しますが、私自身、不動産取引を通してお会いする不動産会社の中にはコンプライアンス意識が欠如している会社が多いように思っています。

シェアハウス問題は、短期間にやりすぎたことで販売会社が破綻したため、明るみに出ましたが、以前から行われている新築ワンルームマンション投資もスキーム自体はデベロッパーの利益が大きく乗っていて購入者にメリットがない点ではシェアハウスと大差ありません。こちらは、医師や弁護士など、高額所得者をターゲットに行っているためその問題が明るみに出にくいだけで相変わらず横行しています。

新築ワンルームマンション投資の営業マンも決して不動産投資のプロではありませんし、顧客不在の販売手法を続けて顧客を裏切り続けています。実際、営業マンに勧められて新築ワンルームマンション投資を行っていた私のクライアントの勤務医の方は、不動産投資のキャッシュフローのマイナスが大きくなり、本業の給料からアパートローンの返済を行うという本末転倒な状態に陥って、資産形成に対する関心が失せてしまいました。

目に見える資産の基本の四つは、「株式」「投資信託」「債券」「不動産」

繰り返しになりますが、資産形成を目指すのであればポートフォリオの考え方を徹底するべきです。

特に企業の場合は売上高が現金で入ってきますので、何も心掛けなければ現預金ばかり溜まっていくこととなります。もちろん有事に備えてある程度の現預金を持っておくことは当然ですが、日本の政策金利は過去最低を継続しており、金利はほぼ付くことがありません。したがって、目に見える資産の資産形成ポイントは現預金をどのくらいの割合でどういった資産に組み替えるか、を考えるべきです。

そもそも投資とは、「お金を働かせること」と考えると、お金を働かせるために、投資商品を選ぶ際には**「リターン（ストック収入）を得るには相応のリスクを伴う」**商品を選択することが必須です。そして選ぶ手法はその商品の中でも**「できるだけリスクを減らす仕組みで行うこと」**とすることです。これは資産形成に成功している経営者全員が実践していることです。

この観点から見ると、**ポートフォリオの基本となる資産は「株式」「投資信託」「債券」「不動産」を選ぶべきです。**それぞれ現預金から振り替えることによってリスクは発生しますが、「株式」や

「投資信託」は配当というリターンを、「債券」は金利というリターンを生みますし、「不動産」は家賃というリターンを生み出します。経営者としては、それらを組み合わせたポートフォリオを構築することで、できるだけリスクを減らすことができます。

ホームカントリーバイアスをなくせば、相反関係のある資産ポートフォリオの構築ができる

日本人は投資の面でホームカントリーバイアスが強いと言われています。ホームカントリーバイアスとは、投資をする際に海外投資に慎重になりポートフォリオの大部分を自国市場の株式や債券などに偏重して運用するなど、自国市場の資産への投資を増やすことです。ホームカントリーバイアスが起こりやすい要因は、

- 国内市場の株式や債券のことは情報があってわかりやすい。
- 海外のマーケットや企業のことはよくわからない。
- 国内の企業や経済を心情的に応援したい。

などです。

この点で日本人はホームカントリーバイアスが顕著で、自国通貨である「円」に対する信頼感も他国より強くなっています。ここまでに述べた金融資産の半分以上を、ほとんど金利の付かない現預金

で持っていることもホームカントリーバイアスで説明することができます。しかし、ポートフォリオは幅広く国際分散投資するほうがリスクを軽減できます。

大切な資産を外国通貨や外国の金融商品で保有することに抵抗を感じるのは理解できますが、資産を円だけで、かつ国内の金融資産だけで持つことのリスクの意識を持つべきです。

69ページで、市場の変化に対してお互い相反する動きをする投資資産を複数保有することで、市場からのリスクが抑えられ、長期的なリターンをより高めることが可能になることをお伝えしました。相反関係とは、片一方が落ち込めば、もう片一方が持ち上がるような逆の動きをする相関関係を有していることです。

ホームカントリーバイアスを払拭して相反関係のある資産を分散投資する必要があるということは、今回のコロナショックであらゆるマーケットや資産、そして通貨がおそろしいくらい大きく動いたように、これまでこうした発想のなかった経営者にとっても理解されたように思います。特にこれからの環境変動の大きい時代の資産形成にとってはますますこの発想が求められるのです。

（相反関係の組み合わせ例）

- 為　替（円⇕ドル⇕ユーロ）
- エリア（インバウンド⇕アウトバウンド）
- 用　途（居住用⇕事業用）

● 物　価（インフレ⇔デフレ）
● 業　態（リアル⇔デジタル）

目に見える資産のいろいろな役割を知ろう

企業経営における「見える資産」の基本は、「株式」「投資信託」「債券」「不動産」であると言いましたが、この四つの他にも投資対象となる主な資産には次のものがあります（**図31**）。それぞれの資産のリターンやリスクはもちろん、その特徴や役割を知ることが、資産ポートフォリオを構築する上で重要です。

なお、現預金の本来の役割は資金決済に使うことです。定期預金の金利が数％も付くような国でもない限り、現預金に置いたままにすることは本来の役割と異なりますし、資産形成の観点からもお勧めできません。やはり保有期間に応じた配当や家賃を受け取ることができる株式や投資信託または不動産といった資産にすることが資産形成に適しています。それでも、日本の中小企業の資産形成といえば、リターンは度外視され、生命保険やオペリースといった節税に有効な資産のほうが好まれていました。

図31　投資対象の特徴と役割

投資対象	リターン	リスク	特徴
預　金	☆☆☆☆☆	★☆☆☆☆	原則元本保証でリスクが少なく、保有期間に応じた利息が受け取れるが定期預金でも0.002%と無いに等しい。 現預金は原則元本保証のため、主に資金決済の手段として使われる。なお、決済性預金以外の預金には保有する期間に対して利息が付いてくる。
株　式	★★★★★	★★★★★	株価の変動が大きいため、リスクは大きいが大きいリターンも見込める。 保有期間に対して配当や利息が見込める。
投資信託	★★★☆☆	★★★☆☆	世界中の様々な金融商品から選べる。運用をプロに任せることができる分、それに応じた手数料が発生する。 保有期間に対して配当や利息が見込める。
債　券	★★☆☆☆	★★☆☆☆	リスクが少なく、満期時に保有期間に応じた利息が受け取れる。発行体の信用力にリスクが比例する。 債券は国や企業が発行する借入を目的として発行される有価証券で、株式に比べてリスクは少ないが、仕組債と呼ばれるハイリスクハイリターンのものも存在する。
生命保険	★☆☆☆☆	★★★★☆	原則元本保証でリスクが少ない。日本の貯蓄性保険は節税に有効だったが改正された。リターンは極めて低い。 生命保険は加入期間中の経営者の死亡などのリスクに備えた保障が付いてくる。終身保険などの貯蓄性保険には資産運用機能も付く。日本の貯蓄性保険の場合はその資産運用機能よりも、節税面での有利性から広く普及することとなった。

投資対象	リターン	リスク	特徴
不動産	★★★★☆	★★★★☆	不動産は所有者に対して賃借人から家賃が支払われる。最大の特徴は安定した家賃収入があることから投資資金に融資を受けれる唯一の資産であることだが、流動性の低さはリスクでもある。
太陽光発電	★★★★★	☆☆☆☆☆	FIT 法で売電単価が固定される安定した収益がある。手間もかからず、リスクは気候変動くらい。太陽光発電はFIT 法という特別措置法に基づいて決められた単価で再生可能エネルギーから発電した電力を電力会社に売ることによって収入を得る比較的新しいビジネスで、中小企業には節税の有利性の面で普及した。しかし、現在では環境への貢献と単価が固定されていることによる安定収入から見直されている。
オペリース	★☆☆☆☆	★★☆☆☆	オペレーティングリースは、日本版オペレーティングリースと呼ばれる金融商品の性格をもった投資商品。 匿名組合を通して航空機や船舶に投資してリターンを得るが、リターンの大きさよりも分配される損失による節税効果を求めて投資されることがほとんど。 匿名組合を通して航空機や船舶に投資する。節税目的のため利回りは低い。 近年の航空機や船舶相場の不安定さがリスク。
非上場株式	★★★★★	★★★★★	M&A により取得する企業の株式。営業キャッシュ・フローの３年分ほどで取得するためリターンは高いが、融和の可否がリスク。M&A 後の融和に成功すれば大きなリターンを得ることができるが、融和できるかどうかは買収する企業の人的資産や組織資産といった企業風土に左右される。

資産形成にとってのインフレ、為替のインパクトを知る

資産形成といっても資産価値を大きくすることばかりを考えるわけではありません。物価変動の指標であるインフレや、外貨との換金レートである為替についても頭に入れておかないといけません。物価については国がインフレ目標を2％に設定していることから今後はインフレになる可能性のほうがデフレになる可能性より高いと考えることが合理的です。

為替は予測しにくいですが、アメリカの経済的な強さを考慮すると長期的には少なくとも対ドルでは円安になっていくものと考えます。

そう考えると中小企業の見える資産のうち、保有比率の高い現預金と保険は基本元本保証で価値が額面どおり変動しないのでインフレに弱く、株式や投資信託、不動産は現物資産でインフレに強い資産とされます。また現預金と保険は基本円建てなので円安になっていくと相対的に価値が下がっていきますが、外貨建ての株式や投資信託へシフトすることによってリスクをヘッジすることができます。

資産形成における税務の活用方法を知る

資産に対する税制はその国々によって異なりますが、現在の日本では金融資産に対する税制は個人にのみ優遇されています。そのため、資産管理法人で金融資産を保有することはこれまであまり行わ

れてきませんでした。

その点、生命保険は税制の優遇というインセンティブが、法人税の側に偏って強く与えられていたことから、先述のとおり「入りすぎ」と揶揄されるほど広く普及し、役員保険と言われる損金性の高い生命保険に加入していない企業を探すほうが難しいほど、中小企業にとっては一般的な投資手法とされてきました。

また、日本の法人税率は一般的には高いとされていますが、資産に設備投資をする場合は、国策に基づいた設備投資を誘導するための税制上の特例が用意されています。

太陽光発電の設備投資に関するグリーン投資減税、生産性向上税制や、インバウンド施設向けの設備投資に関する経営強化税制といったスピード償却による優遇税制がこれまでも用意され、設備投資の底上げに一定の効果を発揮したといえます。

企業にとってもこれらの優遇税制は、特例として合法的に実現できる節税手法で特例として合法的に叶う節税手法ですので、強引な節税を行い税務調査で指摘されるリスクを抱えることも少なく、資産形成に対する意識が高い経営者に好まれるものです（私のクライアントでも数多くの適用事例が生まれました）。このような税制の優遇の存在を知っている経営者とそうでない経営者とでは、長い目で見たときに企業の資産形成の面において天と地ほどの差が生じます。

保険はもはや投資対象から外してもよい

「全損保険のバレンタインショック」

保険業界では、2019年2月に法人の生命保険に関する税制がさらに厳しく見直された一連の事態のことをそう呼んでいます。というのも生命保険各社が過度な節税保険の販売手法の見直し要請を金融庁から受けたことにより、販売休止に追い込まれた日が2019年2月14日だったからです。

それまでの法人向け生命保険は、生命保険の本来の目的である保障に貯蓄機能を組み合わせ、貯蓄型の生命保険として一時代を築きました。具体的には、支払保険料が全額損金算入可能であったにもかかわらず、将来100%かそれ以上のお金が解約返戻金として返ってくる貯蓄性の高さから、役員の将来の退職金積立て用途で大きな保険を契約する企業が後を絶ちませんでした。

この法人向け生命保険が節税商品化していたため、「逓増定期保険」「がん保険」などが全額損金算入を封じ込められてからも、日本生命が中心となって全損保険を編み出して節税商品として大々的に販売したりと、保険会社と国税庁がイタチごっこを繰り返しています。

法人の生命保険は、本来の保障機能を除くと、節税面は退職金に対する課税優遇だけを目当てにした単なる課税の繰り延べにすぎないので、解約するときに退職金を支給できるケース以外は本来の目的が達成できなくなりますし、資産運用機能のほうも、支払った保険料と返ってくる返戻金のリターンとのバランスを考えると、本来の株式や投資信託には遠く及びません。法人の生命保険は、わずかばかりの節税の有効性にしかメリットがない商品です。

そもそも終身雇用が無くなっていく世の中で退職金に対する課税優遇が温存される保証は全くないことと、今回の改正後の損金算入の割合と返戻率から考えると、長期間にわたって資金が運用されずに塩漬けになってしまうことから、法人の生命保険はもはや資産形成を図りたい企業にとっては検討対象から外すべきです。

自社ですでに他の金融商品で資産運用できるようになっているのであれば、資産運用機能は保険に頼る必要はありません。

経営者にもしものことがあったときにどうしても備えたいということで、生命保険の本来の機能である死亡保障などの保障部分を残したいのであれば、生命保険の保障部分だけを定期掛け捨てとするタイプの保険に加入するとよいでしょう。少額の掛け金で加入でき、経営者に相応しい大きな保障を買うことができます。

株式や投資信託の積立投資は行うべき

企業の株式投資の方法として一般的な方法は個別銘柄に対する一括投資ですが、先述のとおり企業で行う株式の一括投資はお勧めしません。

改めて、株式の一括投資することの企業側のデメリットを挙げます。

● 購入後すぐに相場が下がってしまうと企業財務を痛める。
● 個別銘柄の選定に手間を取る、購入後も価格の騰落が気になる（経営者のストレス）。

株式投資は確かに大きなリターンを狙える投資形態です。しかし、中小企業は株式投資で大きなリターンを狙うというスタイルよりも、本業で蓄えた金融資産をストック収入を生む金融資産へと長期間にわたって徐々に形を変えるというスタイルが合っていると思います。いわゆる時間を味方につけるといわれる投資スタイルです。

なお、個別銘柄の選定に要する手間と購入後の価格の騰落に一喜一憂するようでは、お金に働かせているとは言えず本末転倒になります。

したがってリスクの大きさと経営者の手間や価格の騰落によるストレスの観点から、私の会社では株式の一括投資は一切勧めません。

それでは中小企業が株式投資をするにはどうすればよいのでしょうか？　まず銘柄を選ぶ手間と価格の騰落リスクを極力減らしたいので、株式をエリアやテーマや資産種別で集めた投資信託をお勧めします。

投資信託とは、投資家から集めたお金を投資の専門家であるファンドマネージャーが株式や債券などで運用し、そこから得られた利益を投資家に分配する金融商品です（**図32**）。投資信託は商品自体が分散されていますので、ポートフォリオの発想である投資対象を分散するのにそもそも適した商品

図32　投資信託の仕組み

イメージ

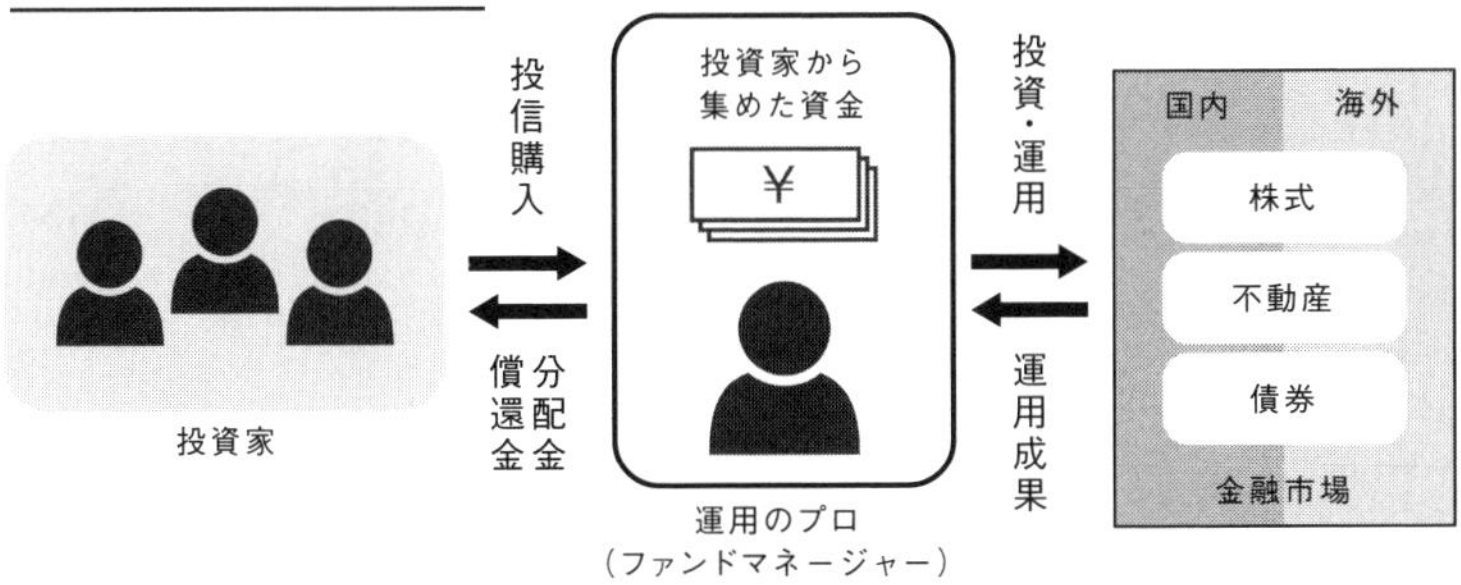

投資信託4つのメリット

① 少額から投資を始められる

② 運用のプロに任せられる

③ 分散投資でリスクを軽減できる

④ 個人では投資しにくい地域、資産に投資できる

投資信託の主な分類

アクティブ運用	インデックス運用
市場の平均（指数）を上回るリターンを目指し、ファンドマネージャーが積極的・戦略的に投資対象、組入比率、売買時期等の投資判断を行うもの。 ファンドマネージャーが独自の調査や分析に基づいて銘柄を選定するためコストが高い。	市場の平均（指数）のリターンを狙うことを目指し、市場の動き（特定の指数）と連動するように設計されるもの。 指数を算出するルールに従って銘柄を選定するためコストが低い。

です。

投資手法も一括投資ではなく、積立投資を勧めます。積立投資はドルコスト平均法という考え方を活用した長期的なリスクを大きく低減できる投資方法です。

ドルコスト平均法による積立投資でやることは、毎月同じ額で毎月決まった商品を買い付け積み立てること（分散投資する）だけです。積立期間を長くとればとるほど一括投資に比べて平均取得価格が下がるため、長期的なリスクを限りなく抑えつつ、複利の効果も最大限に取り込むことを実現できる資産形成手法です。

私はいつも、この積立投資をまず少額でもよいので始めてみてくださいとアドバイスしています。なぜなら積立投資はやってみると良さのわかる投資手法だからです。

実際私がアドバイスしているクライアントの積立投資の運用リターンを見てみると、下は数％の方から上は数十％の方までと幅はありますが、投資期間が3年を超えている方で保有時価が投資金額を下回る状態、つまり含み損がある方は一人もいません。

実は、先の**図29**（115ページ）の金融機関の成績ランキングで投資信託の利益が出ているとされた上位3社も、実は原則として顧客に積立投資での投資を前提として実践させている会社だったからこのような高いパフォーマンスを実現できていたのです。

図33は年度別の各資産の種類別のリターン上位ランキングとなります。これをみると、人間がどの資産に投資するかを的確に予想することがいかに無意味なことであるかがわかります。そんなことを

図33　各資産の年間リターン

何に投資すればいいかわかりますか？

	2009	2010	2011	2012	2013	2014	2015	2016	2017	2018
1	新興国株式 83.2%	日本リート 26.6%	先進国債券 2.7%	日本リート 33.6%	日本株式 51.5%	日本リート 25.3%	日本株式 9.9%	先進国株式 8.7%	新興国株式 32.5%	日本リート 6.7%
2	先進国リート 37.2%	新興国株式 19.1%	日本債券 0.8%	先進国リート 33.0%	日本リート 35.9%	日本株式 8.1%	日本債券 0.1%	新興国株式 8.3%	先進国株式 22.9%	日本債券 0.1%
3	先進国株式 33.4%	先進国株式 12.0%	新興国債券 0.1%	日本株式 18.0%	先進国株式 27.4%	先進国株式 6.4%	先進国債券 -1.1%	日本リート 6.2%	日本株式 19.7%	先進国債券 -0.9%
4	新興国債券 33.2%	先進国リート 11.6%	先進国株式 -4.0%	先進国株式 17.4%	8資産分散 13.4%	先進国債券 6.2%	先進国株式 -1.2%	8資産分散 3.2%	先進国リート 16.5%	8資産分散 -6.8%
5	8資産分散 24.8%	8資産分散 9.0%	8資産分散 -10.6%	新興国株式 16.4%	先進国リート 2.5%	8資産分散 5.9%	8資産分散 -3.3%	新興国債券 2.6%	8資産分散 10.4%	先進国株式 -7.8%
6	日本株式 7.6%	新興国債券 2.5%	先進国リート -18.7%	8資産分散 15.4%	日本債券 1.0%	日本債券 3.4%	新興国債券 -4.7%	日本債券 2.2%	新興国債券 3.3%	先進国リート -9.3%
7	先進国債券 5.3%	日本債券 0.9%	日本株式 -18.9%	先進国債券 2.4%	先進国債券 -2.4%	新興国債券 1.5%	先進国リート -6.4%	先進国債券 1.0%	先進国債券 -0.7%	新興国債券 -9.9%
8	日本債券 0.9%	先進国債券 0.5%	新興国株式 -20.7%	新興国債券 1.9%	新興国株式 -4.2%	先進国リート -0.4%	日本リート -7.9%	先進国リート -1.7%	日本債券 -0.8%	新興国株式 -15.8%
9	日本リート -2.3%	日本株式 -1.0%	日本リート -26.2%	日本債券 0.6%	新興国債券 -4.5%	新興国株式 -3.3%	新興国株式 -15.3%	日本株式 -1.9%	日本リート -10.4%	日本株式 -17.8%

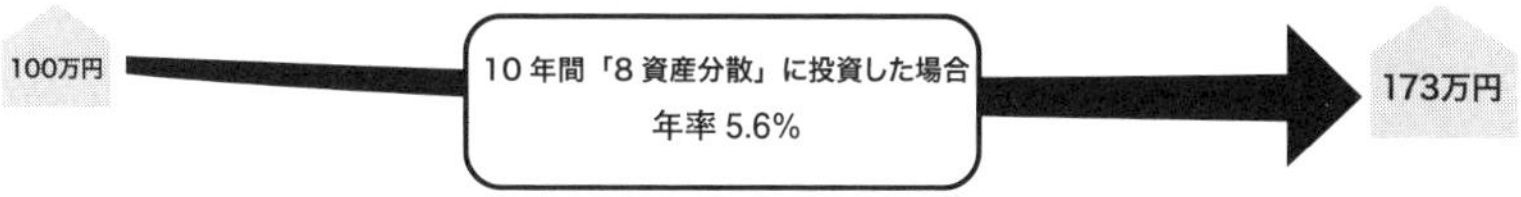

投資対象を分散することで「リターンの高い資産クラス」を当て続ける必要はなくなる

（出所）Morning Star のデータをもとに作成

せず、これら資産に分散したポートフォリオを組んで、積立投資をしておけば、相場や銘柄に一喜一憂する必要や手間もなくなります。その手間をなくす手法が投資信託のドルコスト平均法による積立投資なのです。

企業か個人かにかかわらず、株式一括投資で大きなリターンを狙うことは大きなリスクが伴います。お金を働かせるためにリスクをとることが重要であることは先に述べたとおりですが、できるだけリスクを減らす仕組みで、特に安全に運用することが求められる中小企業の資産形成では、長期的なリスクを大きく低減できるドルコスト平均法での積立投資が、安全に、かつ確実に殖やしていく優れた資産形成手段といえます。

しかし、ドルコスト平均法による長期積立て投資は、諸外国では一般的とされていますが、日本ではまだまだされている方が少数派です。

なぜ日本で積立投資が定着しないのでしょうか？

一番の理由は、金融機関にとっては営業マンに入る手数料が同じ販売金額の何％なのであれば、月々数万円という少額の積立投資を集めるよりもまとまった数千万の一括投資で買ってもらうほうがノルマ達成に近づくことにあると私は思います。これが一括投資を勧めるインセンティブが働く一方で、積立投資を勧める営業マンがほとんどいなかった理由でしょう。

経営者自身が一括投資のリスクと長期積み立て投資のリスクを比較して、積立投資を行っていれば、このようなことは避けられます。

銘柄や相場にこだわらず、まずはとにかく投資信託の積立投資を始めてみよう

積立投資にはもう一つとても優れている点があります。それは、一度決めたらほったらかしと言えるほど、長期間それも自動引落としで積立し続けるだけなので、忙しい経営者にとっては、相場や値動きを意識しないで済むことです。

積立額が定額なのでむしろ相場が下がったほうが買い付ける口数が増えた、と理解すれば相場の下落に対してもネガティブにならずに済みます。そういった意味で、「手間もストレスもなく続けられ

る」見える資産形成の土台とも言える手法なのです。

私は、積立投資は、あらゆる経営者に少額でもよいのですぐに始めてもらいたいと思っています。以下ではどのように始めればよいのかをご説明いたします。

●グローバルにエリアで分散させる

積立投資は投資信託による長期積立てであるとはいえ、もちろん投資なので投資対象の「エリア」と「資産クラス」といわれる大きな資産分類、「国内株式」「外国株式」「国内債券」「外国債券」などは選ばないといけません。ただここでもやはりこだわりすぎないほうがよいです。ポートフォリオの発想でグローバルに分散させることだけを心掛けましょう。

忙しい経営者が選定に手間がかかったり、相場や経済動向に左右されて気になってしまうことのないよう、北米・ユーロ・アジアなどエリアを大きく捉えて投資信託をバランスよく選ぶとよいと思います。エリアを絞れない方は、世界株式（世界株式とは、主要マーケットのアメリカだけではなくて新興国を中心に世界全体の成長を取りに行く投資信託のことです）を中心に選定してください。「世界経済が今後も成長していく」ことに賭けるのです。

●高望みせず各市場の平均値を狙う

日経平均やダウ平均といった世界の各市場の平均値のことをインデックスと言います。また、それらのさまざまなインデックスに連動する投資信託のことを「インデックスファンド」と言います。もちろん個別銘柄のほうがうまくいけばリターンは高いのですが、リスクとリターンのバランスを考慮して、私は最近ではすべての経営者にインデックスファンドでの投資を勧めています。

またインデックス型と比較される投資信託で「アクティブ型」と呼ばれる投資信託もあります。こちらはファンドマネージャーの判断で株式なり債券を売買して運用益を目指すものですが、ファンドマネージャーが介在する分、決して低くない手数料が存在するため、実際にはそうした投資信託は、長期的にはインデックスファンドにパフォーマンスが劣るものが多いというデータが出ていたりします。その意味でもコストの低いインデックス型のほうがドルコスト平均法による長期間積立には、向いています。

●長期的な視点を忘れない

マーケットは上下動するものです。ただし、上下動を繰り返しながらも、先にご紹介したS＆P500のチャートのように全体として右肩上がりになっていく——これが世界経済の成長に賭ける理由です。

せっかく積立投資を始めたのに、経営者が投資信託の価格が気になって暇さえあればチェックしたり、価格が少し下がっただけで反射的に積立てをやめたり、売ってしまうようでは意味がありません。

また、アドバイスする側にしてもとかく短期的な視点だと銘柄や相場を語ることが多くなってしまい、仮にその後下落局面に出くわせば強く責任を感じてしまいます。私がクライアントに行うのは、資産形成における「長期」積立投資という解決策（ソリューション）とその意義を提案するだけです。実際の銘柄は先のように広い視野で高望みせずご自身に選定していただきますし、その後は市場の成長に任せて放っておくだけです。相場が下落しても決まって「ネガティブになる必要はありません。なぜなら今月はたくさん口数が買えたのですから。とにかく放っておきましょう」とアドバイスするのみです。

積立投資の積立額・銘柄の具体的な決め方

さて、いざ投資する銘柄を探すとなると、投資信託は数が多すぎて選ぶのも大変です。

しかし、現在は本当に便利になっていて、「モーニングスター」（https://www.morningstar.co.jp/）というサイトでは、投資信託の情報を整理してくれています。検索機能も大変優れているので、あらゆる角度から投資信託を参照することができます。モーニングスターはもともと格付け会社で、特にリスクの数値化に力を入れているため、投資する側にとって有用な情報を手に入れることができます（しかも大半のサービスが無料です）。モーニングスターで検索して銘柄に目星をつけたら、口座をもっている証券会社で積立てを申し込む、これで問題ありません。

なお、それ以外でもほとんどのネット証券口座には、モーニングスターと似たような積立投資のポートフォリオを作るための便利な機能が満載されています。

投資エリアや資産クラスから銘柄が決まれば、あとは毎月の積立額を決めるだけです。積立金額はキャッシュフローの中から無理のない金額を設定することになります。積立額は本来、「いくらを何年で資産形成する」といった目標額から引き直すべきです。目標金額は経営目的や経営戦略によって異なりますが、ここではとりあえず目標額を1億円と設定してみます。

目標額が決まれば、必要積立額は以下の流れで計算されます（これも各サイトで一瞬で求めることができます）。

積立額の決め方（リーズナブルシナリオ）
- 目標金額　1億円（なりたい姿）
- 積立期間　20年
- 目標リターン　３％（世界経済の成長率程度）※

※目標リターン「３％」の根拠
目標額と積立期間を決めた後は、設定利回りを決めます。世界経済全体のこれからの成長率は低くても３％程度と言われています。したがって、３％くらいであればあまり無理のない現実的な目標利回りと言えます。

(1)　目標計算メニューで「積立期間」「最終目標金額」「目標リターン」を決めれば「毎月積立額」が計算できます。

(2)　リターンの設定は「世界経済の成長ペース程度」ということで3%で設定します。
(3)　複利で運用するとして必要な積立額は毎月304、598円と計算されました。

証券会社によっては過去実績のリターンが目標リターンを上回っている銘柄が自動で検索できるとても便利な機能が付いていています。参考までに目標リターンを3%で検索してみると、過去実績で3%以上のリターンを上げている投資信託が楽天証券で扱っているものだけで562銘柄出てきます（**図34**）（以下、執筆時現在）。ちなみに同じ条件でモーニングスターで検索すると4446銘柄見つかりました。ここからもモーニングスターの取扱数の多さがわかります。

もし、毎月の積立金額が少し負担であるということであれば、目標リターンを上げることになります。そこで目標リターンを上げたケースを見てみましょう。

積立額の決め方（ベストシナリオ）
- 目標金額　1億円（なりたい姿）
- 積立期間　20年
- 目標リターン　5%（S&P500の成長性程度）※

※目標リターン「5%」の根拠
107ページで紹介したアメリカの株価指数S&P500のこれまでの20年間の成長率がおおよそ5%程度ですの

図34　ネット証券の積立シミュレーション機能

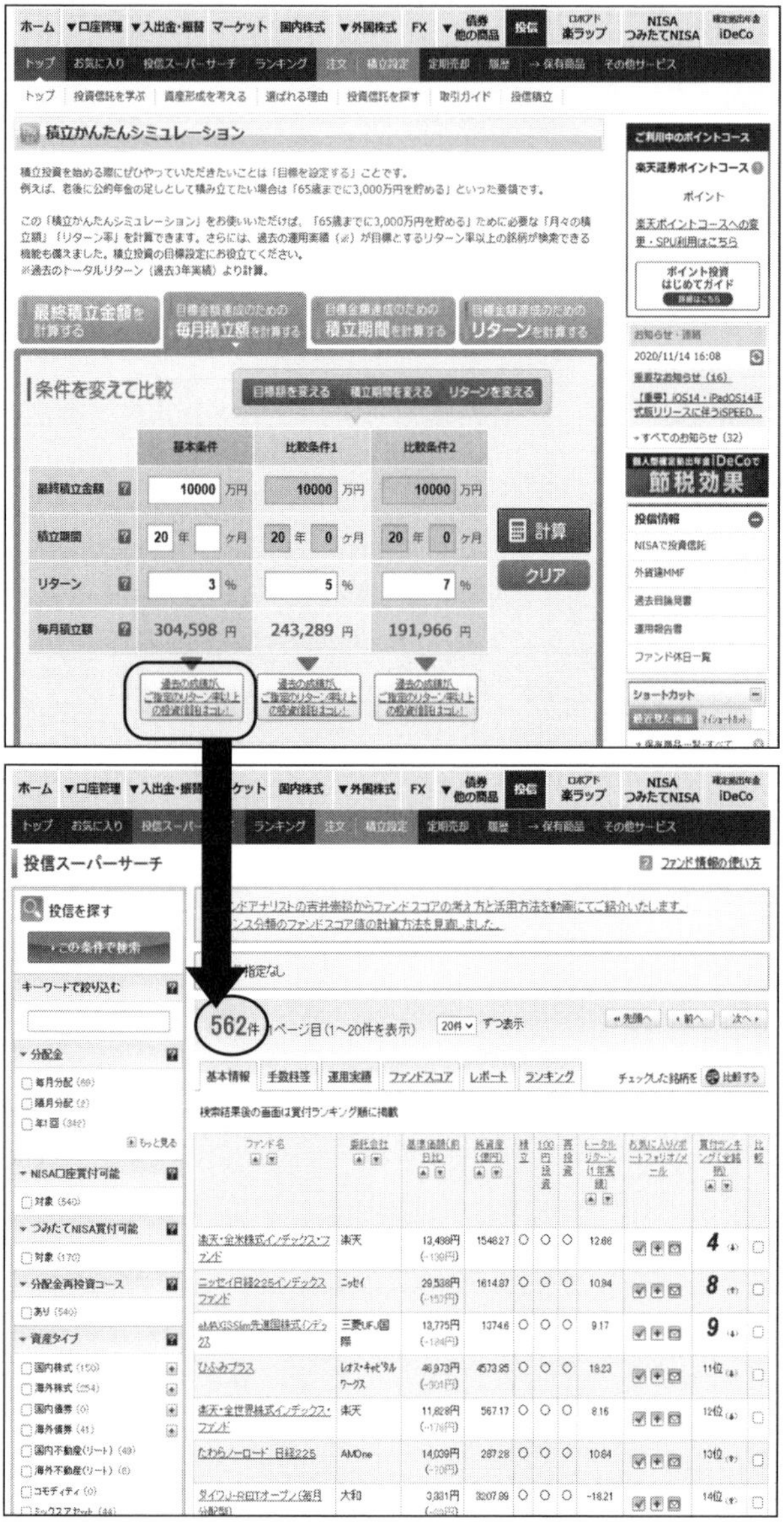

で、５％くらいであれば十分に目指すことができる目標利回りと言えます。

さきほどと同じように進めます。

(1)　リターンの設定は「Ｓ＆Ｐ５００成長ペース程度」ということで５％で設定します。
(2)　複利で運用するとして必要な積立額は毎月２４３２８９円と計算されました。
(3)　目標リターンを５％で銘柄検索してみると、過去実績で５％以上のリターンを上げている投資信託は楽天証券で扱っているものだけで３９２銘柄出てきました。ちなみに同じ条件でモーニングスターで検索すると４３５９銘柄見つかりました。このようにして自社の目標金額と積立期間を決めていけば資産形成の土台となる金融資産が毎月蓄積されていくのです。

月20～30万円の積立額は読者の皆さまの会社にとっては多いでしょうか、少ないでしょうか？　新たに設定するとなると多いと感じるかもしれません。ただ、たいていの企業は定期積金や生命保険の月払いを行っていると思いますので、まずは新たな支出項目が増えないようにこの財源を転用することから始めるのであれば、ハードルは下がるはずです。

なお、そのような財源がない会社の場合は、使いみちのない定期預金を毎年取り崩して積立投資に充てるやり方もあります。このようにまずは本業のキャッシュフローから積立原資を捻出しましょう。

不動産は投資対象から外せない

さきほどのように、本業のキャッシュフローを積立投資に充てることができる会社は幸せですが、すべての会社が可能なわけではありません。その場合、新たなキャッシュフローを生み出せる強みがある唯一の方法といってよいのが、不動産です。

日本では不動産は資産として次のようないくつかの特別な優位性があるため、資産形成を目指す企業にとっては投資対象からは外せません。**資産形成に成功している経営者はほぼ例外なく不動産投資を行っていますし、その重要性を理解しています。**

- 不労所得の典型である。
- 資産形成で唯一融資が受けられる。
- 資産としての強みがある。

不動産は時間と手間がかからない

そもそも投資を事業として考えてみると、株式投資を事業としているデイトレーダーの仕事は、名前のとおり相場の動きを日々監視し続けなければ務まりません。つまり専業とならざるを得ない仕事です。

一方、不動産投資はよく「不労所得」と言われることもあるくらい典型的な資産所得で、時間と手間を取らない投資の代表格です。そのため個人レベルでは副業として不動産投資を行う方も多いです。まずはサラリーマン大家として不動産投資を開始してみて、ある程度の経験を蓄えたレベルや規模になった段階で本格的な投資または事業として取り組むという進め方までも可能です。

不動産投資は、「本業を辞めてまで取り組まずに済む」という点でもリスクを取りすぎない優れた投資ということができます。企業で取り組む場合でも、本業に専念しながら時間と手間をかけずに取り組むことができる点は不動産投資の大きなメリットです。

不動産は資産形成の規模拡大をスピードアップできる

株式や投資信託では（株の信用取引など一部例外を除き）、基本的に投資資金を自己資金で行うため、投資規模を大きくすることは簡単ではありません。

それに比べて不動産投資では、投資資金は物件を担保にした金融機関から融資を充てるため、自己資金は出さず投資規模を大きくすることができます。このことを経済用語でレバレッジ（ＬＥＶＥＲＡＧＥ）と呼びます。レバレッジは「テコの原理」を意味する言葉で、テコで小さい力で重いものを持ち上げられるように、借入金を利用して自己資本は少なくても大きな資本を動かすことができるという意味です。

（レバレッジを効かせた不動産投資例）

物件価格１億円、年収１０００万円（表面利回り10％）の物件を自己資金１０００万円、銀行融資９０００万円（30年、金利１％）を受けて投資するケース

【資金計画】

自己資金１０００万円
銀行融資９０００万円
物件価格１００００万円

【収支計画】

家賃収入１０００万円
諸経費　　１１０万円
借入利息　　９０万円
元金返済　３００万円
差引手残り５００万円

右の例の場合、自己資金を１０００万円しか投下していないのにもかかわらず、年間５００万円が

回収されます。この場合、その投資でどれだけ利益を上げたかを示す自己資金に対する利益率（投資収益率：ＲＯＩ）は５００万円÷１０００万円＝50％となります。つまりわずか2年間で自己資金が回収できるということになります。これこそが不動産投資のレバレッジというものです。

不動産投資のメリット

不動産投資には次のメリットがあります。

- **資金効率が良い**……表面利回りだけで見ると他の投資のリターンと変わらないように見えるが、資金効率を示す資金に対するＲＯＩでみると不動産投資の強みがわかる。
- **レバレッジ効果がある**……自己資金を１０００万円しか出さずとも、物件価格の90％もの銀行融資を受けることによって1億円という規模の大きい物件に投資が可能となる（これがレバレッジ効果）。さらに、リターンは1億円に対しての10％の１０００万円というその規模なりの家賃収入を受け取ることができる。
- **キャッシュフローが大きい**……昨今は、融資条件が20年超の長期融資が可能でかつ１％前後という低金利で受けることができるため、家賃収入で諸経費はおろか元利返済までもまかなった上にキャッシュフローを得ることができる場合がある。

収益不動産のリスク要因である金利さえ急激に上がることがなければ、家賃収入で諸経費だけでなく銀行への元金返済までカバーすることができます。30年間の借入期間だったとしても10年も経てば3分の1は返済が済みます。

つまり、不動産価格が10年で33％下落した場合でも（そこまで下がることは想定しにくいですが）、残債以上で売却することができますし、仮に価格が下がったとしても売却さえしないのであれば引き続き家賃を受け取り続けることのできる安全圏に突入できるのです。

ここ数年の不動産投資環境はかつてないほど好都合の環境が続いています。金利に至ってはバブル期には7％以上だったものが21世紀になってからは一貫して2％を下回る水準で推移し、当面は大きく上がりそうもありません。私のクライアントでみても、ほとんどが1％を切る金利で資金を調達しています。そのため元金と利息を合わせた金融機関への返済額よりも家賃収入が大きければ、理論上は自己資金を使わずに投資を拡大し続けることが可能で、次から次へと不動産が購入できるといったまさに「レバレッジが効き続ける」サイクルに突入していくのです。

このような投資手法に気づいた投資家がサラリーマン大家などという不動産投資のレバレッジ経営を実践されている人たちです。

不動産には資産としての強みがある

株式や投資信託は自国にいながらにして全世界的な経済成長のファンダメンタルを取り込めるとい

う長所がある反面、自国以外での経済危機や地政学リスクといったグローバルな外部環境の変動を受けやすい弱点をもっています。

しかし、だからといって自国の株式だけに投資範囲をとどめると低経済成長下では高成長や大きな利回りを見込むことは難しくなります。かかる状況の下、我が国では一見安全に見える預金比率が高まる一方なわけですが、預金はインフレに圧倒的に弱いという決定的な弱点を持っています。国自体が２％といったインフレ目標を掲げている下で「預金を持つことのリスク」を意識しないわけにはいかなくなっています。その点、不動産は、

①　**現物資産でインフレに強い。**
②　**価格変動リスクも少なくはないが、グローバルな外部環境の変動の影響は受けにくい。**
③　**物件選定さえ間違えなければいまだにキャピタルゲインを得ることさえ可能なほど資産価値の目減りを少なくできる。**

といった資産そのものとしての強みを持っています。以上のことから、目に見える資産で資産形成の規模拡大を目指すにあたっては、不動産投資が有利である理由がおわかりいただけたかと思います。

資産形成は目標設定が重要となりますが、長期分散投資だけではそもそも目標設定が難しい場合もあります。金融資産の分散投資は資産形成の土台ですから長期的な視野で行いつつ、目標設定の仕方によっては規模拡大やキャッシュフロー創出のために不動産投資も併せて行うことをお勧めします。

コラム

② 不動産投資の物件タイプから考える「最適ポートフォリオ」

不動産投資を難しく感じさせる原因は、物件のタイプがいろいろあって、成功している投資家やアドバイザーの言うことも様々に異なることにあるのではないでしょうか。

たとえば、不動産ですから立地条件が最重要なのは当然ですが、次に考えるべきは物件用途で、これは大きく分けて「居住用」と「事業用」とがあり、またその中でも建物の種類別に「一棟」と「区分所有」に分かれます。そして建物の構造別に「RC（鉄筋コンクリート）」「鉄骨」「木造」とさらに分かれることになり、これらの組み合わせが投資する方の好みや投資方針によって異なるのです。

私のクライアントでも「居住用の一棟マンション」にしか投資しない、という方もいます。「これに関しては絶対にこれ」というセオリーはありませんが、まずはそれぞれの特徴（メリット・デメリット）を見極めたうえで選別することが必須となります。

投資タイプはどの目線で捉えるかによっても異なります。たとえば銀行目線だと鉄骨造や木造は評価が低いのですが、減価償却が大きくとれるので税金のコントロールはしやすくなります。

また、インバウンド向けで都市部の不動産に過熱と言えるほど人気が集まっていたところ、コ

投資タイプ別の特徴

				【メリット】	【デメリット】
エリア（地域）	居住用	一棟	RC 造	銀行評価が良い 修繕費を活用可能 部屋数リスク分散	減価償却が少ない
			鉄骨・木造	減価償却が大きい 修繕費を活用可能 部屋数リスク分散	銀行評価が低い 流動性が低い
		区分	RC 造	管理がラク 流動性が高い	収益性が低い
	事業用	一棟	RC 造	修繕費を活用可能 部屋数リスク分散	銀行評価が低い
			鉄骨・木造	減価償却が大きい 修繕費を活用可能 部屋数リスク分散	銀行評価が低い 流動性が低い
		区分	RC 造	管理がラク	管理費が高い

ロナショック以降は逆にこれまで人気だった都市部の不動産の人気に陰りが見え、逆に密を避けられるという点で郊外の不動産に人気が集まるといったことが起きました。

実際に今回のコロナショックで居住用不動産はほとんど影響を受けていない反面、店舗向けの事業用不動産を多数所有している不動産会社や不動産オーナーはテナントからの家賃値下げ交渉による減収の影響が小さくありません。

このことから学べることは、いくら投資タイプを一生懸命研究していても不動産全体の環境の変化に対応し続けることは難しいということです。

そこで私はいずれかのタイプに絞るのではなく、不動産投資でもポートフォリオの発想でエリアやタイプを分散して投資することをアドバイスしています。不動産投資においてもポートフォリオの発想でタイプを分散して長期的なリスクをコントロールすることは有効だと考えます。

不動産投資におけるポートフォリオの考え方

1．**築年数**……修繕や建替えの時期をずらすと効果がある。

2．**取得のタイミング**……ドルコスト平均法の発想で毎年一棟取得するというように決める。長期的な不動産の価格相場の変動リスクを分散する効果がある。

3．**建物種類（一棟・区分所有）**……一棟は部屋数が複数ある時点でリスク分散効果がある。区分所有は一部屋しかないので分散効果がない。

4．**構造**……RC造（耐用年数47年）、木造（耐用年数22年）と分散することにより保有する企業全体の減価償却のバランスが良くなる。

5．**物件用途（事業用・居住用）**……店舗・事務所・住居などの用途によって分散すると効果がある。店舗・事務所といった事業用は家賃の坪単価が高いが景気に左右される。居住用は家賃が安定している。

6．地域……地震や災害リスクを考慮し、地域を分散すると効果がある。賃貸ニーズも時代により変化するので地域で分散すると有効となる。反面分散しすぎると管理面が大変になる。

7．間取り（1R（ワンルーム）・ファミリー）……間取りの異なる不動産に投資することで、立地する地域の年齢分布や学校や工場の大小といった賃貸需要の変化に対応することができる。

ポートフォリオを組む一番のメリットはリスクを低減できることです。複数の物件に分散しておけば、ある物件で家賃の下落や空室の増加、大きな修繕費の発生などが起こっても、他の物件の収益でカバーする事ができ、万一の際にも損失を最低限に抑えることができます。

この考え方で進めることができれば、物件の数が増えるほどリスクが大きくなりがちな不動産投資において、物件の数が増えるほどリスクが低減されるというポートフォリオの優れた面を活かすことができ、資産形成への近道となるはずです。

3

『見えない』資産の成功の法則

「見えない資産」に目を向ければ「見える資産」も豊かになる

第３章

見えない資産が見える資産を生み出すスパイラルとは

２０２０年７月にアメリカの電気自動車大手のテスラの時価総額が、日本のトヨタ自動車の時価総額を上回ったと大きな話題になりました。

テスラ	トヨタ
48倍	1倍

$$PBR（倍）＝\frac{株価}{1株当たり純資産額}$$

上記は何の数字かわかるでしょうか？

これはテスラとトヨタのＰＢＲ（株価純資産倍率）を並べたものです。ＰＢＲは上の算式で計算されます。ＰＢＲは企業の資産面から株価の状態を判断する指標で、株価が一株当たりの純資産額の何倍となっているかを示したものです。両社の市場での評価が一番表れているのがこのＰＢＲです。ＰＢＲが1倍ということは解散価値しかないと市場から見られているわけで、日本企業の象徴ともいうべきトヨタがこのような状態ということには驚きます。

ＰＢＲが1倍を上回る部分には、一般的に企業の財務諸表に表れていない「見えない資産」の価値が反映されていると考えられます。

テスラのようなニューエコノミーの企業は、「見えない資産」である開発力や提案力といった組織資産、経営者（イーロン・マスク）の人的資産の価値といった無形資産を活用して、企業価値を高めています。

図35 見えない資産のBSイメージ

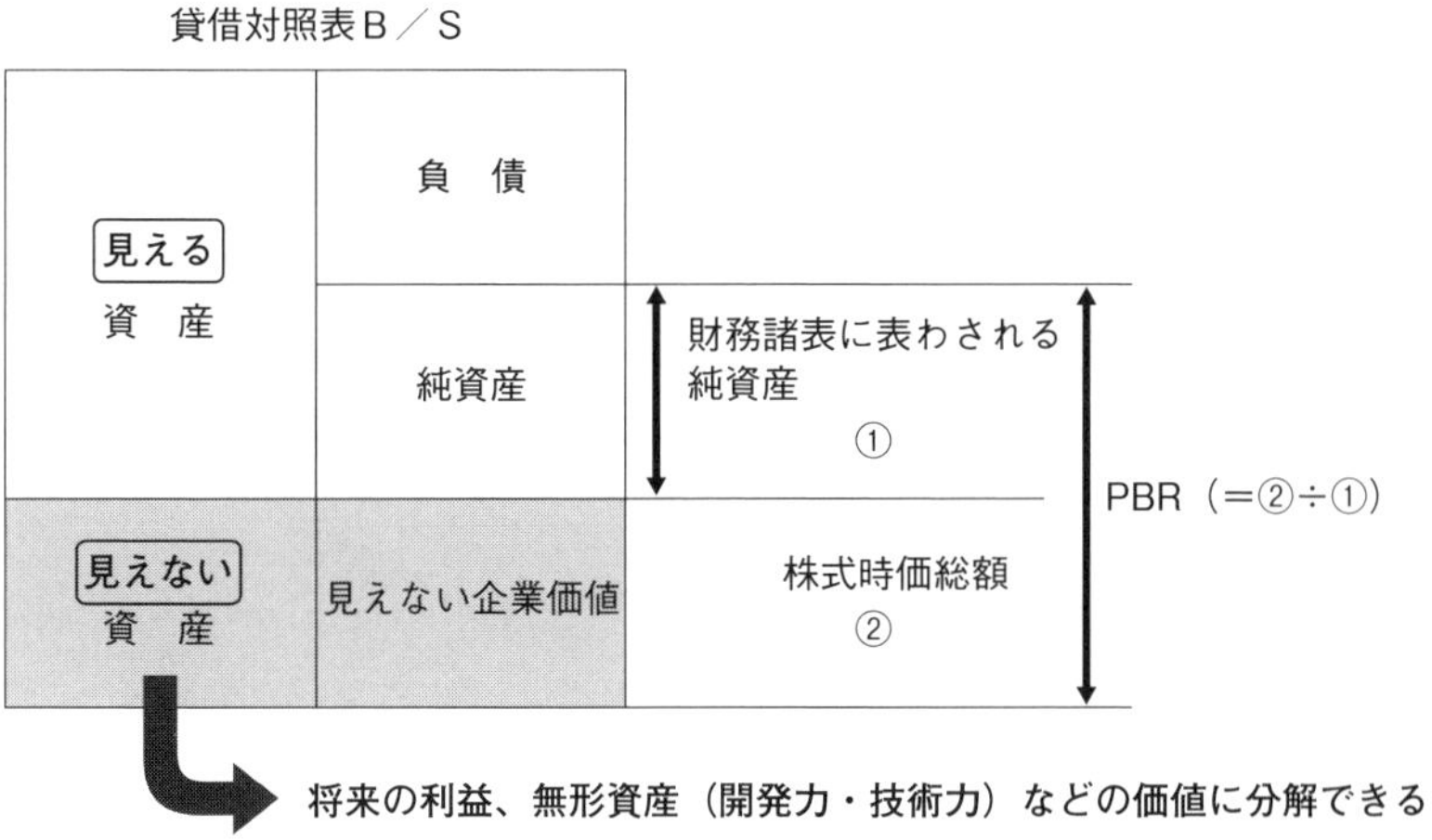

図35で表されるように、見えない資産は文字どおり普段は見えないのですが、確実に見える資産だけでは把握できない企業の価値全体の形成に貢献しています。

そして、今後、この財務諸表に表れていない見えない資産の重要性がますます高まってくるのは確かです。

日本の企業は、最近でこそHR（ヒューマン・リソース）やクレド（Credo）経営といった人材や組織に焦点をあてた経営スタイルがもてはやされて、多くの企業が人的資産や組織資産の形成に力を入れているように見えますが、残念ながらこれらはリクルート面での効果に期待して制度導入を目的化している例が多いように感じます。

しかし、本来の目的はリクルートではなく、人的資産の蓄積ができれば将来にわたって金融資産や物的資産といった有形資産の蓄積につながり、これによって層が厚くなった物的資産や金融資産を人的資産に再投

図36　価値向上のサイクル

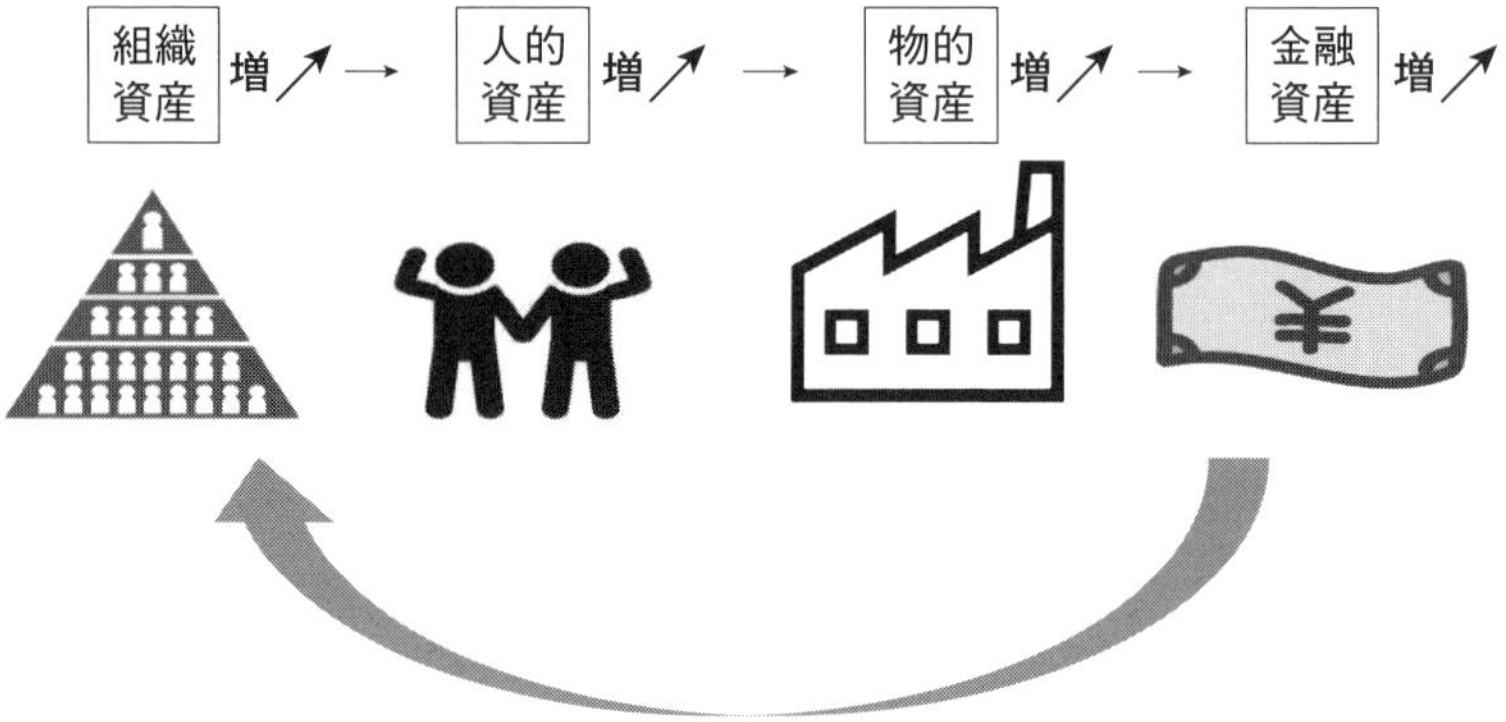

資することで、またさらなる人的資産の蓄積が生じるという好循環のサイクルを生み出すことにあります。

図36は見えない資産に目を向けた企業の資産形成の価値向上のサイクルを図示したものです。

会社の価値は、**図36**のような順序で向上していくことになります。経営者は、組織資産や人的資産が増えると物的資産や金融資産が増えるというサイクルの重要性をきちんと理解できれば、組織や人を重視した経営スタイルに舵を切りはじめます。そして、そうした企業では次第に人が生き生きと働くようになり、将来的には変化やチャレンジを恐れない組織風土が醸成されていくはずです。

見えない資産に目を向けないと、見える資産もすり減る

第2章までで経営者は見える資産の資産形成にすぐに取り組む必要があることはおわかりいただけたことでしょう。そのための資産形成のフレームワークについてもご説明しまし

たが、それを実践するだけで中小企業がすぐに資産形成を実現できて不安なく経営できていくのかというと、そういうわけでもありません。ここが難しいところです。

これからの時代は「答えのない時代」といわれるように、これまでの経営上の経験や知識が活かしにくくなってきます。そこで企業としては未知の経営課題に立ち向かい、解決に導ける人材や企業風土といった、まさに人的資産や組織資産、いわゆる見えない資産のほうの形成をしておかないと、先々には見える資産までが増えなくなり、やがて食いつぶしてしまうことすらあり得ます。現にこのような状態に陥っている企業が出始めており、この流れはこれからもっと加速していくでしょう。

ここで重要なことは組織資産と人的資産という見えない資産を形成する段階ではコストが先行するため、経営者がよほど強い信念をもって忍耐強く向き合わない限り、金融資産が増加する循環にたどり着くまでこの取組みを続けることは容易ではないということです。

また、人材の育成や企業の組織風土といったものは当然、一朝一夕に形成できるものではなく、日々の積み重ねで年輪のように刻まれていく性質のものなので、その点からも目に見えない資産の資産形成は難しいと感じることでもあります。

そもそも人的資産は、有形資産の蓄積がないと蓄積できません。このことも人的資産の蓄積を難しくしています。有形資産である金融資産を蓄積しようと人件費や研修費を削減する一方では、さらに人的資産が減ることにもなります。人的資産が減ってしまうと従業員や顧客の心が離れてしまい組織資産はすり減ることとなります。こうなると次第にその企業では物的資産や金融資産が枯渇していく

図37　価値減少のサイクル

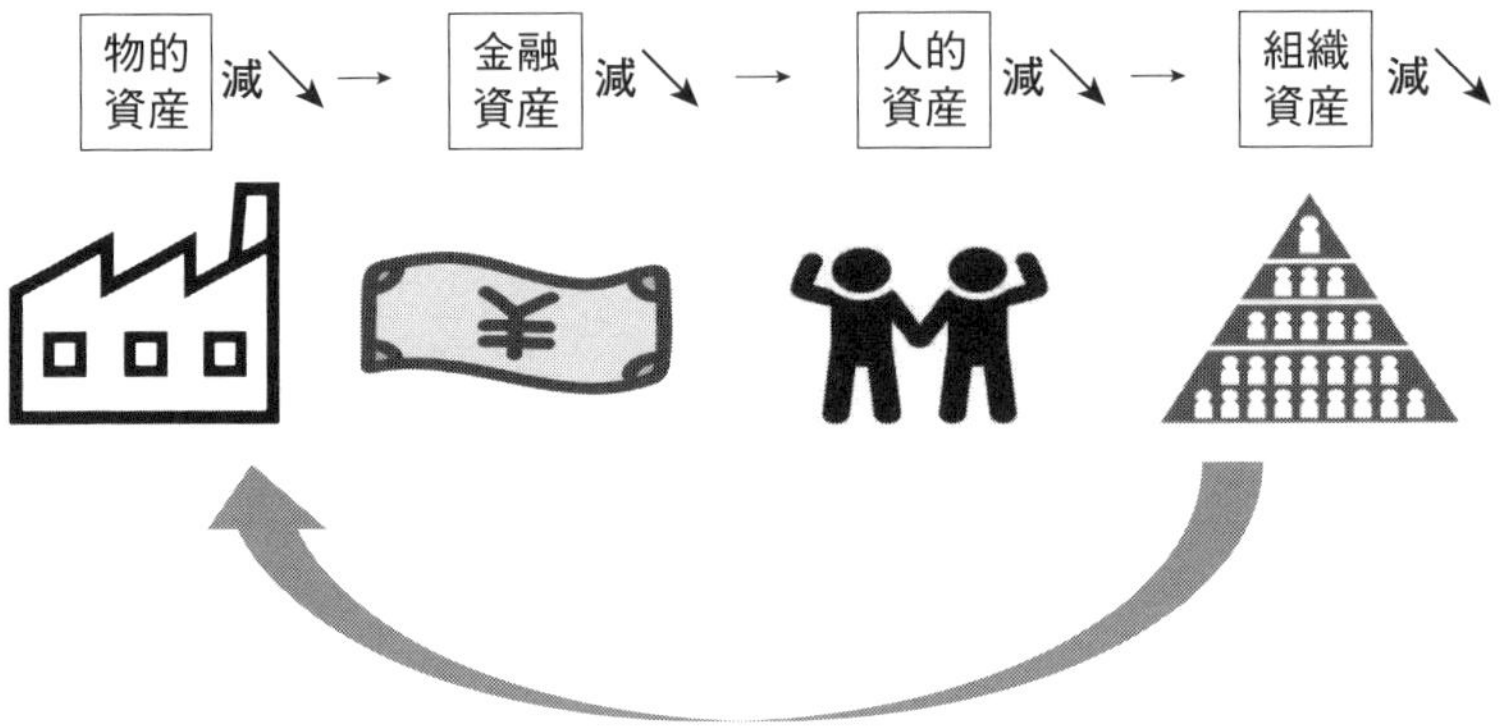

ことは火をみるより明らかです。

図37は見えない資産に目を向けない企業が陥る資産形成の価値減少のサイクルです。会社の価値は、**図37**の順序で減少していくことになります。

経営者が、物的資産や金融資産を減らすのに連動して人的資産や組織資産が減るというサイクルを理解できずにいると、組織や人を軽視した経営スタイルを続けることになります。そして、そうした企業では人材のモチベーションやエンゲージメントが低下し、次々に人々が辞めていくようになり、変化やチャレンジを避ける企業風土が形成されてしまうのです。

このような企業の例として、いわゆるブラック企業と呼ばれる労働環境が劣悪で見えない資産から目を背けた経営スタイルをとる会社が挙げられます。

これまでの時代はそれでも通用していたかもしれません。しかし、そのような企業が、人や組織といった見えない資産が価値を生むこれからの社会経済に適応できるはずもなく、これからは間違いなく資産形成の負のスパイラルに嵌ってしまうでしょう。
これ以外にも日本の中小企業では終身雇用を前提とする硬直化した人事評価制度や、学ばない大人の問題など、何もせず放置すれば見えない資産がすり減ってしまいかねない課題が山積しています。

見える資産と見えない資産はお互いに連動して作用する

組織、人材、顧客、物的、金融の５つの資産の価値創造の過程には正のスパイラルと負のスパイラルとがあり、この５つの資産を連動させずバラバラに行っても資産形成がうまくいかない、という難しさがあります。目に見える資産がないのに目に見えない資産だけを作ることは難しいですし、逆に目に見えない資産が崩れた時、目に見える資産もその基盤がゆらぐことになります。そこで、「目に見えない資産」の形成は以下のような戦略が必要とされると私は考えています。

「見えない資産」に目を向けて「見える資産」を生み出すサイクルに入るには、「見えない資産」に目を向けられるだけの「見える資産」をまず整える。

以下に見える資産と見えない資産が連動して作用することがおわかりいただける例を挙げます。

例❶　本業のリスクを補完するストック収入を生む金融資産及び物的資産を得るには、財務・金融・

不動産等に詳しい人材つまり人的資産が必要。

例❷ コロナショックで迫られた本業の事業の多様化を実現するためにはM＆Aや新規事業等が必要となるが、その場合本業以外の事業を評価し経営できる人的資産だけでなく、M＆A等を受け入れる社風、つまり組織資産が必要。

例❸ 人的資産が必要なことはわかるが、人材が成果を発揮するまでの期間を乗り切る本業の金融資産や、人件費をはじめとした固定費を賄うためのストック収入の金融資産が必要。

見える資産と見えない資産が連動して作用することは、おわかりいただけたでしょうか？

見えない資産を費用と捉えるか経営資源と捉えるか

これまでも企業経営において経営資源とは「ヒト」「モノ」「カネ」である、というような捉え方はありましたし、経営者は自社内の金融資産や物的資産についてはある程度把握しているものです。これまでほとんどの経営者がこの5つの資産（組織、人材、顧客、物的、金融）を高めるために日々努力もしていました。にもかかわらず、現実はその成果が期待するほどには出ていません。なぜ努力がそのまま成果に結びつかないのでしょうか？

その原因は人的資産や組織資産は、もともと財務諸表上「費用」項目で報告されることが多くこれまでの経営においては、ほとんどの企業にとって資産として認識されることがなかったことにあります。

むしろこれまでは人件費を利益は減らすものだと捉える古い会計感がはびこり続けたことによって、バブル崩壊後の日本企業はヒトへの投資の抑制、すなわち人件費の節約によって収益力の回復をはかる方法をとりました。損益計算書の中で最も大きな費用項目の一つである人件費は、経営者からすると経営改善という大義名分の下で手をつけやすかったのです（図38）。

見えない資産を増やすための戦略に世界は気づき始めている

一方、世界は見えない資産に目を向ける戦略をとることの必要性に気づき始めています。

実際、日本企業が抑え続ける戦略をとったためこの20年間増やせていない賃金を、欧米など世界の国々では同時期に大幅に増やし続けており、その差は歴然としています（図39）。

日本とこれらの国の企業に人件費に対する明確な戦略の差がないと、ここまで賃金に差が出るはずがありません。世界の進んだ国では、見えない資産の重要性に気づきはじめ実際に見えない資産を増やす戦略へと転換しているのです。

さらに人的資産の評価の面でも、海外では生産性が重視されアウトプットされる成果を仕事量とみ

図38　これまでの姿とあるべき姿

「付加価値」は、企業による事業の結果として生み出された製品・サービスなどの価値の中で、それぞれの会社がその活動自体から生み出し、付け加えた価値のこと。

これまでの姿

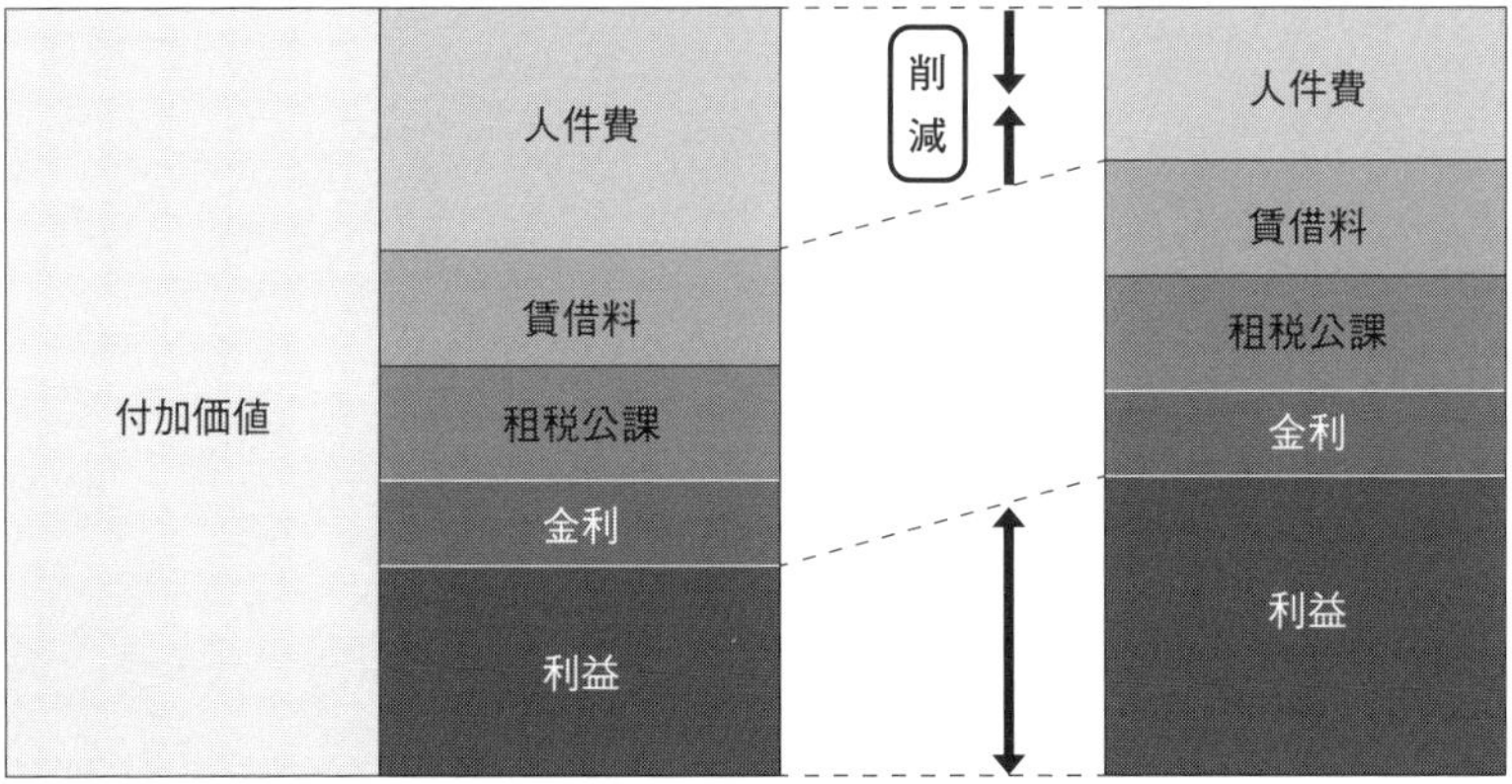

【考え方】 人件費を費用と捉える　　収益性 ＞ 生産性
【作用・効果】 付加価値の総量は増えず、単なる奪い合いになる
⇒ 経営戦略といえない

あるべき姿

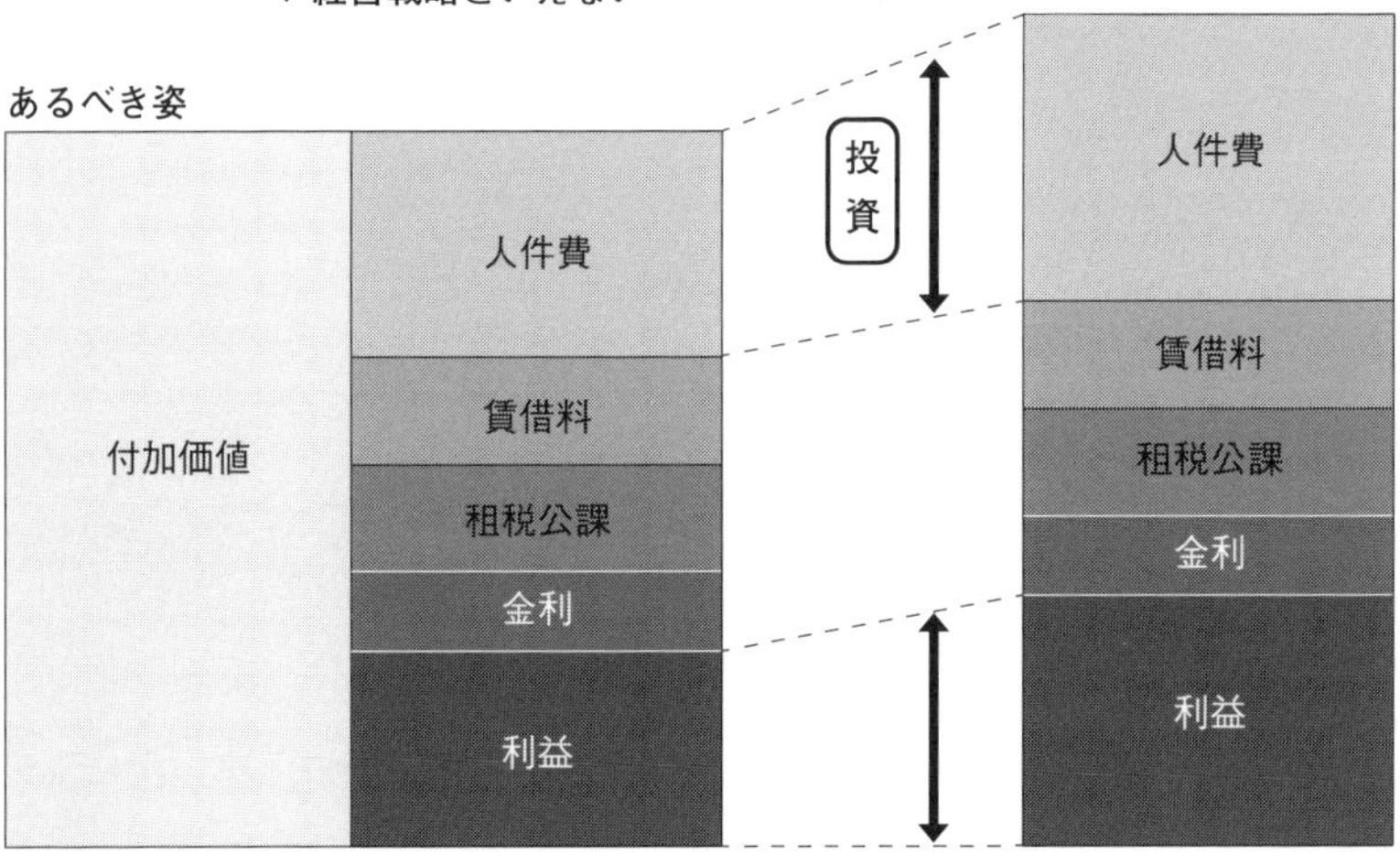

【考え方】 人材を経営資源と捉える　　生産性 ＞ 収益性
【作用・効果】 付加価値の総量が増えて経済全体にプラスとなる
⇒ あるべき経営戦略

図39 賃金上昇の国際比較

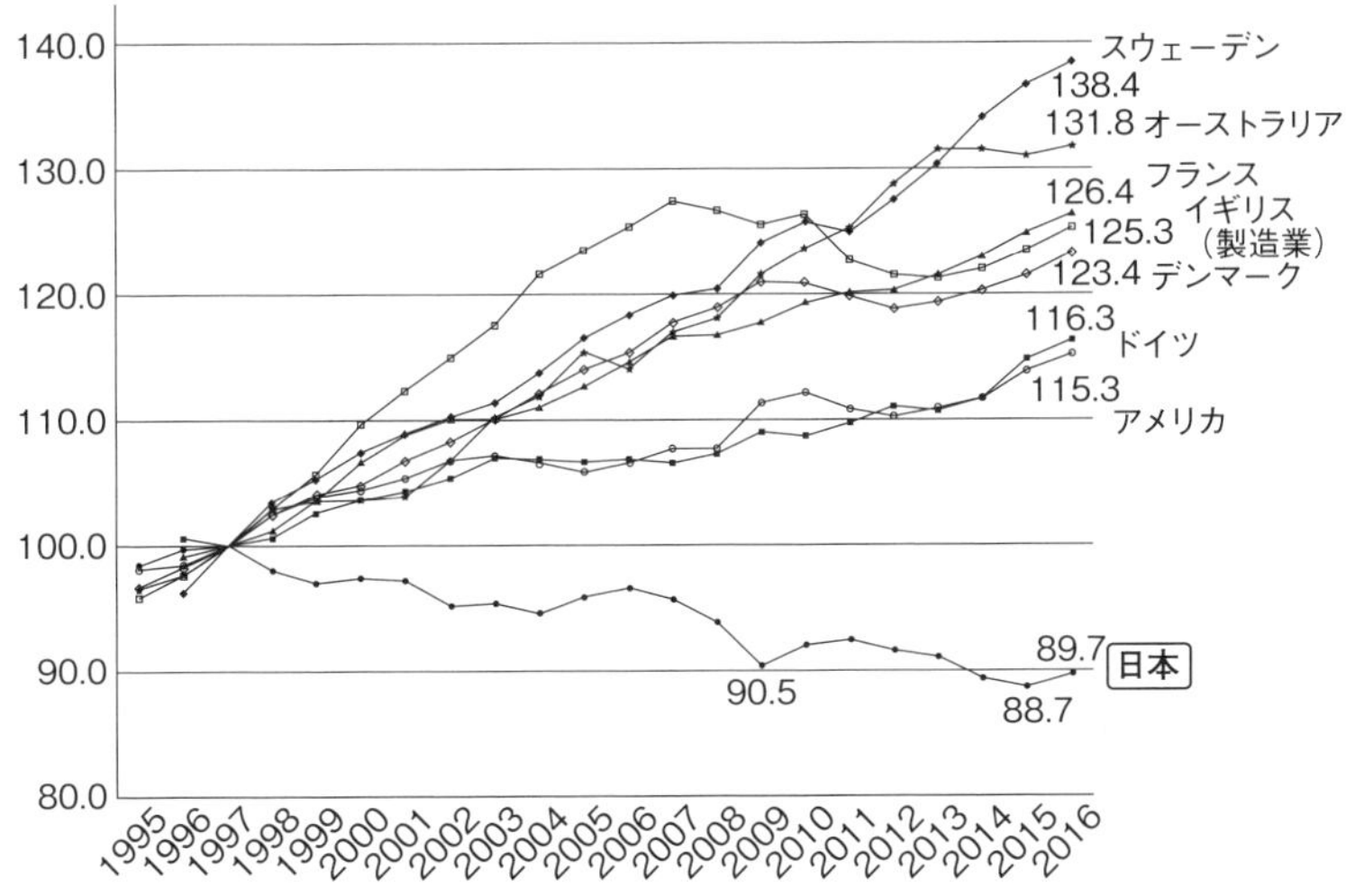

（1997年を100とする賃金指数の推移）

（出所）全国労働組合総連合、OECD

なしてきたのに対して、日本では、労働時間を仕事量とみなし、一定基準以上については残業代を支払うという働き方が長らく中心となっていました。

その結果、日本の労働者が1時間に生み出す付加価値は、アメリカの労働者の６割程度しかなく、１９７０年代以降ずっと先進7か国で最下位が続いています。

人的資産に積極的に投資しなかったうえ、労働者に対して生産性を向上させることを強いてこなかったことが、知識や組織が価値を生む経済に適応できない我が国の成長率の低下を招いたといえるのです。ここはやはり、ほとんどの経営者の、ヒトという経営資源に対する捉え方を１８０度変えなければならないでしょう。

そしてすでに世界の常識は見えない資産が見える資産も増やす求心力となると気づ

いているのに対し、日本では考え方を変えることすらできておらず、このままではその資産形成プロセスは確立できないままでしょう。見えない資産を増やすための今後の方向性としては、まずは**図38**のように人的資産を人件費という経費ではなく、価値を生み出す不可欠な資産と捉える考え方に進化することが必須です。

さらに、高度経済成長期の負の遺産である「儲かるためには手段を選ばず」というような歪んだ価値観を完全に捨て去り、これからの世代や社会から共感されたり、支持されるような働きがい・環境・地域社会との共生などを重視する経営目的を掲げるべきです。

そうすれば2025年の大廃業問題のような継ぎたい人がいなくなることにはならず、次から次へと継ぎたい人や一緒に働きたい人が集まりだすはずです。

「変わらないこと」にこだわりすぎては企業内に多様性は生まれない

「創業何百年の老舗企業が多いこと」

日本企業の強みは何でしょう？　という質問に対してこのような答えをされる方は多いと思います。確かにそれは事実です。日本は世界一の老舗企業数を誇っています。

そのほどんどの企業が何を大切にしてきたかというと「変わらないこと」です。つまりそうした老舗企業は、一つの事業を極めることを重んじてきました。グローバル化される前の時代はこれで良かったのですが、いったんグローバル化されてしまうと海外との競争にさらされますし、世の中の価値観が変わるとそもそも変わらない事業は事業ごと必要とされなくなるかもしれません。変われない社風が重しになっていくことはこれから多くなるでしょう。

すべての企業がそうだとは言いませんが、日本の中小企業に多様性がないのは確かです。しかし、グローバルに大きな変化が起こる時代には多様性は圧倒的に重要です。多様な価値観の人と会うことで新しいアイデアが生まれます。国籍や価値観が異なる人と会うことでしか得られない知識や情報もあります。

多様性とは、大企業でも言われている女性の登用や外国人の登用もそうですし、株主、経営者、従業員にも求められるものです。しかし、これが中小企業ではほとんど見当たりません。似たような地域の似たような経験を辿ってきたメンバーが集まり、一つの事業についてだけ取り組むわけですから、多様性の芽も出てくるはずもありません。社長といっても経営のプロであるケースは稀で、たいてい一番仕事を取ってこれる人が社長であるケースも多くあります。

このような企業では当然経営管理を担える人材もいませんし、活躍するフィールドもないので多様な人材が入ってくることも考えられません。組織風土としても手間やコストのかかる新規事業を検討することはもちろん、そのための人的資産を育てることすらあきらめてしまっています。

高度経済成長期であればこれでも良かったのでしょうが、これからの時代は一つの事業（一本足打法）で戦っていける時代ではないでしょう。そうなると本業と別に一つや二つ新しい事業を生み出していかないとなりません。そしてそのためにはＭ＆Ａや社内新規事業が必要になります。

私のクライアントで見ても最近業績を伸ばしている企業のほとんどがM&Aや新規事業に取り組んでいます。逆に取り組んでいない企業には閉塞感が漂い、「売られる」側としてM&Aに関わることになってしまいます。

経営者の視点で考える事業の多様化「事業ポートフォリオ」とは

「脱一本足打法が必要だった」

コロナショックについて経営者の方からお話を聞いて最も痛感したことは、飲食業や観光業を中心に本業が一本足打法である企業ほど、これからの未知の経営環境下では永続性の点で重大な課題を有しているということです。

これまで老舗企業が社会の尊敬を集めていたように、何か一つの事業を極めることを良しとしてきた我が国の仕事の価値観からすると、このことは受け入れがたいかもしれません。しかし、ポートフォリオの発想で事業を考えると中小企業といえども最低二本足打法に脱皮できるように新規事業を生む出すべきです。また、新規事業を生み出すことのハードルが高いなら、M&A、つまり他社の事業を買収するということを行うほかありません。

実際、中小企業には縁遠かったM&Aが、現在では活発に行われつつあります。事業の多様化を実現するという点でも資産形成と同じくポートフォリオの視点で、相反する事業軸を二つ以上持つようにして、何かあっても一発KOとならないようにする必要があるのです。

リスク分散を重視した相反関係のある事業ポートフォリオを組もう

M&Aや新規事業に取り組むにあたって事業ポートフォリオを検証することになりますが、事業の多様化という考え方自体は企業の経営戦略として真新しいものではありません。企業が事業の多様化や多角化を進める理由は大きく分けると、

(1) 既存事業の衰退に備える。
(2) シナジーを強くすることで本業を強化する。
(3) 組織に活力を与える。
(4) リスク分散を行う。

などがあります。

本章でいう事業ポートフォリオとは主に(4)のリスク分散を叶えるためのものとなります。その際に心掛けたいのが相反関係のある事業同士を組み合わせるという発想です。

リスク分散を意図した事業の多様化の例として、たとえば食品メーカーが外食店舗を運営するケースがあります。景気が良いときは外食する機会が増え、景気の悪いときは自宅で料理をする機会が増

えます。つまり景気がどちらに振れても、ある程度は安定した売上を見込めるようにするというのがこの多様化の狙いです。

見えない資産はM&Aや社内新規事業を産み出す

脱一本足打法を取り組むに際して社内新規事業を立ち上げるのがよいかM&Aがよいかについては、その企業の人的資産や組織資産のタイプにより、向き・不向きがあるので、一概には言えません。しかし、いずれの取組みを行うにしても資金という金融資産はもちろんのこと、相応の人的資産及び組織資産が形成されていないと成功はおぼつきません。本業の売上に加えもう一つの軸を新たに作るというハードルは決して低いものではないのです。

これからの時代に対応した事業の多様化を実現しようとすると、新規事業やM&Aに取り組むコストを許容できる見える資産を有していることは最低条件ですし、それに加えて新規事業を生み出すことが期待できるだけの革新性を備えた組織資産や、M&Aにおける融和を図れる組織資産などが求められることとなります。

たとえば新規事業の責任者には強烈な使命感が求められることになりますし、M&Aの責任者には事業に関するポートフォリオマネジメントが求められます。そして何よりも新規事業やM&Aをしていこうという溢れだすモチベーションや既存のメンバーがそれをポジティブに受けとめられる寛容度といった組織風土が求められます。

おそらく中小企業の経営者の方の多くは、「新規事業やM&Aは大企業の話で自社には無関係だ」というご意見をお持ちだと思います。しかし、アフターコロナの世界では中小企業でも新規事業やM&Aとは無関係ではいられなくなるはずです。はっきりしているのは来たるべき時のために準備し始める企業と、全く動き始めない企業とではたった数年で埋められないほどの格差が生じてしまうということです。

すべての経営者の方々にはぜひ、自らがM&Aをしていかなければ、M&Aされる側になってしまうというくらいの覚悟で明日からの経営に当たって頂きたいと切に願います。

見えない資産と事業承継の２０２５年問題

先述のとおり、我が国は２０２５年問題という大きな壁を乗り越えなければならない「大廃業時代」を迎えようとしています。

第1章で、その原因は中小企業の資産形成不足にある、と言いました。事業承継は中小企業にとって数十年に一度の最も重要なイベントのはずですから、十分に準備する時間があったはずにもかかわらず、多くの中小企業がこのような事態になってしまった責任の所在はどこにあるのでしょうか？

結論から申し上げますとその責任は金融機関や税理士といったアドバイザーと、経営者の双方にあります。全員が自らの都合を最優先してしまい、本来は見える資産と見えない資産を包括的に捉えて

図40　事業承継のテーマ

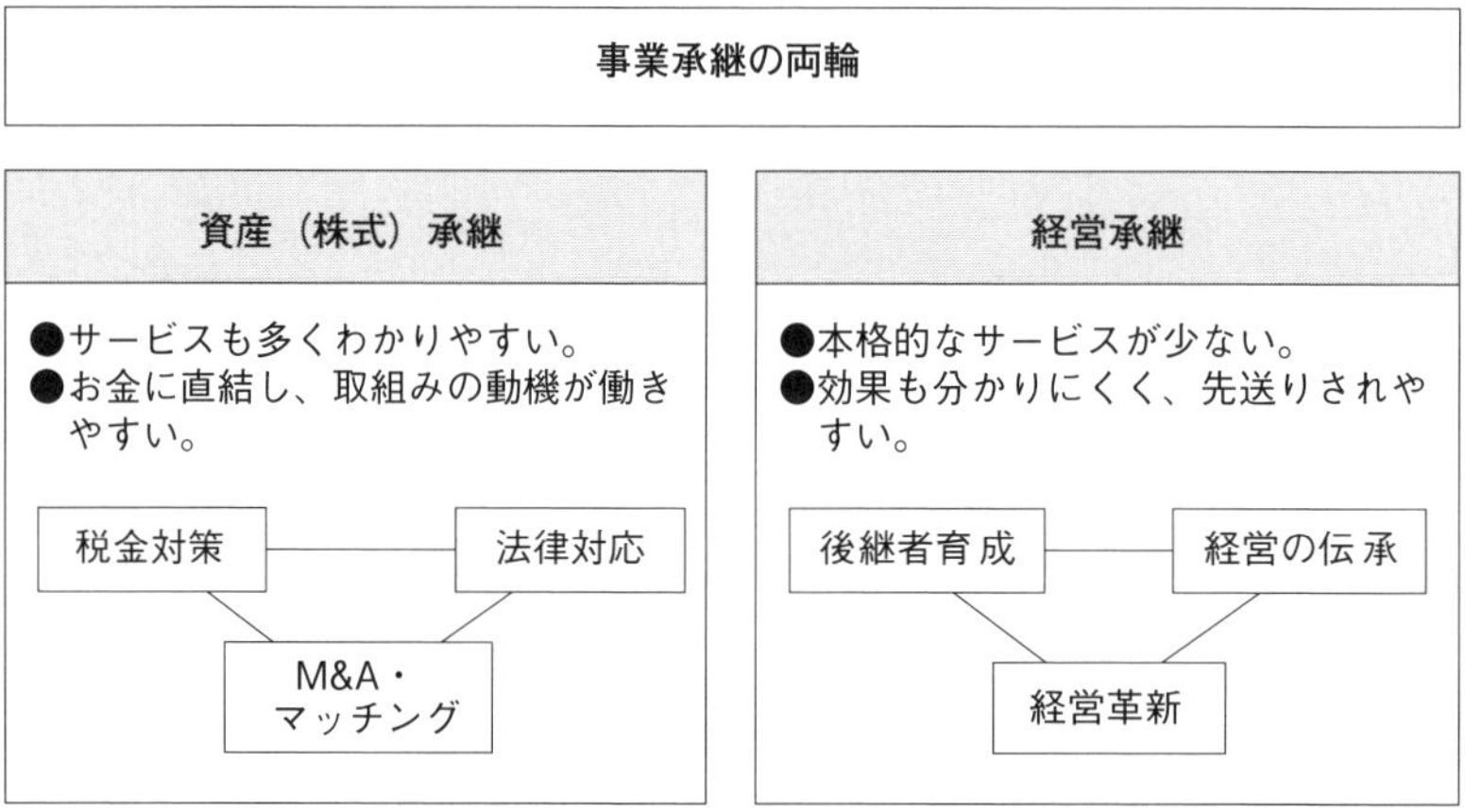

（出所）大井大輔著『「経営」承継はまだか』（中央経済社，2019年）

事業承継に臨むべきところ、実際の事業承継の現場では、企業の資産を見える資産の側からしか見なかったのです。どういうことなのか、詳しく説明していきます。

事業承継のテーマには大きく分けて資産承継と経営承継があります（**図40**）。自社の株式やそれに伴う相続税などの資産承継のテーマは大きな金額になることも多く重要なのはもちろん間違いありません。しかしそれよりも大事なことは後継者が紡いでいくアイデンティティとなる経営目的の伝承や、代替わりが起こっても経営基盤がゆるがないための経営の近代化という経営承継のテーマのほうなのです。

そうです。**経営承継とはまさに本来は見えない資産である人的資産や組織資産を先代経営者が明確に示しながら後継者にバトンタッチしていくという、事業承継の最も本質的なテーマなのです。**にもかかわらず金融機関は時間がかかり・難易度の高い経営承継を避け、自社の営業ノルマ達成を優先し、サービス化しやすい資産承継スキームの提案ばかり行ってきました。税理士らのアドバイザーも相続税対策と称して、自身の得意分野に引きずり込むような相続税を安く抑えること以外に経済合理性を見出すことができない資産承継スキームの提案ばかりで、ここでも経営承継に目が向けられることはありませんでした。

いずれのスキームも経営承継で扱う経営上の本質的な課題解決とはかけ離れたものばかりだったため、本来事業承継時になされるべき経営の近代化や経営革新に目を向ける視点は誰からも触れられませんでした。

その結果、経営者までもが事業承継と真正面から向き合うことを避け、金融機関や税理士の言われるがままに資産承継にばかり着手したため、正しく進めていればうまくいくはずだった事業承継のケースでさえも失敗に終わる例が後を絶ちません（金融機関や税理士のアドバイスが事業承継にとって役立つものかそうでないかを検証せず見抜けなかった経営者の責任も少なからずあるでしょう）。

なお、皮肉なことに手をつけやすい資産承継のほうに対しては、政府が自社株式に関する相続税や贈与税の支払いを全額猶予する事業承継税制の改正を行ったことで、資産承継する側の大きな課題が取り去られました。これにより、資産承継ばかりを勧めていたアドバイザーたちは持っていた唯一の切り札を奪い取られ、仕事を失ったのですが……。

20年遅れは取り戻せるのか

いずれにせよ、これまで述べてきたように日本中の中小企業を舞台に、アドバイザーは企業の「目先の健康」にしか関心を払わず、経営者がそのことに気づかない状態が長らく続いたため、日本型中小企業経営での次世代への事業承継の成功率は確実に低下しています。

ファミリービジネスにおいてはよく、「3代目が会社をつぶす」などという言われ方があるようにもともと経営者の交代というタイミングは、企業の永続性にとっては難しい局面です。特に中小企業の経営者は、ファミリービジネスの比率が多いことから、その在任期間は20年から30年以上と大企業に比べて長期間になりがちですが、その期間でビジネスモデル自体が陳腐化していることや経営環境が激変していることは大いにあり得ます。

事業承継は、一気に経営革新をするよい機会です。そのためには目に見える資産ももちろんですが目に見えない資産である人的資産や組織資産を見える化し、強化するための仕組みを考えるべきです。このことを考えないで後継者に事業承継すると、承継後に後継者は苦しめられることになるでしょう。

事業承継を経営のバトンタッチと考えるならば、継がせる側と継ぐ側との間で企業価値についての共通認識というバトンを、これまでの財務諸表に載ってくる資産だけに限るのではなく、見えない資産も含めてそれらが今後どのような収益を生むのかを経営者が理解することが事業承継成功の近道です。

事業承継はもはや業種で選ぶ時代ではなくなった

企業の寿命がいまだかつてないほど短くなっていて、10年生き延びる企業が全体の５％もないと言われているほどです。つまり一つ一つの業種の寿命はかつてないほど短くなっているということです。

コロナショックではデジタル化が叫ばれましたが、その対極にあるような業種にとっては、勝ち組・負け組というレベルではなく業界自体がなくなってしまうリスクも抱えています。このような経営環境では後継者が事業承継の是非を業種で選んでしまうと大変なことになります。仮に事業承継したはよいものの自社の属する業種自体は、これからの日常の中でなくなってしまうかもしれないのです。

私は次世代経営者に、事業承継とは業種を引き継ぐのではなく、その企業内に蓄えられた様々な資産というＤＮＡを引き継ぐ、という考え方ができれば、後継経営者次第で様々な経営革新を伴った展開が可能となることを伝えています。そのように考えると、継がせる側も引き継ぐ側も経営環境に沿った経営目的や経営戦略を立てやすくなるのではないでしょうか。

このような考え方は「ベンチャー型事業承継」（一般社団法人ベンチャー型事業承継（https://take-over.jp/））として注目を浴びている事業承継の新しい捉え方でもあります。

「見えない資産」の定義を改めて考える

繰り返しになりますが、これからの時代は「答えのない時代」です。過去の知識や経験が生かせない時代に突入していきます。われわれ士業を始めとした専門性は高いけれども応用がきかないスキルは価値が下がり、業種を問わず広く応用できるスキル、つまり調査能力や問題解決能力、人を惹きつける能力や、仕事を改善する能力など、組織を変えていく能力の価値がとても大きくなるでしょう。

つまり過去の経験をもとに物的資産への投資などによりマーケティング上の正解ばかりを追い求めていく経営スタイルから、未知の答えを導き出す人、つまり人的資産や、組織資産が価値を生む経営スタイルが主流になっていくでしょう。

テスラとトヨタの例に見られるように、世界では見える資産から見えない資産に確実に重心が移りつつあることがはっきりしています。

日本でも資産形成に成功している経営者は、見えない資産の重要性を理解し、見えない資産の資産形成にチャレンジするために、見える資産から蓄える視点を持ち始めています。そこで、本書では経営者が資産形成をしようとするときの価値向上のため考え方を、次のように再定義します。

> **財務諸表に記載される見える資産をこれまでの「狭義の」企業価値と位置付け、これからは見えない資産にも目を向け資産全体をみる「広義の」企業価値と捉える。**

これからの時代の経営者が企業の価値を向上させて企業の永続を叶えるためには、広義の企業価値

図41 「これからの」企業価値向上の軸となる資産

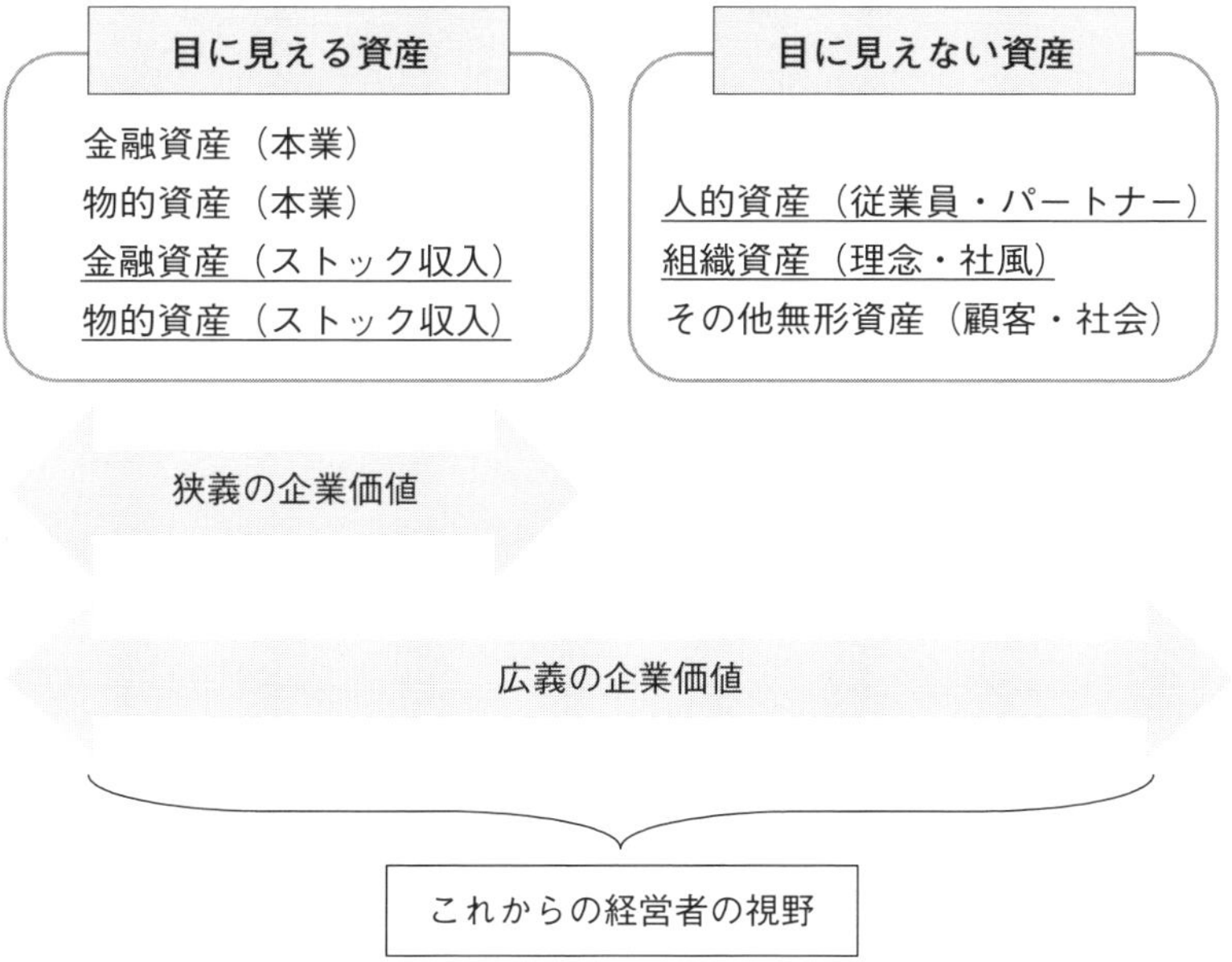

を包括的に見る視野が求められます。

見えない資産形成のモデル事例——人的資産から資産形成に成功したＳ社

ここで、私が実際にコンサルを行ったケースをもとに、ＩＴサービスを販売しているＳ社が人的資産や組織資産に目を向け資産形成に成功した実例をご紹介します。

Ｓ社は最先端とまではいかないものの、先進のＩＴサービスによりクライアントの課題解決を支援している企業です。創業社長はワンマン経営者でしたが、そのカリスマ性により営業面を中心に会社を牽引しつづけ創業以来着実に売上を伸ばしてきました。しかし、数年前から競合他社が増えたことで、徐々に成長ペースが鈍化し始めていました。

そこでS社ではこれからのサービス業は人が中心のビジネスになっていくことを見越して、ワンマン経営からの脱却を目指し今後2年間は先行投資の期間と位置付け、これまで積み立ててきた金融資産を取り崩して人的資産と組織資産に目一杯投資する方針をとることにしました。具体的に取り組んだ施策は、次のとおりです。

● HR（ヒューマン・リソース）の考え方の導入

経営計画を立てるときや、人事面談の際に従業員から不満が出ていた労務面の待遇について労務コンサルタントに依頼して給与制度診断をし、労務面の現状分析を行いました。診断の中で小さい額ではあるものの残業代の計算方法に間違いがあったため、即改善を行いました。

次にHRの考え方を導入するためにHR部を創設して、働きやすい環境づくりに着手する体制を確立しました。HR部は、人事評価制を活用し、会社の求める人材像を見える化しました。これにより与えられる業務や還元される賞与に納得感が出たことで従業員一人一人のモチベーションが上がり始め、またHRにより目標設定をできる従業員が増えたことから何にでもチャレンジする組織風土ができ始めました。

● 人材の多様化

次に人材の多様化を目指すことにし、優秀な外国人スタッフを雇ったり、金融業界など他の業界からの人材の積極採用を行いました。その結果、これまで画一的だったサービスに多様な意見や改善のためのアイデアが出始め、顧客サービスにも多様な視野の発想が取り入れられることになり、顧客満足度の向上という成果も出ました。

また、外国人スタッフの自律的でプロフェッショナルな働き方が社内に浸透することにより、業務中の私語や残業時間が削減でき生産性が向上するという効果も表れました。

●チーム型経営の導入

それまで社長のワンマン経営が続いたため社内には指示待ち人間が多くいました。経営側にもどんぶり勘定で経営を行っていたという課題があり、このままの状況は見過ごせるものではありませんでした。そこで経営幹部を中心としたチーム型経営に移行するために、組織体制を明確化し経営会議、マネージャー会議など様々な会議体の意義やルールを一から見直し、各会議体やチーム単位で改善活動に取り組みました。同時に会議で活用される業績管理も感覚に基づくスタイルからデータに基づくスタイルに移行しました。

その結果、権限を与えられた複数のリーダー陣の成長が促され、自ら課題を設定し、データに基づいて解決方法を考えることにより組織として最も適した方向を向いて経営活動が推進できるようになりました。

● 管理部門のレベルアップ・ITの活用

経理はシンプルでコンパクトな姿を目指しました。無駄や非効率の多い集計作業や単純な入力作業に時間をかけることのないよう見直しました。クラウドシステムを活用することにより専任の経理スタッフを置くことなく、リアルタイムに部門別管理や予実管理といった業績管理ができるようにしました。また、顧客管理や業務管理にもクラウドシステムを活用することにより従業員同士が情報共有の連携を取りやすくなり、顧客対応のレベルも向上させることができました。

● 新規事業・M&Aの活用

人的資産の蓄積を受けて、多様性を受け入れる風土やリーダーシップといった組織資産が磨かれてきました。そこで社内新規事業を経営戦略の一つと位置付けて責任者を定め新規事業に着手することにしました。また同時にM&Aに関しても専任の担当者がM&Aの仲介サイトから買収候補先の選定を行うようにしました。

これらの取組みを行うことにより、投資期間の2年間はキャッシュフローがマイナスになりました。しかし、投資効果が出た今期はS社の売上、利益ともに過去最高となり、営業キャッシュフローも取組み前の倍以上に増加させることに成功しました（**図42**）。

見えない資産に目を向ける視点の重要性がおわかり頂けたと思います。次に考えなければならない

図42　見えない資産の形成に取り組んだＳ社のケース

（単位：百万円、人）

	取組前	１年目	２年目	３年目	４年目	今期
売上高	300	280	310	350	460	600
経常利益	20	▲10	▲20	26	34	53
社員数	20	25	30	35	35	38
営業Ｃ／Ｆ	15	▲15	▲30	10	20	35

のが見える資産と見えない資産を包括的にマネジメントするための経営戦略です。

そこで次章からはこれまでに述べた成功の法則を踏まえて、資産形成を中心に据える経営戦略を行うための経営環境や経営目的をどう見定めるかという点をご説明します。そして見定めた経営目的に向かってチャレンジできる財務基盤づくりについても説明し、最後に具体的な資産形成の包括的な実践方法について述べていきたいと思います。

コラム

3 福利厚生としての「従業員向け金融教育」

現在、私の会社では福利厚生の一環としての「従業員向け金融教育」をクライアント企業向けに提供しています。これは、

① 経営者候補者と従業員の金融リテラシーの向上による資産形成マインド及び投資スキルの向上

② 福利厚生としての会社に対するロイヤリティの向上

③ お金の価値及び資産形成がわかることによる給与の相対的な価値の向上

に資するためです。

①は人的資産を、②は組織資産を形成することにとても役立ちます。また、③については、同じ額の給与を渡しても、手取りのうちから資産形成できている従業員とそうでない従業員がいた場合、資産形成できている従業員が増えれば会社としても従業員個人としても経済的な幸福度がアップする、という私の考え方を経営者に広めていくことを目指すものです。この考え方はこれからの給与が上がりにくい時代になればなるほど支持されるはずです。

大企業であれば労働組合などがファイナンシャル・プランナーによる金融講座や相談窓口を用意してくれますが、中小企業はそのようなインフラの用意はなかなかできません。そこで、私た

ちが顧客サービスの一環として金融教育を開催させて頂くこととしたのです。

この従業員向け金融教育のポリシーは個別の銘柄や相場には触れずに、投資環境といったリスクの正しい把握や投資手法のセオリーを学んで頂くものとしています。従業員自らが投資や資産形成の必要性を感じて、最初の一歩を正しく踏み出せるサポートを心掛けています。

なお、そのカリキュラム内容は次のとおりです。

1　資産形成の必要性。お金に振り回されないためのマインドセット
2　投資とは？　資産形成とは？
3　給与明細から読み解く、支払っている税金・社会保険料とその仕組み
4　金融投資とは何か？　株・投資信託・債券・リートの仕組み基礎
5　始めやすい金融資産投資
6　生命保険とは
7　不動産投資について
8　誰もが得する5つの事～投資の原資を確保するために～

これまでに受講された社員の方からは次のような感想を頂いています（アンケート結果、抜粋）。
●今までは目先のことがきになってなかなか実行する勇気がでてきませんでした。でもお金の

勉強をする中で少額の投資から始めていければよいかと思いました。（一般社員　女性）

●お金について考えないといけない歳になってこういう機会を作ってもらえてとても勉強になりました。（営業社員　女性）

●自分自身がいくらお金をもっていれば幸せなのか目標をたてられそうです。その目標に近づく近道などを知っていくよい機会だと思いました。（中堅社員　男性）

●投資に関して目の前のマイナスより、将来のプラスを見据えて前向きに捉えてみようと思いました。（幹部社員　男性）

経営者からも従業員からも好評で、受講者のうち2割の方がドルコスト平均法の考え方にもとづく長期積立て投資を実際に開始されるという成果が出始めています。この金融教育の修了時には会社全体で投資研究会を開いて、投資をスタートした方に投資方針発表をして頂くようにもしています。

まだ始めたばかりですが、将来はぜひ経営者や従業員の子女へと対象を広げたいと考えています。また、投資方針発表会を複数のクライアント企業を横断して行いたいとも考えています。

4

資産形成を成功させる経営戦略の法則

経営者の「なりたい姿」を定めてブレークスルーを起こす

第4章

経営戦略の中心に資産形成を据えて「なりたい姿」を定める

ここまで説明したとおり、企業がこれからの時代でも成長し続けるには、見える資産はもちろん、見えない資産もバランスよく形成する必要があります。ここからは、資産形成についての現状の課題を認識し、資産形成による価値向上に踏み出そうとする経営者にとっては、「経営戦略の中心に資産形成を据える」こと、つまり経営戦略と資産形成を連携させるという観点がなければならないということをご説明します。

あらゆる成長を目指す企業にとって、経営目的を達成するために経営戦略は必要です。これまでの中小企業の経営戦略はというと、起業直後でモチベーションに満ち溢れた企業でもなければ、経営環境分析もそこそこに、中期経営計画などの損益ベースの事業計画を立てて、計画に至るまでの不足している売上高を何で補うか、という視点を経営戦略と称して、数字合わせに終始していることばかりでした。また経営者自身も経営戦略をその程度のものと捉えているように見受けられます。

このような姿からは経営目的を達成しようとするための使命感や理念、そしてその達成のために将来なりたい姿はイメージできていないように思います。

経営戦略とは、「その企業が経営目的を達成できるようにするための方策」のことです（図43）。経営者が高い経営目的を達成するために、置かれている経営環境下での自社を取り巻くリスクを俯

図43　経営戦略とは

経営環境	現下や今後の置かれている環境・リスク把握 現状分析・現下での経営資源とその強み弱みを知る
経営目的	その中で果たすべき企業の役割・社会問題の課題解決など
経営戦略	経営環境下で経営目的を達成するために必要となる方策

瞰・分析し、経営目的と経営環境の差を埋めるために、自社の経営資源を現状分析しながら勝算のある事業領域を定め、経営戦略に落とし込んでいくこと、これがあるべき経営戦略の姿です。

資産形成の目標設定で「なりたい姿」を定めているか

単純に資産形成だけを目的とするのであれば、それ自体も動機になり得ます。資産形成は、現状分析から目標設定をして実践していけばある程度可能です。

しかし資産形成の成功の法則に則り、勝ち組企業になっていこうと考える経営者であれば、資産形成は、明確な経営目的が動機付けとなっていなければなりません。「何のために資産形成をするのか」という発想が必要なのです。

経営目的を定め、「なりたい姿」を定めるため、資産形成の目標を設定するのです。

経営者がどんな企業にしたいのかという「なりたい姿」を実現するため、どのような資産で経営すればよいのか、現状に足りないその差を埋めるにはどうすればよいのかを考える、これこそが、自社の経営戦略における資産形成の課題です。

図44　できている経営者の企業価値向上のためのマインドセット【経営戦略版】

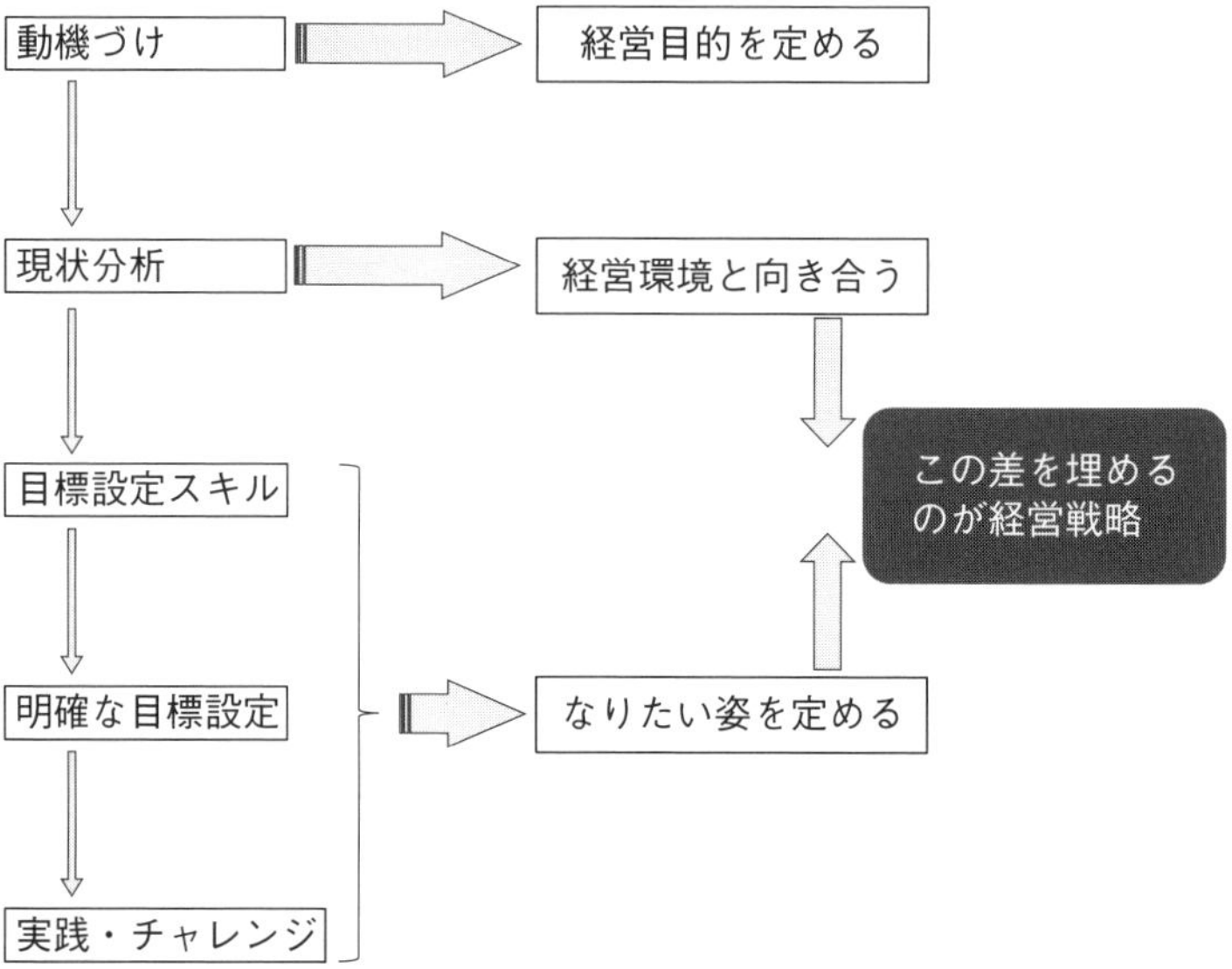

まずは、現状の経営環境を経営者自身が俯瞰して、自社を取り巻くリスクや課題を踏まえたうえでどんな資産を使って経営したいのかを明確にしましょう。

経営目的を達成するために必要な資産をどう構築するかが経営者の仕事であると言い換えられます。

改めて資産形成が実現できている経営者の企業価値向上のマインドセットを見てみましょう（序章48ページ）。

資産形成ができている経営者は、企業が掲げる経営目的に沿って資産形成の「なりたい姿」を定めることができています。なりたい姿と現下の経営資源の差を埋めることこそが経営戦略だという視野を持って経営にあたっています。

図45　あるべき経営戦略

これまでの経営戦略		あるべき経営戦略
明確に定めない	経営目的	明確に定める
考えない（フロー重視）	資産形成による価値創造	魅力の源泉と考える（ストック重視）
・見える資産 ・財務諸表 ・過去重視	着眼点	・見える資産と見えない資産 ・各資産の価値評価を顕在化 ・将来重視
・質より量 ・見えない資産は評価せず	事業／資産の評価	・量より質 ・見える資産・見えない資産とも評価

しかし実際はこれまで中小企業経営の現場において経営戦略と資産形成があまりにも分離されてきました。これまでの経営戦略と比較すると、これからの時代のあるべき経営戦略は次のようであるべきだと私は考えています（**図45**）。

【経営目的】

これまでは明確に定められてないことが多かったと思います。経営目的が定まらないとなりたい姿＝目標設定ができません。資産形成ができている経営者は、経営目的を最優先で明確に定めようとします。

これからの時代は企業が何のために存在するのかの視野がなければ生き残れません。企業の存在価値を社会が認めてくれなければ、社員や取引先もいなくなってしまうでしょう。経営者は、「企業が経営目的に沿って進めば世の中の人が幸せになり、ひいては企業の経済活動もうまくいく」という方向性を示せなければなりません。

【資産形成による価値創造】

これまでの経営戦略は資産形成が有効な手段かどうかという視野すらなく、とにかく目先の売上至上主義（フロー重視）となっていました。

資産形成による価値創造を考えない（フロー重視）のではなく、資産形成は企業価値創造の魅力の源泉と捉え、資産について、「何を」、「どのくらい」必要とするかを決めることに専念する（ストック重視）べきです。

【着眼点】

これまでの経営戦略は見える資産にばかり目が向けられていたため、財務諸表という過去の価値評価のみを重んじることになっていました。

あるべき経営戦略では、見えるものと見えないもののどちらの資産も包括して目を向けます。将来価値を生み出すであろう見えない資産の価値を顕在化させる取組みにも励むべきです。

【事業／資産の評価】

これまでの経営戦略における事業や資産の評価は、質より量であったり、内容より価格といった売上至上主義的な発想で行われていました。また見えない資産に目を向けることもほどんどありませんでした。

これからの成熟した経済環境においては、量より質を重視していくことはもちろん、未知の経営環

図46　資産形成の間違った捉え方

	何が目的か		行　動
やってはいけない間違い	資産形成自体が目的？	→	個別銘柄やスキームばかり追う
あるべき姿	目的はよい社会・よい会社（資産形成はその手段）	→	仕組みを理解し本質的な取組みを

境の変化の中でも新しい課題を発見・解決し、新しい取組みや経営革新を生み出せる組織資産や人的資産を築き上げることを重視する姿勢を鮮明にすべきです。

これまでの経営戦略は、「高度経済成長を成し遂げる」という単一の目標を国全体で追いかけている時代では通用していました。しかし、これからの人口減少時代の低成長経済や人生１００年時代を迎える社会環境の変化を前にしては、これまでの経営戦略から脱却しないといけないというのが私の考えです。

資産形成は目的ではなく、あくまでも手段

「億り人になるための必勝パターンとは」
「不動産、株式で●億円資産形成するためのマル秘テクニック」

今、世の中で資産形成と言えば、この類いのニュースや書籍が溢れています。しかし、こうしたニュースや書籍は個別資産のテ

クニック論に偏っていることが多く、あるべきフレームワークや動機付けを導いてくれるものは、ほとんどありません。こうしたニュースや書籍では、資産形成自体が目的化されていて、何のために資産形成をするか、という動機付けの視点が欠如しています。このままでは、正しい資産形成のリテラシーや成功体験を築くことができず、これまでの30年間の失敗を再び繰り返すことになってしまいかねません。

資産形成は、個人であればその生きる目的、企業であればその経営目的に沿った「なりたい姿」を目指すための手段です。決して資産形成自体を目的にしてはいけません。何のために物的資産や金融資産を資産形成するのか。このことを見失い、資産形成自体が目的化すると、経営目的や経営戦略が軽んじられることになるため、人的資産や組織資産がすり減らされることになりかねません。

未来の勝ち組企業のあるべき姿とは

以下の三つの条件がそろっている企業が、本書でいう勝ち組企業であると私は考えています（**図47**）。

まず一つ目は、五つの資産（組織、人材、顧客、物的、金融）を組み合わせてどのような姿を目指していくかを、企業の経営目的や存在価値から引き直して見定めることができる企業です。

二つ目は経営目的を達成するための目標・なるべき姿をリスクとリターンを理解したポートフォリオの発想を持ったうえで明確に示し、それに沿って見える資産と見えない資産を包括的に資産形成できる企業です。

三つ目は目標や目的にチャレンジするにふさわしい健全な財務基盤をもった企業です。

図47　成功の法則の３要素

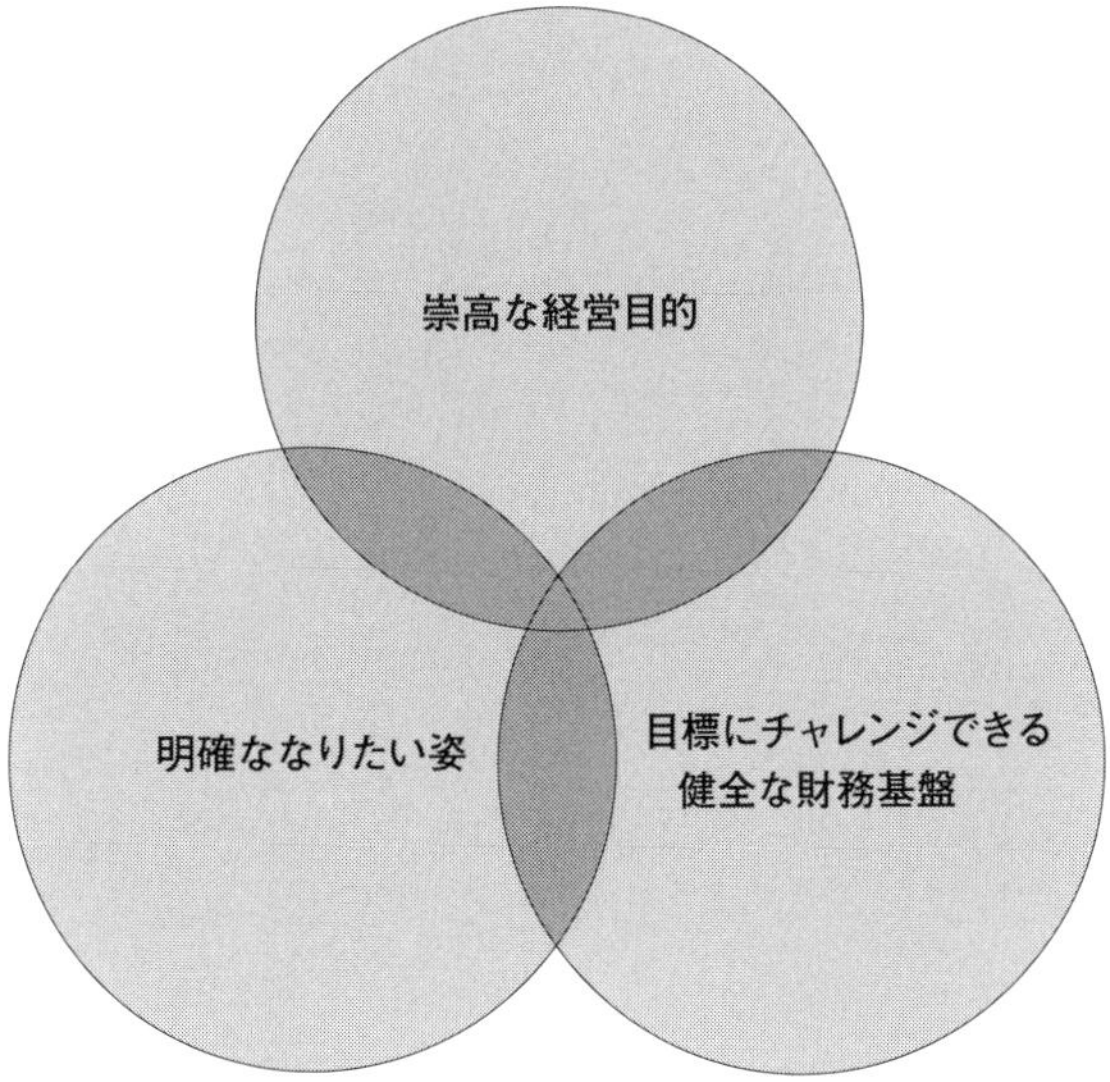

いずれも簡単に実現できるようなものではないかもしれません。しかし、経営目的が叶うことを信じて長期的な視野で取り組もうとする姿勢とマインドを持ち続けることができれば、三つとも実現できると私は信じています。

第1章では、これからの企業経営においては、資産形成の正しいフレームワークを学び、目に見える資産と目に見えない資産をバランスよく併せ持つ必要性を認識することが重要になるとしました。

第2章では見える資産の資産形成のこれまでの難しさと明日から変わるための動機付けと実

践方法をお伝えしました。

第3章では、見える資産と見えない資産のどちらかを持つ、双方の資産を併せ持つだけではなくさらに発展させた考え方として、見える資産と見えない資産を連動させるという価値向上の正のサイクルを持つことで、双方の資産を包括的に評価することがこれからの時代に再定義される「企業価値」を重視した経営であることを確かめました。

ここからは私が実際にアドバイスしたクライアントのうち、資産形成の成功の法則を実践し、まさに今後成長を続けていくであろう勝ち組になった企業の姿を見ていくことにします。

経営環境と正面から向き合う

中小企業は大企業に比べて様々なハンデを負っています。本業への投資に経営資源のすべてを一点集中しているため、特に物的資産（いわゆる装備率などの設備面）、研究開発や投資の拡大などあらゆる面で大企業に見劣りしてきました。

ハンデのある中小企業は、これまでは中小企業基本法に定める中小の規模にとどまってさえいれば税制優遇や補助金などで過保護なほどの恩恵を受け続けることができました。しかし、国も廃業率を抑え込み続ける政策の方針転換を表明していることから、あらゆる経営者は中小企業だからといって無条件に保護されるという考え方を捨て去らなければならないと思います。

なぜなら、中小企業こそ設備や資産で大企業にハンデがある以上、経営戦略として資産形成をむしろ積極的に行う必要があるからです。そして、日本に間もなく訪れる社会・経営環境のパラダイムシフトはかつてないインパクトで、否応なしに経営者に価値観の変革を求めることとなります。そのすさまじいインパクトは２０２５年の大廃業問題ですら霞んでしまうほどです。これからの時代の経営者はこのことに正面から向き合う覚悟が求められます。

予測できない経営環境の悪化に見舞われたとしても生き残れるための見える資産の形成や、予測できない経営環境の悪化に見舞われても生き残る事業を生み出す見えない資産の資産形成ができている企業しか残れない社会が来る、すべての経営者はそう認識しましょう。

これからの日本の社会環境・経営環境で予想されるパラダイムシフトについては**図48**で挙げているようなものになると思います。**図48**のパラダイムシフトは、中小企業にとってのあらゆる経営項目において、相当インパクトのあるものとなります。

しかもパラダイムシフトの原因となっている高齢化による人口減少は人類史上かつてない最速のペースで進み、あらゆる経営者は悠長に構える猶予がありません。パラダイムシフト後の経営環境を見据え、今すぐに変わる動機付けについて考えてみましょう。

経営目的が明日を変える！　今すぐにやるという動機付けをする

今でも、しっかりとした経営目的がある企業は選ばれます。経営目的がしっかりとしていて、それ

図48　今後訪れる社会・経営環境のパラダイムシフト

	これまで	これから
人　口	・人口ボーナス ・労働人口減少	・人口オーナス ・少子高齢化
経済成長	市場全体が成長していたので業界の後追いでいけた	マイナス成長なので他からシェアを奪う独自の生き残り戦略が必要
国の財政	・国全体の GDP 至上主義 ・税収を頼りに支出増 ・質より量の政策中心	・一人当たり GDP 向上を目指す ・財政赤字は先進国中最悪レベルに ・量より質の政策転換が必要
中小企業政策	・雇用重視の既存企業の保護 ・生産性度外視	・新たな雇用を生み出す企業の成長促進 ・生産性向上重視
教　育	・答えを覚えさせる詰め込み教育 ・大学卒業時に一斉新卒就職	・答えを導き出す方法を身に着ける教育 ・何度も学校で学びなおす時代
銀行の融資姿勢	・不動産担保主義 ・経営者個人保証必須	・不動産担保主義→多様な担保へ ・経営者個人保証なし
賃　金	・終身雇用と年功賃金のセット ・定年まで働けば教育・住宅・老後ＯＫ	・終身雇用がなくなり所得は２極化 ・老後のためにお金にも働かせる時代
働き方	・60歳定年の３ステージ ・家庭より仕事を優先する価値観	・５ステージの100年人生 ・ワークライフバランス
社会保障制度	人口増加にともなう制度の充実で安心して長生きできた	制度は徐々に改悪され、長生きリスクは自助努力へ
税　制	人口増加にともない所得税や相続税の税率は緩和されていた	人口減少にともない所得税・相続税の両面で強化。法人税は国際競争の観点から引き下げざるを得ない

を実現しようとする経営戦略がある企業に人や顧客が集まってきます。

「これからの時代にとって自らの企業は何のために存在するのか」
「これからの時代にとって自らは何のために経営者となったのか」

これが経営目的というものです。

経営目的とは企業の存在意義ともいえます。大企業はその規模の大きさだけである程度存在意義を示すことができますが、大企業に対してハンデがある中小企業は存在意義を社内外に示すには、どんな経営目的を定めるかということが重要になってきます。

コロナショックによりあぶり出された、日本企業の事業の多様化と資産形成ができていない課題は、局地的なものでも一時的なものでもなく、日本の国全体に覆いかぶさる課題であることはこれまでも述べてきました。

１９８０年代には世界ナンバーワンと言われた日本の経済競争力がたった30年ほどでここまで凋落した原因は、資産の枯渇にありました。資産形成のリスクやセオリーといったフレームワークを学ぶことの重要性もおわかり頂けるでしょう。

ただ、とても残念なことに経営目的をしっかりと持たれている企業や経営者がとても少なく感じます。これは現在の政治の世界で世襲議員に対する批判が高まっているのと同質の課題だと私は思います。政治家としての使命や目的を持たないまま、家業であるかのごとく親から地盤や看板を継承した「職業政治家」の世襲議員では、地域の代表としてその地域ごとの様々な課題を取り上げ、最終的には政策に反映することによって国を良くしていく、という政治家の使命が果たされるでしょうか？

本来、中小企業の存在意義や経営目的とは、大企業では手が届かない地域社会の課題解決になるために行われる事業を、地域社会で暮らす人を従業員として長期的な視野で叶えていくことだと私は思っています。

経営者一族の経済面や名誉欲を満たすため、ということが目的となってしまった中小企業は、資産形成はおろか企業としての成長が望めません。地域社会にとって優良な中小企業が育たないということは、雇用の面からも、生産性や課題解決の面からも世の中が良くなっていかない悪影響として、地域社会に跳ねかえってくることになるでしょう。

働く人にとっても成長しない企業で働くことは給料が上がらないということだけではなく、自らの仕事を通じての成長が望めないでしょう。人生１００年時代を生き抜く観点からも望ましいことではありません。

経営目的を定めることや経営戦略を立案することは、今すぐ実行に移しても一朝一夕でできるものではありません。しかし、だからこそ自社の経営目的を再確認して今すぐにやる動機付けをしてほしいと思います。

資産ポートフォリオは目標を設定をしたら、即実践しよう

経営環境と正面から向き合い、経営目的をしっかり見据えられれば、次に経営戦略を立てていくことになります。経営戦略を立てるにあたって必要なことは、経営戦略の中心に資産形成を据えることとお伝えしました（１８８ページ）。そうすると経営戦略の中で資産ポートフォリオの目標設定をすることの重要性についてもおわかり頂けるかと思います。

これまでのほとんどの経営者は見えない資産の存在に目を向けることもなく、自社の資産形成について経営戦略の一環として考えるという発想がなかったということも、これまで述べてきました。資産形成を考えている経営者でも見える資産のみに目が向いていたり、経営戦略とは切り分けて考えて、資産形成のポリシーがとにかくリスクを取らずに行いたいというものだったため、蓄えた資産の大半が元本が保証された定期預金と保険積立金になっていたということが多々あり、これではリスクを取らずに資産を増やしたいという発想自体がすでに資産形成とは呼べない、ということもお伝えしてきました。

これまで説明してきたように、資産形成はすぐに取り組める見える資産を整えることから始められます。見える資産が形成されてくると同時に見えない資産にも目を向けることとなります。

そして見える資産と見えない資産が連動しながら、正のサイクルを辿るようにバランスよく資産ポートフォリオと事業ポートフォリオを構築するのです。この段階では、事業承継も、Ｍ＆Ａも、新

規事業も実際に採ることができる選択肢になります。あとは実践あるのみです。

優秀な人材こそ中小企業で働くことはチャンス

ところで私は、クライアントの経営者の方に、従業員の方々に対して中小企業で働く意義を伝えて頂きたい、とアドバイスしています。これは、働く方々にとってこれからは、大企業より中小企業を選んだほうが実際にチャンスが大きいと考えているからです。

ちなみに私も以前は大企業で仕事をしていました。しかし、大企業は規模が大きすぎるため従業員一人一人の裁量がとても少なく、その業種の断片的な部分にしか関われないため、一般的に数十年かけて習得する業務スキルであるにもかかわらず、いわゆるつぶしが効かず、市場価値は想像以上に小さいものです。また大企業は入社する際の敷居も高いですが、社長に上り詰めるためには才能だけではなく、運も要りますし、転勤などによる家族の犠牲のうえで成り立つような世界です。

一方、中小企業はまさに何でも自分でやらないといけないので、その分裁量も大きくゼネラリストになるチャンスがあります。これからの時代はなんでも一人でこなせるゼネラリスト型のマルチプレーヤーが求められます。

また、中小企業の場合は入社する際の敷居もそれほど高くないうえ、職場と家庭が近いうえに転勤などがほとんどないので、家族に犠牲を強いることなく、実力で責任あるポジションに上り詰めることはそこまで難しいことではありません。まさに優秀でやる気のある人材にとっては、中小企業にはやりたいことを実現するフィールドが用意されているといえるのです。

企業側が経営目的をしっかり定めるのと併せて、従業員側は自らが働く企業の経営目的と自身が何のために働くのかという仕事観をフィットさせることで仕事を通じて叶えたいことを実現できるでしょう。

そのためには納得感のある人事評価制度が一役買うことになります。中小企業にとって人事評価制度の導入はハードルが高いかもしれませんが、導入が進めば企業にとっても早く経営目的に近づくことができるようになります。

中小企業全体がこのような考えになってくると、優秀な人材がみな大企業に入る、というこれまでの日本の新卒大量就職の構造は葬り去られ、優秀な人材が地域の中小企業でも活躍するようになります。そうすれば地域社会の課題解決を経営目的とした中小企業によって、しっかりと地域に根差して経営がなされることとなるでしょう。これこそが中小企業の生産性や成長性の面はもちろんのこと、地方創生の面でも、そして何より日本経済の成長の面で望ましい姿ではないでしょうか。

人生１００年時代に備える。経営者も従業員も全社一丸となって資産形成を

「貯蓄から資産形成へ」

2016年にこのような金融庁の新しいスローガンが出されてしばらく経ちますが、何かが変わったようには見えません。ほとんどの国民はスローガンすら知らないのではないでしょうか。

無理もありません。その前のスローガンである「貯蓄から投資へ」は17年間も言われ続けたのですが、その結果日本人がどう変わったか皆さんはご存じでしょうか?

2000年の日銀統計による個人金融資産の金融商品別内訳は、次のようになっていました。

現金・預金…………53・9%
債券……………3.4%
投資信託…………2.4%
株式……………8.6%
保険・年金…………26・7%
その他……………5.1%

そして「貯蓄から投資へ」と17年間言われ続けた結果、次のように変わりました。

現金・預金…………52・3%(マイナス1.6%)
債券……………1.5%(マイナス1.9%)

投資信託……………5.0％（プラス2.6％）
株式…………………8.6％（プラスマイナス０％）
保険・年金…………29・８％（プラス3.1％）
その他………………2.9％（マイナス2.2％）

ごらんのとおり、ほとんど何も変わりませんでした。特に最も代表的な投資対象の資産である株式に至っては全く増えていません。17年もの間、「貯蓄から投資へ」と言われ続けても貯金をし続ける姿勢は変わっていません。

日本人はつくづく資産形成の意識が低いと思います。最近は金融教育ブームと言われていますが、それだけで変わるきっかけにはならないでしょう。一番の問題は何よりも資産形成を実際に始めていないことです。私の会社でも企業向けの金融教育をしていますが、投資信託の積立投資は１００人に勧めて10人が口座を作り、そのうち積立てを開始する人は５人くらいです。しかもその５人のうちの２人は相場が下がった瞬間に積立てを止めようとします。あれほどドルコスト平均法は下がった時がチャンスだと言っているにもかかわらず。開始するまでの腰はとても重く、止める時のスピードはとてつもなく早いのです。

また不動産投資は１００人に勧めて50人がもっと詳しく教えてほしいと言い、10人が検討を開始しますが、最終的に購入する人は、そのうちたった１人くらいです。リターンを得るためのリスクはゼロにできませんが、リスクを抑える方法があることを知るべきです。ほとんどの人がそれを知ろうとせずにリスクをゼロにしようとする、つまり何もしないでおこうとします。何もしないことのリスクがあることも知るべきなのですが……。

そのためにはやはり企業の資産形成が正しくしっかりとなされないといけないでしょう。日本は企業という単位がコミュニティとしての存在感が大きい国だからです。個人の意識を変えることも大事ですが、企業単位で変わっていくほうが早いし効果的だと思います。金融リテラシーの高い社員や経営幹部が多い企業が、将来の資産形成にとって有利であるのも確かです。

急激には変われませんが、企業がまず変わり、経営者が、経営者の家族が、従業員が変わって、というように連動していってもらいたいというのが私の想いです。実際に従業員向けの金融教育を始めている中小企業がでてきています。

社内にＣＦＯを生み出すチャレンジを

経営戦略は企業全体で考えるが、資産形成は経営者個人でしか考えない。日本の中小企業にはこのタイプの企業が非常に多いです。法人では資産形成しない、またはしてはいけない、と決めつけてしまっているようです。

私のクライアントに聞いたところ、これには以下の理由があるように感じました。

① 資産形成に取り組むと本業の業績が悪化する（と思っている）。
② 資産形成に取り組むと銀行からの評価が下がる（と思っている）。
③ 販売ブローカーが企業ではなく経営者個人で購入することを勧める。
④ 個人の資産形成には法人にはない税制面での優遇がある（と思っている）。

①、②は驚くことにその理由に至った経緯が「従来からの慣習」や「銀行から言われたから」といった根拠のない先入観に基づくものなのです。③はまたもや販売ブローカーの自己中心の販売スタイルによるものです。個人での検討であれば社長を説得すれば販売することができるが、企業で検討すると顧問税理士や社内の幹部に反対されるので避けているという実態は信じがたいですが、確かにあります。④は確かに金融税制は個人のほうが優遇されていますが、損失が発生した場合の繰越欠損金や相続が起こった場合の相続税の観点まで総合的に考慮すると一概に個人で所有するほうが有利とは言い切れません。

理由はさておき、個人で資産形成する場合、企業のようにリアルタイムの資産の全体像を表す貸借対照表を作成しないため、成果が把握しにくく、そのことによって資産形成の管理や見直しがしにくいという大きな弊害があります。

これは販売ブローカーにとっては都合の良いことでも、企業に資産形成の考え方が芽生えようがないこと、企業の人的資産の面でＣＦＯ（財務の責任者）のような人材が育たないという問題を生じさせます。

中小企業は人材の面で多様性が少ないのが現状です。ほぼ単一の本業を発展させるための最少人数で経営にあたっているので無理もありません。しかし、このままでは、変化やチャレンジに対応できなくなるわけで、何とかしなければならない課題です。なお、ここでいう人材の多様性とは単に外国人労働者を雇うということではなく、本業のみに精通した人材以外のスキルや経験をもった人材を社内外に育成するということです。

日本人は他の国と比較して同調圧力が強いと言われていますが、人材の多様性がなければそもそも経営革新は起こりづらく、チャレンジするための企業風土である組織資産が育ちません。そもそも企業にとっての新たなチャレンジとなる本業以外のストック収入を得るための資産形成はもちろん新規事業やＭ＆Ａには、経営者だけで取り組むことはほぼ不可能です。逆に資産形成に成功している経営者は、ＣＦＯの候補人材を金融機関出身者などから迎え入れるということに積極的に取り組んで成功している例が多々あります。

お金で時間を買うＭ＆Ａで、組織を活性化して事業を多様化する

企業を取り巻く経営環境の変化のスピードはＩＴやデジタルの進展に伴い加速しています。そのた

め、経営にもスピードが求められる時代で資産形成に成功するためには、経営者は「お金」へ「時間」の価値観を持つべきと言われて久しくなっています。

あらゆる経営者がコロナショックによって事業の多様化が不可欠であることがわかりました。事業の多様化のためにはこれまで中小企業ではほとんど選ばれてこなかった戦略のＭ＆Ａや社内新規事業にも取り組む必要があります。特に「お金で時間を買う」Ｍ＆Ａは、経営者の価値観の変化とも合致することにより、ますます選ばれることになるでしょう。

しかしＭ＆Ａで他の企業を買収した場合でも企業に蓄えられた人材の多様性や組織の柔軟性がなければ、思いどおりに融和が進まず従業員間に摩擦が起きたり、権力争いなどにより想定したシナジー効果が見込めなくなります。

逆に言うと、Ｍ＆Ａを考える中小企業は、平素から人材の多様性や組織の活性化といった見えない資産形成への取組みが欠かせません。私が見てきた例では、人材の多様化や組織の活性化が実現されていない企業が強引にＭ＆Ａを行ったことで、人材全体の士気が低下し、組織資産が傷ついて本業まで悪化していくことがありました。

Ｍ＆Ａの世界にＰＭＩという考え方があります。ＰＭＩは、Post Merger Integration の略称でＭ＆Ａ成立後の経営の統合プロセスを指します。これは、Ｍ＆Ａで想定したシナジー効果を実現し、その効果を最も発揮させようというものです。このような考え方が必要とされるように、Ｍ＆Ａにおいては異なる企業文化同士が融和するということが、それほど簡単ではありません。

もともと人材の多様化が図れている企業では、Ｍ＆Ａを社員が自らのスキルアップやキャリアの多様化のチャンスとポジティブに捉えられる土壌があるので、Ｍ＆Ａの本来の目的である他社の事業を買収することによりお金で時間を買うことが叶うのです。

Ｍ＆Ａは、「お金で時間を買うこと」と言いました。実際、Ｍ＆Ａは金融資産の蓄積が必要最低条件です。ただ、それだけでなく、平素からの人的資産や組織資産の形成が、取組みを左右することになります。経営者はこれからの時代の経営課題の解決でＭ＆Ａを行う場合にも、見える資産だけでなく見えない資産も正しく整えておく必要があります。

経営者がリスクを取ってチャレンジしないと経済は活性化しない。「太陽光発電事業」にチャレンジした企業の例

リスクを取らない経営者しかいない国では、課題解決に資する新しい企業や新しい事業が生まれてきませんので、経済成長も見込めません。リスクを取るべき経営者が投資やそれにともなう借金を避けはじめると、良い世の中にはならない、私はそう考えています。

逆に経済が成長している国では、世の中の不便なこと（課題）に対してより良い世界になるように課題解決に挑戦する企業やビジネスを立ち上げようという経営者がリスクを取って日々切磋琢磨しています。

資産形成ができている経営者は例外なくチャレンジする意欲があります。このとき、経営者は大きなチャレンジばかりしないといけないわけではありません。これも資産形成ができている経営者の共通点の一つですが、資産形成に成功している経営者は無謀なチャレンジにならないために「小さく始めて大きく育てる」ことをしています。

日本ではこうしたリスクを取っている経営者がいないわけではありませんが、非常に少ないと感じます。ある私のクライアントの経営者が、５年以上前に再生可能エネルギーの普及に資するための太陽光発電ビジネスを始めると言い出したことがありました。

そのころは周りでこのビジネスを始めた企業も見当たらず、太陽光発電は日本では完全に新しいビジネスだったので、私もリスクが高いように感じましたし、周りからも大反対されたそうです。そして銀行からは「前例や実績のないビジネスなので貸せません」と融資を断られたそうです。しかしその経営者は将来性のある事業と感じていたため、そんなことでもくじけることなく着実に歩みを進め、金融資産を取り崩し全額自己資金で太陽光発電の事業化にこぎつけたのです。

結果はどうだったか――。その事業は今となっては、その社会的な意義から企業イメージの向上に貢献していますし、しかも当初見込んでいた以上の想定外に高い収益リターンもあったことから主要な収益源となりました。本当にチャレンジしておいてよかった結果となりました。アフターコロナの現在（２０２０年末）は、太陽光発電は中古市場が活性化しているほど人気のあるビジネスとなっています。

面白いことに、その企業はその後、いくつも太陽光発電事業を展開したのですが、当初は貸せないといっていた銀行が2件目以降は「逆に借りてください」と頭を下げてきたとのことでした。銀行は「困ったときに傘を貸さない」と揶揄されますが、このようなリスクを取ったチャレンジを後押ししないスタンスこそ、変わらないといけない悪しき慣習の一つでしょう。

ところで、太陽光発電事業は、２０１２年に再生可能エネルギーの普及を目的として制定された「電気事業者による再生可能エネルギー電気の調達に関する特別措置法」（通称ＦＩＴ法）に基づき、太陽光発電などの再生可能エネルギーで発電した電気を、電力会社が「一定価格」で「一定期間」買い取ることを、国が約束する制度を利用した発電事業で、太陽光などの再生可能エネルギーから発電した電力を、電力会社に対して決められた単価で売電するという、極めてシンプルな事業です。事業開始の年度や事業の規模によって売電単価が異なるのが特徴で、２０１９年度でKW当たり14円となっていますが、私のクライアントの大半が始めた5年前は36円／kwhという、とても高い単価で買い取ってもらえるという条件でした。

それでも、当初は本当に事前シミュレーションどおりの発電をするのか、手続きに瑕疵があって電力会社が買い取ってくれないことはないのか、といったリスクを抱えながらの事業開始になりました。

クライアントが行った実際の事例をさらに詳しくご紹介します。太陽光発電は、日照条件の良い郊外の土地が適地ですが、これらは山間部の僻地などが多く土地代が非常に低いため、投資金額はほとんどが発電設備及びその設置工事になります。

発電設備とその設置工事はシンプルなシステムで構成されるため、相場が形成されているうえ、売電単価が全国一律で固定買取の為投資シミュレーションが立てやすく、日照条件についても気象庁から全国の詳細地点ごとのデータが発表されていたため、専門家でなくても発電シミュレーションを容易に立てることができました。これらを踏まえると太陽光発電の投資のポイントは、

- 太陽光パネルをゆったり敷設できる平らな立地
- 広い土地が必要なので坪単価が安い土地
- 日照条件が良いエリア

に尽きます。したがって、土地が安い割に日射条件の良い立地を探せるかどうかが投資判断のポイントとなりました。

関東の千葉や群馬、栃木、茨城や関西であれば兵庫県、和歌山など、あらゆる土地を物色しました（もちろん土地の単価が安い北海道や四国、九州なども開発ラッシュとなりましたが、電力需要の乏しい地域であったため買い取ってもらえず抑制される例が多発して候補からは外れました）。

なお、売電のための必要な手続要件は経済産業省の認定と電力会社への系統連系承諾を取得することと所定の管理業務を行うことが義務化されていることくらいでした。東日本大震災がきっかけの国

策に則った事業だったため長らく減価償却を一括即時償却できる税制優遇があったことも、太陽光発電事業を始める決め手となりました（**図49**）。

収入の特徴として、天候次第の事業ではあるものの、経済動向や景気の影響を受けない点は事業としての強みです。また、**図50**のように発電実績が事業計画シミュレーションより上振れすることが多いことも魅力的です。

再生可能エネルギーは現在日本の電源の20％弱を占めるようになっています。原発が再稼働や新設が難しい今となっては、国の太陽光発電事業の支援は無くなると思えません。現在の制度の買取期間は20年ではあるものの、現在の太陽光発電の適地は、20年後以降も太陽光発電に必要とされる可能性が高いこと、太陽光発電設備自体の進化も日進月歩なので売電単価が下がったとしてもリターンを得ることは十分可能でしょう。環境に貢献していることは企業イメージアップにもつながりました。

「貸別荘事業」にチャレンジした企業の例

別のクライアントのお話です。２０１７年頃にAirbnb（民泊を紹介するアプリ）が流行りだした時期に、シェアビジネスに取り組みたいということで、ユニークな新しいビジネスの「貸別荘」にチャレンジした企業の例をご紹介します。こちらの企業も住宅民泊事業法ができるずいぶん前で、同じように銀行の融資は断られました。しかし、自己資金で新しい事業にチャレンジしたのです。

「貸別荘」は、海外でいうホテルコンドのようなもので、本来は自用の別荘ですが使わない時はホ

図49　太陽光発電事業の収支計画

太陽光発電事業収支計画（D　PROJECT）

初期投資

＜前提条件＞		＜運用計画＞		＜メンテナンス関係　概要費用＞	
発電容量	808.8 kw	初年度発電量	725,566 Kwh/年	メンテナンス費用	2,301千円/年（期間平均）
設備費用　新設価格（税抜き）	210,000 千円	売電単価　全量買取	40 円/kw	遠隔管理サービス費用	1,071千円/年
土地代金・造成費用	40,000 千円	初年度売電収入	29,023 千円/年		119 円/kw・月
設備効率低下率	0.5%	全量買取期間	20 年	※損害保険に関しては含まれておりません	

＜その他＞		＜資金計画＞	
固定資産税率	1.4 %	自己資金	0 千円
減価残存率	93.6 %	銀行借入（15年返済）	298,000 千円　金利 1.25%
	87.3	資金合計	298,000 千円

法人税　40 %

※税額控除額については、当期の法人税額の20%が限度。
　但し控除限度超過額については1年間の繰り越し可能。

法人事業税	1.265 %
パネル出力　トリナソーラー	260 w/枚
パネル面積	1,638 ㎡/枚
パネル枚数	3,049 枚
パネル設置総面積	4,990 ㎡

ランニング　（単位：千円、税抜）

	イニシャル	1年目	2年目	3年目	4年目	5年目	17年目	18年目	19年目	20年目	投資期間合計
設備費用	△210,000										△210,000
土地取得費・造成費	△40,000										△40,000
発電量　(kwh)		725,566	721,938	718,328	714,737	711,163	669,647	666,299	662,968	659,653	
全量買取による売電収入		29,023	28,878	28,733	28,589	28,447	26,786	26,652	26,519	26,386	553,691
メンテナンス費用		△555	△1,433	△555	△1,433	△2,195	△555	△1,433	△555	△2,776	△46,021
遠隔監視サービス費用		△1,071	△1,071	△1,071	△1,071	△1,071	△1,071	△1,071	△1,071	△1,071	△21,420
固定資産税概算（法定耐用年数17年）		△1,904	△1,662	△1,451	△1,901	△1,659	△325	△284	△248	△216	△18,494
土地固定資産税		△800	△800	△800	△800	△800	△800	△800	△800	△800	△16,000
借入金金利（1.25%）		△3,601	△3,353	△3,104	△2,856	△2,608					
みなし利益　即時償却法人税繰延額	84,000										84,000
単年度収支	△166,000	21,092	20,559	21,752	20,529	20,114	24,035	23,064	23,845	21,523	257,819
累計収支	△166,000	△144,908	△124,349	△102,597	△82,069	△61,955	189,387	212,451	236,296	257,819	

税制優遇のインパクト「大」

表面利回り	11.61%
NET利回り	8.44%
NET利回り（税効果）	12.71%

図50　太陽光発電の発電実績推移

徐々に逓減していくが、大きな上下動は少なく底堅い発電が見込める

D太陽光発電所（パネル出力：808kw）

発電量kWh	１年目	２年目	３年目	４年目	５年目
計画	725,566	721,938	718,328	714,737	711,163
実績	877,935	874,446	881,024	869,198	863,982
計画比	121.0%	121.1%	122.6%	121.6%	121.5%
前年比	-	99.6%	100.8%	98.7%	99.4%

計画が保守的なため計画を上回ることが多い　天候の良い年は前年を上回ることもある

テルとして宿泊施設として貸し出すものです。クライアントは、この事業を淡路島で行いました。その狙いとしては、都市部ではないため土地代が非常に低いため投資金額は低く抑えられ、大きめのリターンが見込めることにありました。

図51　貸別荘事業の収支イメージ

（収支）

一泊につき50,000円×180日（稼働率50%）＝900万円
管理費・受付対応・予約対応×40%＝360万円
差引収益540万円

投資金額土地　1000万円
建物　3000万円
合計　4000万円

NET利回り 13.5 %
（＝540÷4,000）

投資ポイントは、立地条件が非常に限られているが、土地が安い割に宿泊施設としてのニーズが多い立地を探せるかどうかでした。具体的には、関東では軽井沢、葉山、湘南、伊豆など、関西では和歌山や淡路島、琵琶湖といった辺りだと考えました。

必要な要件は旅館業（簡易宿所）を取得することと管理業務が嵩《かさ》むことくらいです。なお、木造／旅館用の建物は17年で減価償却ができます。

貸別荘事業は、別荘として使いながら使わない時間を他人にシェアして収益を得るという、①趣味と実益を兼ねるという点、②シェアビジネスの側面を持つという点で新しいタイプの投資といえます。まだまだ新しい発想で競合が少ないため新築でこの利回りは都市部の収益不動産よりもはるかに高いうえに、宿泊者が

いないときは自身で別荘として使うことができます。

コロナ禍では密を避けたいという家族連れに大人気の宿泊施設ともなっており、新しい形態の別荘ということで、日本人の新しいバケーションの価値を生み出すポテンシャルを秘めていると思います。

資産形成の総仕上げ――経営目的にチャレンジできる健全な財務づくりを行う

ここまで述べたように日本の中小企業には高い経営目的に沿って様々なチャレンジをすべきですが、経営者が経営上のチャレンジをするに際して行きすぎた「無謀」なチャレンジだったとならないためにリスクをコントロールしたチャレンジとなる方法を採る必要があります。そこで、具体的にはチャレンジできるための健全な財務基盤をつくることになります。

そのために資産形成の成功企業が実践しているのは、自社の固定費の一定割合を本業以外の売上高や収入で賄う目標を設定することです。ここでいうチャレンジできる企業の財務とは、

① ストック収入（ストック収入については、59ページ参照）が固定費をカバーする。

② 本業以外の売上（M＆Aや新規事業）が本業の売上をカバーする。

ことです。これら二つのカバーする割合を大きくし、リスクを取ったチャレンジしてもすぐに足元が

図52　コロナショックで起こったこと

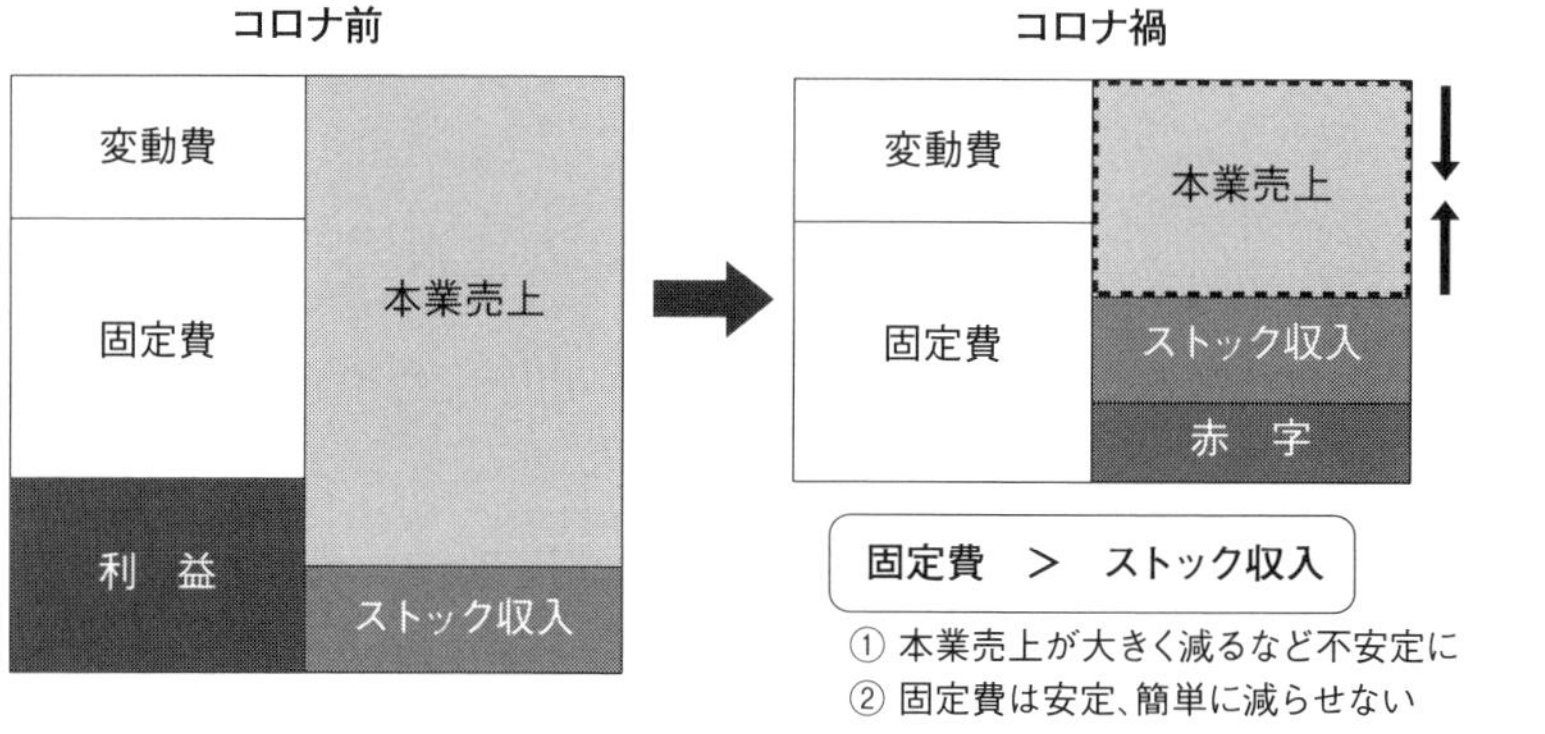

ぐらつくようなことのない健全な財務を目指すのです（**図52**）。

コロナショックで本業の売上が不安定になってしまったのにもかかわらず、固定費が変わらなかったことで赤字に転落する企業が続出したことからも、リスクマネジメントとしての前記①②による財務基盤づくりの重要性は想像できるかと思います。

なお、事業のリスクマネジメントの発想で、固定費の何割かをストック収入でカバーすることにし、ストック収入の必要金額から資産形成の目標設定をするというのは、固定費を削るという発想ではありません。それをしてしまうと第3章で述べた人を付加価値でなく経費とみてしまう、これまでの日本の誤った経営手法に戻ってしまうことになります。そうではなくてたとえば「固定費の5割をストック収入でカバーするためにはどうすればよいのか」を考えるのです。

実際、金融資産や物的資産の形成により固定費の大半をストック収入で賄うことを実現している成功企業もクライアントから出始めています。

図53　チャレンジできる企業の財務（固定費を減らさず損益分岐点を下げる方法）

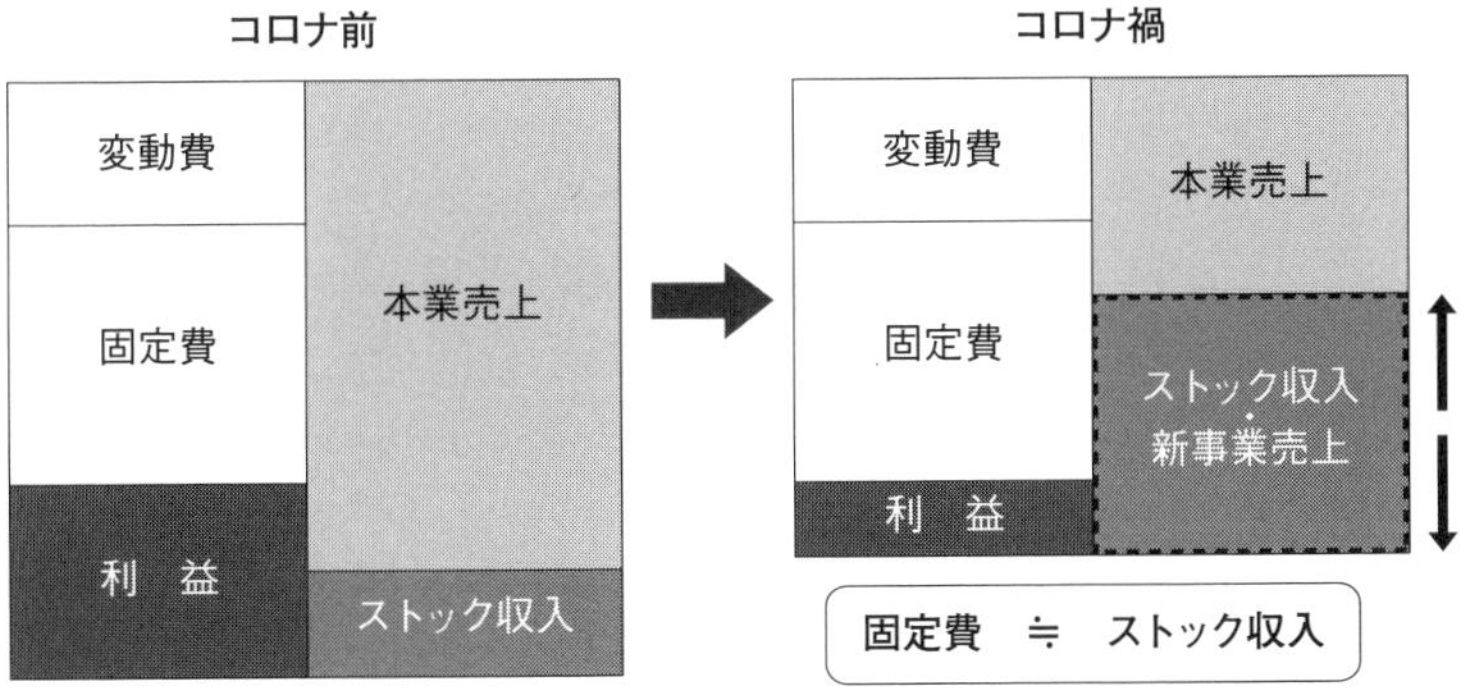

① 本業売上を補うストック収入や新規事業収入がある
② 固定費を減らさなくても損益分岐点が高まっている

私が経営する企業でも10年以上前からより高い経営目的にチャレンジするために資産形成の目標を「固定費の全額をカバーすること」と設定して資産形成を実践しました。昨年にようやくストック収入が固定費をカバーすることができ、２０２０年から新たなステージにチャレンジし始めています。

そこで私が「固定費の逆転の発想」と呼んでいる、**固定費自体を減らさずに損益分岐点を下げる**方法についてご説明します。

人件費削減による固定費の圧縮で利益を捻出するこれまでの姿とは全く逆の発想ですから、実現した企業の人的資産や組織資産に与える影響の差も計り知れないものがあり、当然将来の事業永続性にとってのポジティブな効果は推して知るべしです。

まず、固定費をある程度ストック収入でカバーすることを実現した経営者が共通して感じられることがあります。それは自社の経常利益の増加幅です。当たり前なのですが、ストック収入には基本的に変動費も固定費もかからないため、ストック収入が増えれば損益分岐点が大きく下がることになります。ですから結果として、本業の売上が変わらなければとても大きな利益を残すことができるようになります（**図53**）。

さらに、固定費をストック収入でカバーできれば、財務面での競争力が向上することから、周りの企業が財務面の理由で断念せざるを得ないようなチャレンジもできるようになるのです。

これこそがチャレンジできる健全な財務基盤といえるものなのです。

目指すは銀行を振り向かせるキャッシュフロー経営

第2章でストック収入を生む金融資産は、個別銘柄の一括投資より銘柄に左右されない投資信託での積立投資を活用して増やしたほうが長期的にリスクがコントロールできることを説明しました。

しかし積立投資は、時間を味方につける方法をとるため、ポートフォリオのうち金融資産のシェアを増やすのに時間がかかります。これは積立投資の唯一の弱点でもあります。

不動産融資のレバレッジを活用したキャッシュフローづくり

そこでまずは、①銀行融資を受けて不動産投資を行います。その際に極力自己資金は手元に残すようにし、レバレッジで元本の規模拡大を図ります。そして次に②不動産投資から得られるキャッシュフローをドルコスト平均法による長期積立て投資に充てます。

この方法により多大な手間をかけることなく、着実に資産全体と先々の金融資産のシェアを増やすことが叶います。

図54　不動産融資のレバレッジを活用したキャッシュフロー

物件価格１億円、年収1,000万円（表面利回り10%）の物件を自己資金1,000万円、銀行融資9,000万円（30年、金利１%）を受けて投資するケース

【資金計画】

自己資金	1,000万円
銀行融資	9,000万円
物件価格	10,000万円

【収支計画】

家賃収入	1,000万円
諸経費	110万円
借入利息	90万円
元金返済	300万円
差引手残り	500万円

第2章で用いた不動産投資の事例（148ページ）に重ねて具体的に考えてみます（**図54**）。このケースでは年間500万円のキャッシュフローがあります。ここでは法人税負担等を考慮せず、全額投資信託の積立投資に振り向け、それを10年間行うことにします（**図55**）。このように不動産融資の「レバレッジ」を活用することにより、当初元本1000万円から、元々ゼロだったストック収入を得られる金融資産や物的資産の規模を一気に拡大することができるのです（不動産投資から生まれるキャッシュフローを再投資することにより預金以外の金融資産も併せて増やすことも可能となります）。

そのためにも、目指すは銀行を振り向かせ

るキャッシュフローを生み出すことです。不動産での投資規模拡大を実現するには、銀行から不動産融資を受けることができる財務内容にすること、つまり本業のキャッシュフローを銀行の求める財務規律に見合うものにしなければならないからです。

図55　キャッシュフローを積立て投資した10年後の資産形成の成果

☆ベストシナリオ

不動産価格下落0、運用リターン年利５％（複利）

貸借対照表

（資産の部）

建物土地	10,000万円	
投資信託	5,000万円	（元本）
	1,470万円	（リターン）
ストック資産計	16,470万円	

☆リーズナブルシナリオ

不動産価格下落20%、運用リターン年利３％（複利）

貸借対照表

（資産の部）

建物土地	8,000万円	
投資信託	5,000万円	（元本）
	822万円	（リターン）
ストック資産計	13,822万円	

もちろん、前記の例のように金融資産や物的資産からのストック収入というキャッシュフローが加われば、銀行の企業に対する評価である格付けも格段に上がります。また、格付けが上がると以降の借入期間や金利といった融資条件もさらに有利になりますので、「次の融資に活用して」というようにキャッシュフローをさらに大きくすることができるようになります。

銀行の評価を上げる付き合い方

本業での運転資金などの融資や、物的資産である収益不動産を購入するための設備資金を借りようとするときに、よりよい融資条件を引き出すことができれば、資産形成がさらに有利になります。ではよりよい融資条件を引き出すにはどうすればよいのでしょうか？

それには、銀行の評価アプローチを上げることができればよいのです。評価アプローチは大きく分けて二つあります。一つ目は定量的な企業としての実力評価です。つまり成長性、安全性、収益性といった同業他社のベンチマークと比較した定量的な企業分析を行います。

もう一つが定性的な企業としての能力を見るものです。つまり、財務の透明性や企業のコンプライアンス意識などです。

〈定量的評価〉

- 経営者の能力が高い企業（成長性）
- 主に安全性（純資産）、収益性（キャッシュフロー・利益率）面からの同業他社比較
- 資金需要が多い企業（成長性）
- 法人や経営者個人の資産形成が上手くできている企業（安全性）

どれだけ安全性や収益性が高くても、そもそも資金需要のない企業や無借金経営を志向している企

業には銀行はあまり興味をもちません。銀行からみると企業は借りてもらってナンボの世界なのです。

同業者比較は銀行が一方的に行うため、分析結果をみることは難しいですが、担当者と親しくなれば開示してもらえることもあります。同業者比較の分析結果を開示してもらえれば銀行評価を上げるための財務改善の方向性が見えやすくなります。できれば開示してもらえる関係性になりたいところです。

(定性的評価)

- 財務や取引形態の透明性がある企業
- コンプライアンス意識
- 適度な銀行付き合いマナーを備えている企業

「適度な銀行付き合いマナー」とは、決して何でも銀行のお願い営業にお付き合いするということではありません。

四半期ごとの銀行のお願い営業のうち、その銀行の取引先協力会への入会など、デメリットの少ないものは対応したり、逆に銀行が嫌がる資金使途違反や、予告なしの借換えは、些細なことに思えますが、意外と銀行が定性的な企業の評価として重視するポイントです。

役員報酬は目一杯とればいいというものではない

銀行の評価では、役員報酬の設定についても知っておくべきでしょう。以前と比べて、役員報酬の設定の仕方があいまいになっている経営者が多くなっています。役員報酬の設定の仕方は主に以下の方法があります。

- 事業計画と関係なく自身の生活費をベースに設定する。
- 事業計画上の利益を赤字にならない程度になるよう役員報酬をとれるだけとる。
- 事業計画上の利益を一定割合確実に残るように役員報酬を設定する。

一番目は現実的な方法です。しかし、経営者たるものサラリーマンではありませんので、会社が赤字になれば役員報酬がゼロになるくらいの覚悟でやらないといけませんし、一番目の方法では生活レベルの高い経営者の役員報酬は不相当に高額になってしまいますので、お勧めできません。

二番目は、この考え方を採る経営者が一番多い方法です。これは、法人の利益がほとんどなくなるので法人税が節税できたように見えます。しかし、現在は法人税より所得税のほうが税率が高いことと、役員報酬には社会保険料がかかってくることから、この方法は手取りが減ってしまいます。

また、そのように説明しても、「個人の手元にキャッシュを残しておきたい」という理由でこの方法にこだわる経営者の方もいらっしゃいます。ただ、この方法は企業の資産形成の観点からは逆行しますし、銀行の評価も良くないので止められることをお勧めします。

役員報酬の設定は、３番目の方法で考えるべきです。残った利益やキャッシュフローから未来のために資産形成をする財源が残せますし、銀行の評価も良くなります。

経営者の方々には、企業の資産形成の観点を持ちながら自身の役員報酬を大きくしたいのであれば、利益に対しての比率で調整するのではなく、利益自体が大きくなるようにすることを心掛けて頂きたいです。

無借金経営が絶対に良いとはいえない理由

日本の経営者には無借金経営が良いと信じている経営者が多いです。しかし第3章でレバレッジの威力について説明したように、事業規模を拡大するには借入を活用しない手はありません。

無借金経営を目指す時点でレバレッジを放棄することになります。しかし、**特に昨今の目まぐるしく経営環境が変わる時代の経営にはスピードを求められるので、レバレッジを活用しないデメリットはかつてより大きくなっている**のです。

ここで、借入をするリスクとリターンを整理します。

借入をするリスク……返せるかどうかの確率で表され、返せないと事業継続に支障をきたす。

借入をするリターン……銀行の資金を活用することで資産規模や事業規模拡大のスピードを上げることができる。

このことから言えるのは事業規模を拡大しながらも返済原資は確保できている状態、つまりコントロールできる借金は問題はないということです。

- 返済原資がゆとりをもって確保できている。
- 金融資産や収益不動産の場合は時価＞残債を維持できている。

右の状態で、経営目的や経営戦略によって借金をしたほうがよい、あるいは無借金経営がよいかは判断されるべきものです。なお、経営目的や経営戦略も見直されることがあり得るわけで、何が何でも無借金経営を経営の絶対条件としてしまうと、競合にくらべて成長のスピードが劣ってしまうことがあることは理解する必要があります。大事なことは借入の目的や借入を予定どおり返済していくための返済計画を経営者が理解することです。

借金をなくすよりも前に即刻なくすべきは支払手形

ところで、借金よりも先になくすべきものがあります。

それは支払手形です。支払手形はご存知のように仕入代金を支払うために振り出した手形債務のことです。支払手形の最大の特徴は、簡単に振り出すことができる反面、支払いをできなかった場合のペナルティが大きくなることです。支払手形は支払期日までに全額支払いをしなければ不渡りとなります。6か月以内に2回不渡りを出すと銀行取引停止となるので倒産するしかありません。支払手形は本当に怖いものなのです。

倒産する会社はたいてい支払手形を発行していることによって倒産しているのです。支払手形を発行していなければ、キャッシュが用意できなくても買掛金や未払金は最悪「待った」が効きます。借入返済の「待った」もリスケ扱いにはなりますが、即倒産とはなりません。

ところが支払手形はそれが全く効かない最も危険な債務なのです。金融円滑化法の施行以来、リスケの抵抗感が無くなった近年においては、極端に言うと支払手形さえ発行していなければ、即倒産せずに済むのです。支払手形にはそれ以外にもデメリットがあります。

- ペーパーレスの時代に逆行する手形の管理手間
- 経理人材で手形を扱える人がほとんどいなくなった。
- 紛失などの事故が多く事後処理が大変

こんなに怖くてデメリットばかりなのになぜ支払手形が減らないのでしょうか？　その理由には次のことがあります。

- 支払手形の怖さがわかっていない。
- 銀行の了解がなくても簡単に資金調達ができるので楽だから。
- 支払手形を減らす方法がわからない（2代目の経営者に多い）。

もはや支払手形はメリットを見出すことが難しい過去の商慣習です。何度も言いますが支払手形にはたった数か月の支払いを繰り延べる効果しかないのに、ペナルティが大きすぎるので今すぐやめるべきです。私も支払手形を発行している経営者にはその怖さと減らす方法をお伝えしながら、やめることをアドバイスし続けています。

同じ資金調達でも借金はレバレッジ効果がありますし、返済不能が即倒産とはなりません。経営者には無借金経営を志向するよりも前にやることがあることをご理解いただきたいと思います。

借金の怖さと経営者保証の怖さを混同してはいけない

銀行からの借入は返せなくなると企業の事業継続に支障をきたすことは事実です。だから経営者は返せなくなることを恐れて借入をすることをためらいます。

しかし、これは怖さのほうが優先して借入をすることによる事業規模拡大のスピードアップというリターンを考えることを放棄しているようにしか私には見えません。「ゼロイチ」の起業をして大きなリスクをとっているのに、借入に対してどうしてそこまで怖がるのでしょうか?

多くの経営者のお話を聞く中でその理由がわかりました。借入には返済できないと自宅が差し押さえられるなど身ぐるみはがされて家族が離散してしまうような、落ちぶれた経営者のイメージがとても強いのです。

図56　融資の９割は経営者保証あり

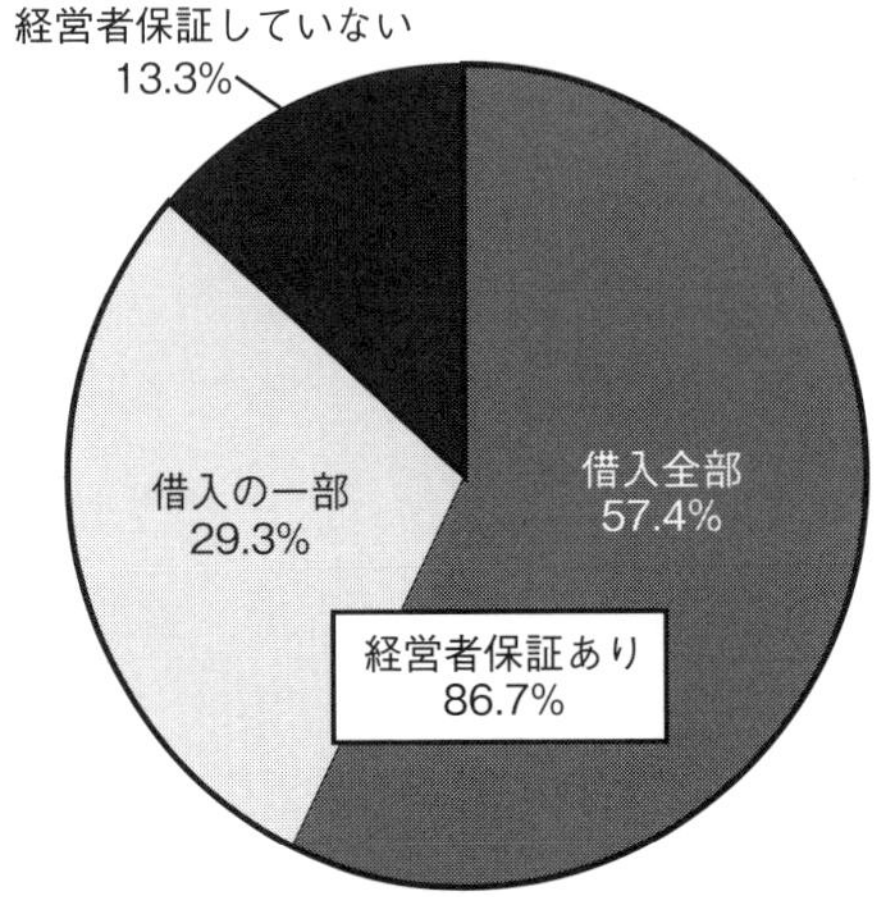

（出所）「事業承継時の経営者保証解除に向けた総合的な対策について」中小企業庁

ここで借入について、たいていの中小企業の経営者に抜け落ちている観点があります。「借金の怖さと経営者保証の怖さを混同してはいけない」ということです。経営者保証は経営者の個人保証のことです。借金を恐れる経営者の方に、私はいつもそう言っています。

自宅が差し押さえられるなど身ぐるみはがされて家族が離散してしまうようなことになるのは経営者が企業の債務に経営者保証をしていた場合に限ります。経営者保証をしていなければ、万が一返済原資が無くなって、借入が返せなくなったとしても、会社の株主としての財産価値は失いますが、自動的に経営者個人にまで訴求されて身ぐるみはがされるわけではありません。つまり経営者保証をしなければ会社をいったん清算すれば再起は可能です。この違いは誰もが大きいと感じることと思います。

中小企業庁の平成29年度の調査では企業の借入の約9割に経営者保証がなされています（図56）。経営者保証をするということは企業単体の信用力では借入ができないため、経営者個人が信用力補完するために自らが連帯保証人となる人的担保で差し出しているという意味です。しかし、本当にほとんどすべての企業に信用力が不足しているのでしょうか？　ここまで経営者が怖がる経営者保証を銀行が差し入れさせる必要は本当にあるのでしょうか？　そろそろ、どうすれば怖い経営者保証をやめて借入することができるかを考えてみませんか？

「ヒト」に貸す日本の銀行

従来の中小企業の融資に対する日本の銀行の姿勢からわかるように、日本の銀行は「ヒト」に貸すといわれています。企業の返済能力や担保価値に関係なく経営者保証を取る姿からは企業への融資であるにもかかわらず、経営者という「ヒト」に対する融資になっていることはおわかり頂けると思います。

一方、海外の場合は経営者個人の返済能力や担保価値ではなく、「モノ」といった事業や不動産の収益性や価値に着目したノンリコースローン（リコース＝訴求、ノン＝しない）、という貸し方が一般的です。

この二つに返済できている場合の違いはありませんが、日本の銀行と海外の銀行で一番異なる点は、返済できなくなったときに現れます。日本の銀行は経営者の個人保証をとっているので、企業が事業継続できないだけではなく、経営者の個人資産まで取り上げてしまいます。このとき、企業の債務は個人で負担しきれない額であることが多いため個人も破産することになります。これが一度失敗すると再起不能と言われるゆえんです。

一方、海外の銀行の場合、企業は事業継続ができなくなっても、企業の所有権を手放せば、個人資産にまでは訴求してきませんので、経営者個人としては次の企業を立ち上げてすぐに再起を目指すことができます。この大きな慣習の違いが、社会経済におけるチャレンジする意欲にとって与える影響にどれほど違いがあるかは経営者であればおわかりいただけるかと思います。

資産形成ができていれば経営者保証は絶対に外せる

いまだに経営者保証の意味や必要性について理解されていない経営者がそれなりの割合でいらっしゃいます。

経営者保証とは先述のとおり、主たる債務者である企業に与信力を補完するために経営者個人が連帯保証する融資上の商慣習です。融資実行時に署名押印するだけなので、返済できているうちはその存在すら忘れてしまいそうなものですが、いったん企業が約定弁済をできないなどの期限の利益を失う事態となったときに金融機関の態度は一変します。

そのときになってはじめて経営者は経営者保証の怖さと同時に金融機関の怖さに気づくのですが、時すでに遅しです。期限の利益が失われ、金融機関から連帯保証人に対して返済を督促するときの金融機関は本当に怖いと感じます。何度もクライアントが債権回収を受ける場面に立ち会いましたが、つくづく銀行は金融業のＤＮＡが強いと思います。金融機関と向き合うのであればやはりすべての経営者は経営者保証を取っておかないといけないのです。

また事業承継の場面でも経営者の個人保証が後継者から見た経済的な面の豊かさの魅力を減少させる一例となっているようです。現に事業承継における後継者候補が事業承継を拒否する理由を調査したところ、６割もの後継者候補が経営者の個人保証を理由に承継を拒否しているという結果が出ています（**図57**）。

ここまで後継者が嫌がることがはっきりしているのなら、銀行に対してもっと経営者保証は「嫌だ」と言えばよいのにと毎回思います。

疑問を抱くことなく経営者保証を差し出してしまう経営者には本当にがっかりします。銀行は様々な理由を言って経営者保証を求めてきますが、その建前とは別につまるところその本質は経営者が借入に対して逃げることのないようにする一種人質のような誓約の意味しかありません。その証拠に銀

図57　事業承継を拒否する理由

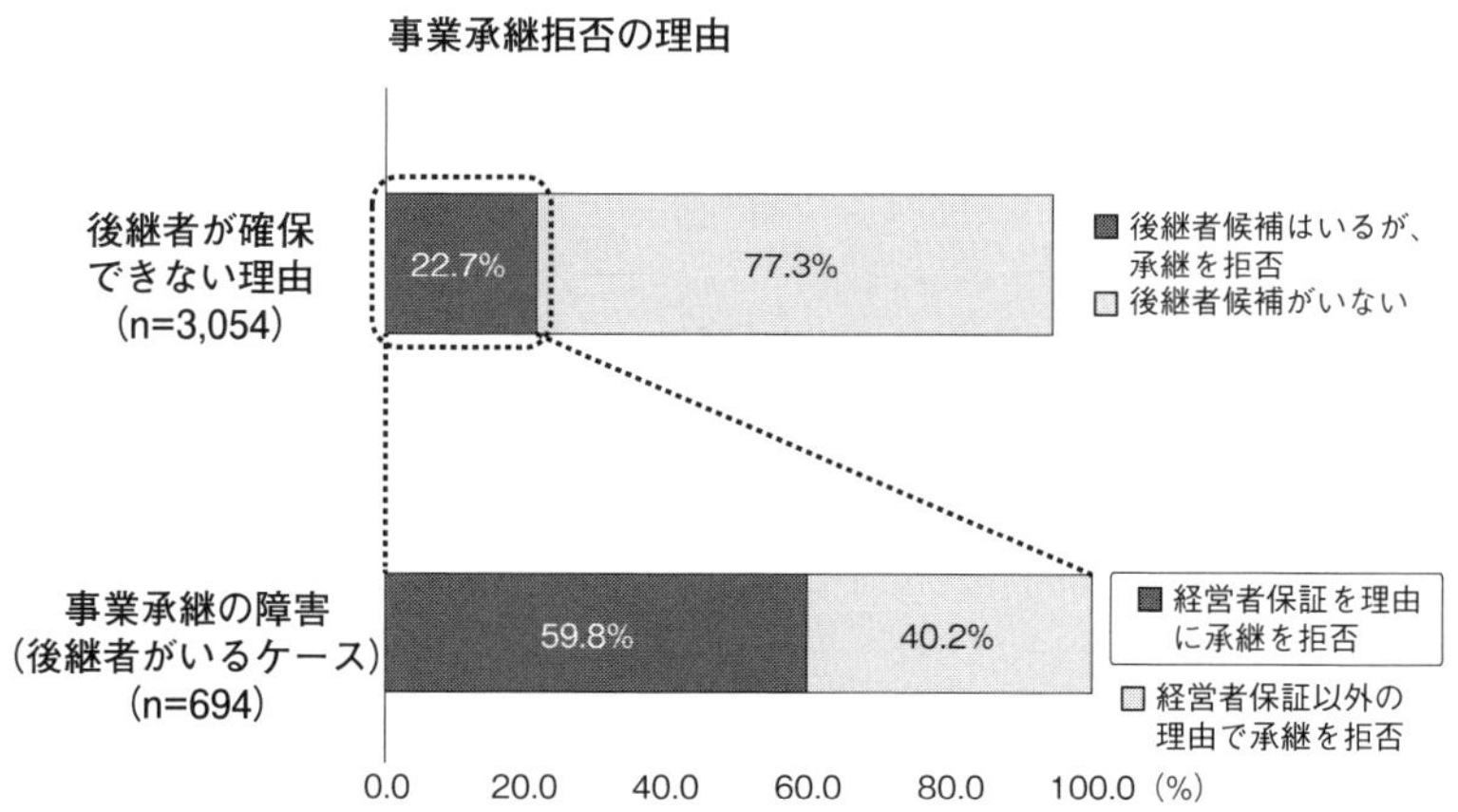

(出所)「中小企業白書2019」中小企業庁

行員に経営者保証を取る理由を聞いてみてください。ほとんどが「経営者個人に借入の返済に対して責任を感じていただくため」と答えるでしょう。

たった一度の失敗によって再起を許さない経営者保証の役割によって経営者が中小企業経営においてチャレンジできない負の側面は間違いなくあります。経営者がチャレンジしないことは日本経済にとっても、地域社会にとっても、働く従業員にとっても悪影響を及ぼします。

経営者保証がないと借入ができないような企業があることも確かですが、経営者保証を差し入れる必要がない企業でも当然のように経営者保証を差し出す経営者、それに差し出すことを要求する金融機関に対しては私は必ず異議を唱えるようにしています。実際のところ私自身も自社の借入に一切個人保証はしていませんし、ほとんどのクライアント企業でも経営者保証はせずに融資を受けられるようになっています。

なお、中小企業融資における「経営者保証のあり方」については、金融庁から2014年に出された「経営者保証に関するガイドライン」が公表されたことで大きな転換点を迎えました。これにより経営者保証は本当に外しやすくなりました。

経営者保証に関するガイドラインでは、経営者保証を解除する基準が示されています。

- 法人と経営者との関係の明確な区分・分離
- 財務基盤の強化
- 財務状況の正確な把握、適時適切な情報開示等による経営の透明性確保

これだけです。

このうち、法人と経営者との関係の明確な区分・分離と適時適切な情報開示は定性的な基準です。定量的に重要となる基準は「財務基盤の強化」という点につきます。ここでもやはり企業経営にとって資産形成が重要であることがわかります。しかも、ここでの金融機関の価値観はこれまでの古いままなので、見えない資産などは一切考慮されず、旧来の企業価値である「純資産」と「営業キャッシュフロー」が確保できているかどうかだけがすべてです。

つまり一人でも多くの経営者にわかって頂きたいのは、経営者保証は、ある程度資産形成による財

務基盤ができていれば間違いなく外せるものだということです。

組織資産を蝕む経営者保証を外せばチャレンジできるようになる

海外における企業融資は原則経営者個人にまでは訴求してこないノンリコースローンだと言いました。有名な話としては、かのトランプ米国大統領はこれまで6回も事業を破産させていますが、フォーブス誌によると彼の個人資産は3000億を超えているということです。

事業が破産しても個人資産を取り上げられることもなく、ホテル業界を中心に世界中にトランプブランドが広がっていることでもわかるように、彼はチャレンジを続けることができたのです。

これが世界の常識で、世界の常識からみるとおかしなことなのですが、日本ではこれまで長らく必要のない企業にまで経営者保証が当たり前のようにとられていたのです。

言ってみれば経営者保証の存在はチャレンジする意欲を失わせ、組織資産をも蝕んでいました。

私のクライアントで、経営者保証を外せた経営者は皆、個人資産にまで訴求されることのない身軽さから、リスクをとったチャレンジングな経営をされはじめるようになりました。それをみるにつけ経営者保証の弊害を痛感します。

まずは経営者が、自社が経営者保証を差し出す必要のある会社かどうか、をしっかり認識することから始めてください。そして差し出す必要のない会社はすぐに金融機関に個人保証の解除を求めましょう。

改めて言います。資産形成を実現させたい経営者は無借金経営を目指すのではなく、経営者保証をせずに借入をできる企業を目指すべきです。

経営者が取るべきリスクとは個人資産や家族が離散してしまいかねないような、たった一度の失敗で二度と再起できない人生に転落してしまうようなチャレンジ意欲を削ぐようなリスクではなく、経営によって世の中の課題を解決することを実現するためには、一度や二度失敗しても取りたい高度なリスクであるべきです。

なりたい姿にチャレンジできる健全な社会を

日本の中小企業をとりまくあらゆる環境や考え方が資産形成をさせない遠心力が働いていて、その大きな渦の中で、ほとんどの経営者が本来は取らなくてもよいリスクを取らされていたり、これからの時代が厳しそうだという見通しの悪さから、資産形成を通じた経営活動全般について現状維持することを選択しているということは、日本国内だけで考えると気づくのが難しいのは事実です。我が国の経営者は自信を失ってなりたい姿すらイメージできず思考停止になっているといわれても仕方ありません。そうでもなければ7割もの企業が赤字になることや、生産性が先進国中最低に沈んだままで何十年も変わらないということになるはずがありません。

逆に言うと、経営者自身がそのことに気づき、これまでの資産形成に働いていた遠心力の正体を突き止め、自らの力で逆の方向にまわしていけば少しずつ自社に資産形成の求心力ができていくのではないでしょうか？

何度もいいますが、これからの時代はリスクをとらないことが最大のリスクになるのです。自社の経営目的や経営戦略に資産形成を連携させることの重要性に気づいた経営者はすでに、チャレンジするために変わり始めています。

あらゆる経営者が変われば、日本全体がなりたい姿にチャレンジできる健全な社会へと変革していくはずです。

経営者はLとGの両方の世界で考えよう

投資をしていくにあたっては、グローバル（GLOBAL、以下G）経済とローカル（LOCAL、以下L）経済の両方をみていかないといけない、とよく言います。これから日本に押し寄せるパラダイムシフトをみても経営者においてもグローバル経済（G）とローカル経済（L）の2つが異なる原理で動いていることを知る必要があります。

ヒトやモノだけでなく情報が国境を越えるグローバル時代を生き抜くには、ご自身が向き合っているのが経営であるか投資であるかに限らず、クロスボーダーな視点で世界を見ることです。

LとGのどちらのマーケットが成長していくのか、自社の経営にとってはどちらに事業軸を置くべきなのか、またそれらが決まってくると、ＬとＧにどの資産をどのくらい置いておけばよいかというポートフォリオの発想にもつながります。

マーケットは縮むがライバルも減る世界ではＬでの勝ち組を目指そう！

これからの中小企業の事業継続については、ベンチャー企業のように一気に上場や海外（Ｇ）へと突き進むケースと、ある程度財務内容を強固にしながら着実に事業磨きを進めていくケースのどちらかになると考えられます。

上場や海外進出のハードルの高さを考えると、Ｌの世界にとどまって事業を行うことは至極現実的な選択となるでしょう。なんといってもこの数年以内に中小企業の数が数百万社減少すると国が予測しているわけですから、人口減少時代の到来までも視野に入れると国内の経営環境にしても厳しいと言わざるを得ません。ただ、見方を少し変えるとポジティブにみることもできないでしょうか？

個別の地域のマーケットに焦点をあわせて見ることは悪いことばかりではありません。現在の中小企業数が多すぎる過当競争も、逆に競争相手がいなくなれば「残存者利益」が享受できるというものです。

残存者利益とはすなわち、競争相手である同業者の廃業が相次ぎ、競争が沈静化すると、生き残った企業つまり残存者は知らぬ間に利益を得られて有利になっていくことです。残存者利益は飽和市場や衰退市場で発生しやすいと言われます。日本は、ＧＤＰが何十年後かにたとえある程度減ったとしても、依然経済大国ではあるでしょう。企業数が減るのであれば生き残った企業に大きなビジネスチャンスはあるという考え方ができるはずです。

「残りモノには福がある」という格言自体は非科学的で根拠も定かではありませんが、現にクライアントの卸売業や建設業という廃業が多い業種では、一企業当たりの既存ベースの売上高が増加し始めています。経営者にその理由を尋ねると「周りの競合がつぶれているからね」という意見がほとんどです。残存者利益は実際に起こり始めているのです。

図58のようにこれからの経済を考えると、日本は企業数が多すぎたこともあってGDPの減少スピードと人口減少スピードと比べても、企業数減少スピードのほうが速そうです。「戦略」とまでは言えませんが残存者利益はあてにできるプラスの経営環境と考えられそうです。

マーケットが縮む時こそ「資産のポートフォリオ」で企業を成長させる

239ページで残存者利益の話をしました。残存者は、労せずにその利益を手に入れられるように聞こえたかもしれませんが、そもそもその利益は何の苦労もせず手に入れられるようなものではありません。

マーケットが緩やかに縮む中で競合した結果、負け組企業が淘汰されるわけですから、残った企業は当然、勝ち組企業ばかりです。したがって、残存者利益をめぐる戦いとはいわゆる勝ち組企業同士の戦いになります。勝ち組企業同士の戦いですから、いずれの企業もそれなりの見える資産と見えな

図58 「残存者利益」のイメージ（著者作成）

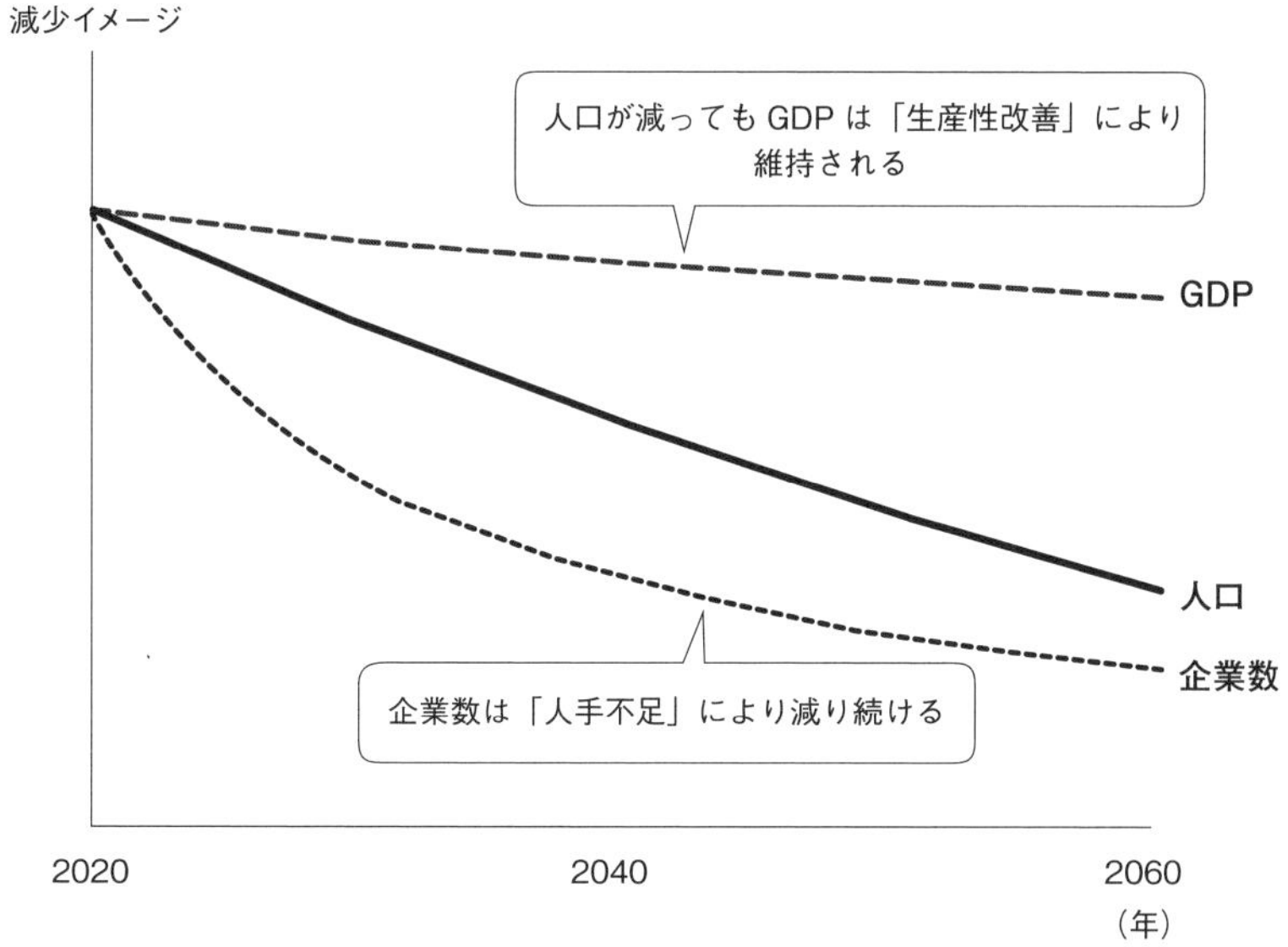

残存者利益を享受 ⇒ １社当たりの従業員数が増える ⇒ 労働生産性アップ

い資産を蓄えています。そうすると、自社と競争相手の企業の資産ポートフォリオの優位性を競い合うことになります。

金融資産も人的資産も潤沢に有して、M&Aやいくつもの新規事業に自己資金で取り組む資金的な余裕があり、また同じく既存事業からM&Aや新規事業に人員を割り当てる人的な余裕があるという、見える資産と見えない資産の両方を平然と当たり前に蓄積している企業こそが縮むマーケットにおいて、残存者利益を享受してますます勝ち組企業化していくでしょう。

マーケットが緩やかに縮みはじめる今こそ、経営者は自社の資産ポートフォリオの優位性を高める取組みを開始しなければならないことがおわかり頂けたかと思います。

経営者は強引にでもよいので後継者を育てて継がせよう

経営者の最後の大仕事といわれるものに後継者育成があります。第2章でも述べたように、事業承継を予定している企業数に比べて後継者候補が圧倒的に少ないので、育成しようにもまずは後継者候補を増やすところからはじめないといけないことも、これからわずか数年で一気に大廃業時代に突入する日本での後継者育成は他のどの国と比べてもとても難しいものにしています。

私が常日頃から経営者にアドバイスしているのは、後継者候補を早めに絞ることをせずにまずはとにかく「誰でもいい」というくらいハードルを下げて、後継者候補を増やしてくださいということです。後継者候補としては以下の3つのケースが考えられます。

- 親族内承継（我が子やその他の親族）
- 親族外承継（役員や従業員など社内からの登用）
- 外部からの登用（M&Aなど）

外部からの登用は資本提携などM&Aのカテゴリーに入ります。実際に後継者を考えるとき、親族か社内の親族以外からの登用を考えることと思います。

企業はどれだけ発展しようが衰退しようが、社長になる人が途絶えた時点でその寿命を迎えてしまいます。「企業を残す」という観点からは、とにかく我が子はもちろん、他人であっても継いでくれる可能性がある候補者をできるだけ多く確保することが重要です。

私のクライアントでも息子一人しか選択肢がない、とか番頭の役員一人しか後継候補者の選択肢がない、というケースが多いですが、この場合はそのたった一人の後継者候補の寿命と能力にその企業と従業員とその家族のすべての命運がかかってしまうのです。

実際、その番頭の方がご自身の家庭の都合で退職してしまい、ほどなくしてその企業は廃業に追い込まれるというケースを見ました。つまり後継候補者が少なければ少ないほど、将来の企業の存続が後継候補者個人に委ねられることになり、経営の選択肢が狭まることになります。現在は生存競争の真っただ中で大変だとしても、残存者利益のことも視野に入れて、とにかく経営者は自身の経営目的を継いでくれる後継者をみつけだしてくる義務があるのです。

経営者の方は経営者候補という目線でハードルを上げて探しすぎます。私から言わせると経営者マインドは後天的に磨かれるものです。したがって、この段階で絞りすぎないほうがよいです。ダイヤの原石は磨けば後から輝くのです。

私は後継者育成に力を入れています。我が子への若いうちからの後継者としての動機付けや、社内の複数の候補者へのマネジメントスキルの教育、それとその一環として体系立てた後継者サポートを行うようにして、その企業の存続にとって成否をわける後継者候補をできるだけ多く確保するためのお手伝いをしています。

せっかく脈々と築き上げた自社の資産ポートフォリオは、取引先や従業員や地域のためにも後継者に継承（バトンタッチ）していってこそ意味があります。後継者育成とは資産ポートフォリオの継承そのものでもあります。

不動産の表面利回り５％は低すぎない、金融資産の表面利回り５％は高すぎない

ところで、経営者の方と資産形成で目標とするリターンについて話すと次の違和感を感じることがあります。

- 金融商品に求めるリターンへの期待が低すぎる。
- 収益不動産に求めるリターンへの期待が高すぎる。

金融商品は定期預金の利息や日本の国債の利息などの0.1％にも届かない金利のイメージが強いからなのでしょうか、２０１８年にソフトバンクがＩＰＯしたときの予定配当利回りが４％と人気が集中したことでもわかるように、我が国では、金融商品に求めるリターンの期待値が総じて低いです。これでは金融商品は増えないものとあきらめてしまうのも無理はありません（もちろん、本当はあきら

図59　不動産投資のイールドギャップ

　　表面利回り８％
　　諸経費　▲２％
NET利回り　６％……①
支払利息　▲１％……②
利払後利回り　５％

①－②＝イールドギャップ

めるべきではありません）。

逆に、収益不動産に対してはリスクがあるから、大きいリターンを期待したいという考えで「よい立地で表面利回りで10%あれば買いたい」、など過度に高いリターンを期待していることが多いです（しかし、そんな収益不動産があれば誰でも買いたいに決まっています）。

いくらなんでも10%は言いすぎです。しかし、少し目線を下げていただいて、**図59**くらいの収支になる物件はいくらでもあるでしょう。

不動産投資に詳しくない方は表面利回りで物件を評価しすぎです。表面利回りだけで不動産を選んでしまうと取り返しのつかないことになります。表面利回りから諸経費を差引いたものを不動産価格で割ったものをＮＥＴ利回り（またはキャップレート）といいます。**図59**の例でみるとＮＥＴ利回りは６％しかありません。これは割高なように見えるでしょうか？

しかし不動産投資は金融機関から資金を調達して行いますので、金利が低ければ低いほど調達コストが低くなり、投資のレバレッジが効くことになります。この判断を行うための考え方としてイールドギャップ（イールドスプレッド）というものがあります。

イールドギャップはＮＥＴ利回りと資金調達する国の金利（一般的には

図60　イールドギャップの国際比較

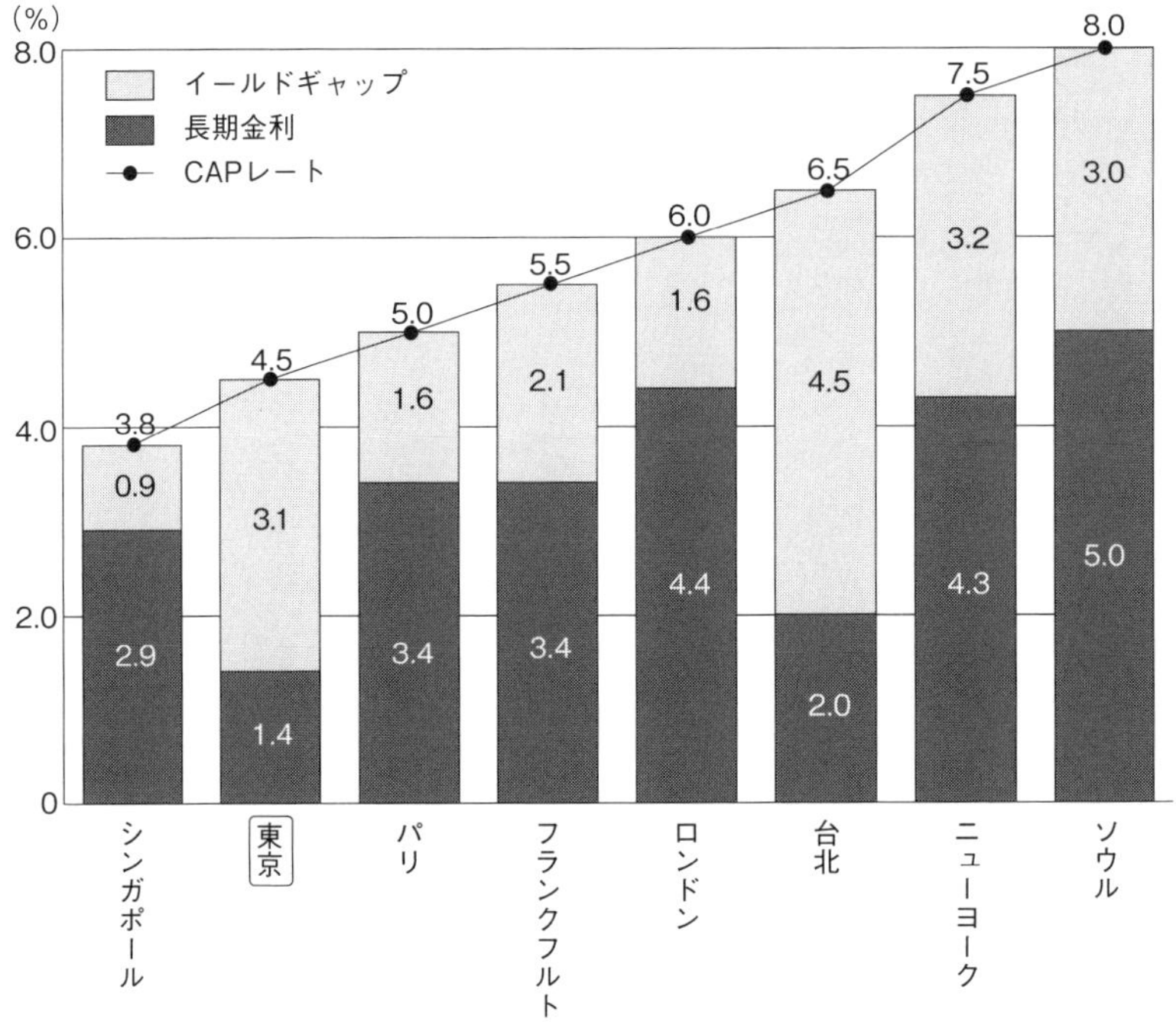

（出所）日本政策投資銀行レポートより

10年国債の利回り）との差異を指します。アメリカの不動産ならアメリカの10年国債の利回りを使います。イールドギャップが高いほど、投資のレバレッジが大きく利き、利益は出やすくなります。

このイールドギャップを各国と比較してみると、実は日本は世界の先進国よりもまだまだ高いです（**図60**）。マイナス金利政策を実施している日本では、資金調達コストが圧倒的に低いため、その分イールドギャップが大きくなるというわけです。

投資金額のほとんどをカバーする融資の調達金利とNET利回りの差が5％も確保できてい

れば、資産ポートフォリオに組み込むべき投資である、レバレッジの効果を理解して正しく不動産投資を行う投資家はそう考えています。

一方、金融商品のほうも伸び続ける世界経済の成長力を広く取り込むことができる投資信託で複利運用すれば、世界経済の伸び率や先にご紹介したＳ＆Ｐ５００の指標などからみても、５％は決して高い目標設定ではありません（またドルコスト平均法による積立投資で行えば長期的なリスクも抑え込めます）。以上のことからわかることは、金融リテラシーとポートフォリオの発想があれば、

不動産からのリターン　５％
金融資産からのリターン　５％

これくらいのリターンを得られるストック収入を目指すことは高すぎることも低すぎることもなく、大それた目標とはなりません。むしろ、高すぎる目標だとそれぞれもっと高いリターンを狙いすぎて銘柄や物件選びにこだわりすぎて時間ばかりかかるのでダメですし、低すぎる目標だとわざわざ手間とリスクをとって投資に踏み出す意欲が湧きません。

一定の金融リテラシーと不動産リテラシーを備えたら、小さい規模からでよいので、「一発ＫＯにだけはならない程度のポートフォリオを、このくらいのリターンを目標として設定して開始する」といった発想がよいのです。とにかく何もしないという現状を脱出して、前記のような目標設定でそれ

ぞれの投資をすぐに始めることをお勧めします。

中小企業においてこれらのストック収入を得る資産が目標どおりに形成できてくると、先に述べたようにストック収入が固定費をカバーし始めることによって、健全な財務体質が構築でき、経営に安定感が出てきます。またこのような取組みを中小企業全体で行われるようになれば、国全体の生産性や付加価値の面で寄与することとなる、私はそう信じています。

お金はＧＬＯＢＡＬに働かせる！　Ｇの財務戦略とＬの経営戦略で経営にブレークスルーを

グローバル時代に突入し、中小企業でも海外進出を図るケースはさほど珍しいものではなくなりました。ただ、今回のコロナショックでもわかったように海外進出のリスクはいまだに決して小さなものではありません。

業種にもよりますが私自身はグローバル時代だからといって中小企業の海外進出ばかりを無条件に勧めることはしません。現に海外進出を実行しているクライアントでも実際に成功したといえるケースは驚くほど少ないのが実情です。

それよりも何よりも資産形成がしっかりとできてチャレンジできる財務基盤を構築することです。これができれば競争力も高まりますし、最終的に地域の競合他社に対する優位性を発揮し、勝ち組企業となって、次第に残存者利益までも享受できるようになり、さらに利益やキャッシュフローが極大

図61　お金をグローバルに働かせる海外進出

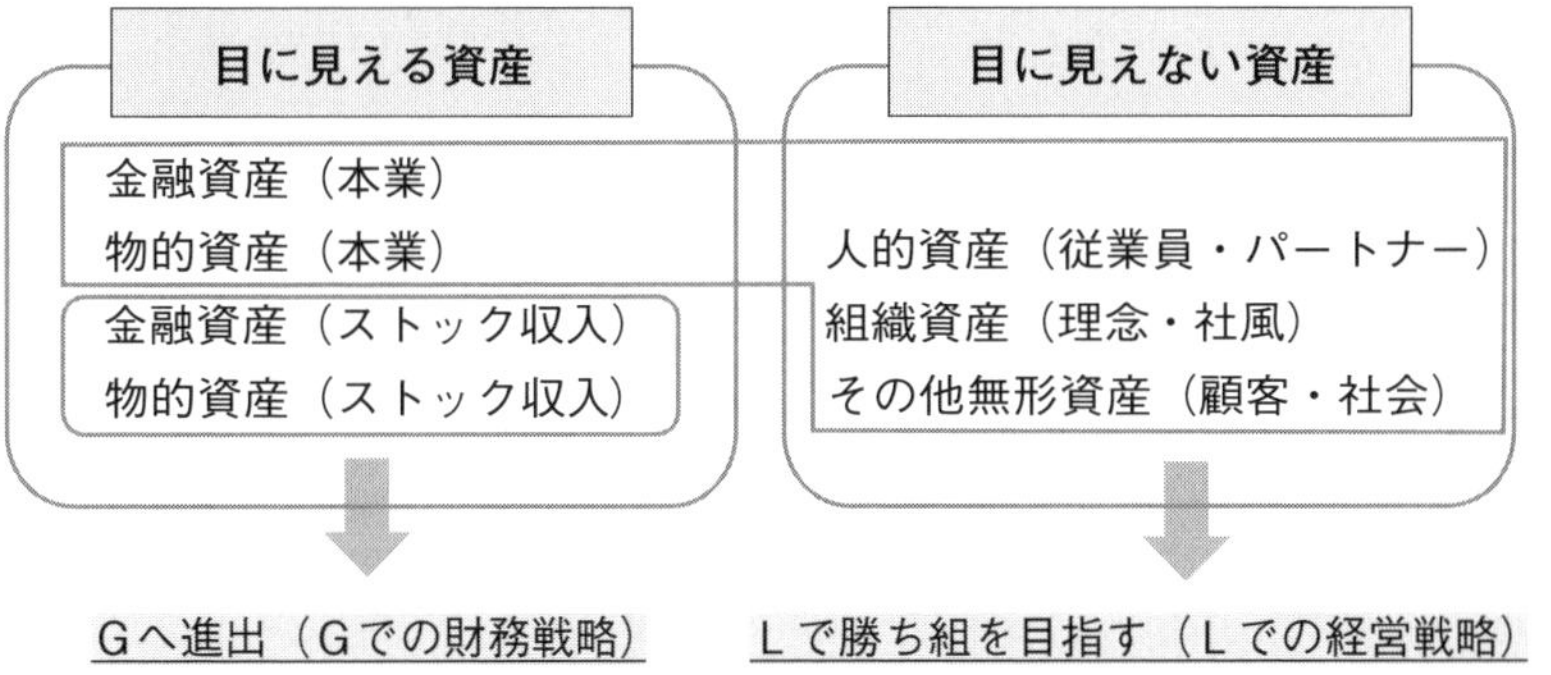

化できるのです。

ただし、長期的には地域経済はこれから訪れるパラダイムシフトにより経済成長しないという厳しい経営環境にさらされるので、世界経済のように利益やキャッシュフローを右肩上がりのカーブを描いて成長させ続けることはできないでしょう。

また、勝ち組企業同士の競争の成果として獲得した金融資産をＬＯＣＡＬに置いたままにしてしまうと、これからのインフレリスクや円安リスクにさらされて目減りすることとなってしまうでしょう。ではどうすればよいか？

そこで考えられるのが、自らの事業はＧＬＯＢＡＬに進出するのではないが、その地域経済（Ｌ）で獲得した利益からの金融資産を、積極的にグローバルな投資（Ｇ）に振り向けて進出させることです。これを**Ｌ→Ｇへの資産移転による資産形成**と呼びます。

本業は海外展開するのではないので、本業のための資産はＬに残し、ストック収入を得る金融資産だけをＬ→Ｇへと海外進出させるという資産形成をすることによって、海外の経済成長ペースを金融資産を通じて取り込もうというわけです。

これまで中小企業にとっての海外進出は本業での進出を意味するのが当然の考えだったと思います。しかし、本業の経営戦略面は国内に残して、財務戦略面で金融資産を海外進出することも広義の海外進出です。これこそまさに資産形成を実現できている経営者が行う、企業にとっての「最強のお金の働かせ方」だと私は考えています。

資産のポートフォリオが完成した企業のチャレンジは途切れない

企業の見える資産の海外進出ができてくると、資産ポートフォリオが完成に近づきます。そうなると、経営戦略の方向性や選択肢が増えていき、しかも組織資産や人的資産の蓄積もできてくるので、働く人々のモチベーションも極めて高くなります。中間管理職が要らないくらい自律的な働き方で業務改善にあたることも期待できます。

また社内からは社会の課題解決のために新規事業に取り組みたいという動きだけでなく、スピード感をもった業容拡大の実現のためにM＆Aに取り組むという動きまでもが次から次へと出てくるでしょう。

もちろん資産ポートフォリオの充実は、本業のほうも地域社会や取引先の信頼を強固にすることにつながり、ワクワクするような正のサイクルを描き出すでしょう。

また、この段階まで行くと経営者だけでなく社員全員の金融リテラシーも高い状態となります。企業としても、本業で蓄積した金融資産をそのまま預金で寝かしてしまうことなく、しっかりとした運用ポリシーのもとグローバルに分散された形で運用することで、本業以外の金融資産や物的資産ストック収入で固定費の大部分またはほぼ全部を賄えるようになるでしょう。

さらに経営者保証の解除を実現して（２３２ページ）、借入れをする際に、コロナショックのような経営者がどうしようもない外的ショックが企業を襲っても破綻や個人破産を気にすることなく経営戦略に集中することができるでしょう。経営者保証のような取らなくてもよいリスクを取らなければ、経営者は本来取るべきリスクを取ることに集中できるのです。結果として、これらを叶えられていない経営者と比べて何倍もリスクを取った経営上のチャレンジが可能となります。

ちなみにこの段階まで到達した企業では、異次元の利益体質になっているでしょう。そうなるとその企業の経営者は法人税等の税金負担に対して相対的に負担感が薄れるため、過度な節税をするという発想自体がなくなってきます。

同時に社会保険料の負担や残業代の未払いのことなどは全く気にならなくなり、結果として企業経営においての税務面ばかりでなく、法務面や労務面のリスクも大幅に減少することとなるでしょう。

資産形成に成功した企業の例

資産形成の実現のあり方は企業によってさまざまですが、ここからは私が実際にコンサルを数年間かけて行い、資産形成で変わることができた企業の実例についてご紹介します。

CASE① プラスチック成型加工会社――金融資産から資産形成に成功した企業

大阪でプラスチック成型加工販売業を手掛けるS社は、現在の社長が2代目で社歴の長い老舗企業です。医療機関や教育機関向けの定番商品が安定した受注を見込めることから、会社も安定供給をテーマとしており、売上自体が大きく増えることもありませんが、毎年7千万円ほどの安定した利益とほぼ同額のキャッシュフローを計上しています（財務面でも早い段階から実質無借金経営を実現しています）。

ただ、売上高の9割以上が国内マーケットに依存しているため、今後国内の経済成長は見込みにくいうえ、社風が安定志向で過度なリスクを取ることを避けたため、本業でこれまで蓄積した内部留保を、ストック収入を得られる金融資産に積極的にすることもなく、ほとんどを定期預金と生命保険にしたまま放置していました（生命保険も解約までの期間も非常に長いうえに解約してもほとんどリターンが得られない貯蓄性保険ばかりに加入していました）。

二代目社長はまだ38歳と若いため自分の代で自社が大きく飛躍できることを目指し、新規商品の開発や物流システムの近代化など、様々なチャレンジに取り組む意欲はあるものの、社内には経営変革

図62　CASE ①の現状分析

課　題	リスク
①　担保に提供されるわけでもない円建ての定期預金が３億円放置され、さらに毎月100万円ずつの定期積金を継続していた	定期預金にはほとんど利息が付かないし、インフレリスクがある。定期積金でさらに増加する
②　役員の退職金積立て目的の生命保険に多額の保険料（毎月300万円）を負担していた	ほとんどリターンがないし、インフレリスクもある。社長が若いので退職金に対する課税優遇も無くなるかも知れない
③　本業で外貨を必要としないため、あらゆる資産が円建てとなっている	すべての資産が円建てになっており、今後の円安リスクに備えができていない
④　資産形成は本業の金融資産と物的資産に偏っており、ストック収入が得られる金融資産や物的資産は一切ない	本業が一本足打法のうえ、取引先も医療業界に偏っている。もしも何かあったときに売上や固定費を補完する収入源がない
⑤　本業は一本足打法だが、成熟産業で新規参入もなく毎年安定した利益を計上している	業界内で新規参入もないが競合が大手ばかりになっていて、売上シェアを伸ばす余地も少ない
⑥　売上はこの３年間20億円前後で横ばい	内部留保があるうちに何か手を打たないと手遅れになる

を起こしていくような社風は見られません。

また資産形成の面でも定期積金や生命保険に代表されるように先代から慣習のように意味もわからないまま踏襲したものが多いため、社長自身も資産形成の面において何をすればよいかがわかっていない状況で、メインバンク経由で私にご相談があり、アドバイスを開始することになりました。

目標設定／資産ポートフォリオについて

〈課題①・③・④〉

・円建て資産から外貨建て資産への組み替え

円建ての定期預金を3億円置いたままにする「リスクを取らないことのリスク」を考慮し、定期預金で置いておく意義を話し合った結果、物流施設設備投資用に定期預金を1億円だけ残し、為替リスクを低減するためにまず1億円をドル建外貨預金に変更した。

・定期預金からリターンのある商品への組み替え

元本保証の定期預金のまま置いておくことについてのインフレリスクと資産運用リターンの機会ロスを考慮し、資産形成のフレームワークについて理解して頂いたうえで、定期預金の残り1億円を外国債券に、最後の1億円分を米国高配当株式ＥＴＦに投資した。

・定期積金を取りやめる

意味もなく続けていた定期積金を取りやめて、全世界株式連動型のインデックスファンドの積立投資に全額変更した。

〈課題②・④〉

・生命保険の見直し

損金性の高い貯蓄型生命保険に役員を被保険者にして加入することにより、今後退任予定の役員の退職金慰労金を効率よく積み立てることができている。ただし退職金に対する課税優遇が無くなるリスクと全額円建てで元本保証であることの為替リスク及びインフレリスクを考慮して、解約はせずにこれ以上の保険料の払いは取りやめて払済み保険とした。

保険料支払い月額３００万円をアジア株式連動型の投資信託の積立投資に充てることとした。

図63　CASE ①のビフォーアフター

取組開始前		利益向上要因		資産形成取組（５年後）
売上高	20億円	本業	５％	25億円（125%）
経常利益	0.7億円	ストック収入	65%	２億円（285%）
時価純資産	５億円	Ｍ＆Ａ分	30%	10億円（200%）

〈課題⑤・⑥〉

・**M&Aの活用**

一本足打法の解消を目的として同業他社の事業を買収するＭ＆Ａを行うことを中期経営計画に掲げ予算化した。

価値向上効果測定について

取組み開始から5年後の価値向上の成果に対する効果測定は次のようになりました。

- ドル円の為替が$90円から1$１００円となり大幅に資産全体及びドル建て資産比率が増加
- 金融資産からのストック収入が固定費の30%をカバー
- 現在金融商品のトータルリターンが１３３％（年率６％）となって資産全体の増加に貢献
- 中期経営計画に掲げたＭ＆Ａを予定どおり実施し、その分の売上高増収を実現した。また合併による繰越欠損金の引継ぎにより法人税負担額を減少させることができたため投資簿価の低減が可能となった。

図64　CASE ②の現状分析

課　題	リスク
①　本業は成熟産業で利益率も低いため、新規参入もなく毎年安定した売上と利益を計上している	仕入れ先も販売先も食品関連業界のためコロナのような外的な環境変化に弱い
②　売上は５年前の15億円程度から毎年大きく伸ばせないでいる	売上が本業一本足打法であるうえにマーケットの成長は見込みにくい
③　銀行の提案するスキームが理解できない	ホールディングス化や信託といったスキームは一般の経営者が理解することが難しいうえにコストも大きい。そして何よりそれらのスキームが経営面や家族の面にどのような影響がでるかを見る視野が欠けている
④　Ｍ＆Ａや新規事業に取り組むだけの人的資産や組織資産が形成されていない	現在の本業以外の売上を確保していく事業の多様化に取り組みにくい企業になっているため、改善が求められる

CASE②　食品卸売の会社——物的資産から資産形成に成功した企業

スーパーや飲食店向けの食品卸売業を手掛けるH社は、現在の社長が30年前に創業した企業で同業の廃業も多いことから売上自体はここ数年微増となっており、毎年堅調に５千万円ほどの利益とほぼ同額のキャッシュフローを計上しています。

こちらの企業もあまり人的資産や組織資産の蓄積に力を入れていなかったこともあり、本業が食料品卸業一本足であることに危機感を持っていましたが、新規事業やM&Aに取り組むことにはリスクを感じて踏み出せませんでした。またこれまで蓄積した内部留保はほとんどを定期預金にしたまま放置されていました。

社長は自身の事業承継を考え始めたのですが、メインバンクは相続対策であるホールディングスカンパニーの設立や信託の活用など、望んでもいない難解なスキームばかり提案してくるばかりで、不信感を募らせた社長はメインバンクの提案してくるスキームに対してのセカンドオピニオンを求めるべく私にアドバイスを求めてこられました。

目標設定／資産ポートフォリオについて

〈課題①・②〉

・ストック収入を得られる物的資産へ投資

本業で獲得した銀行に対する信用力をベースに積極的にストック収入を得られる物的資産に組み替える戦略をとった。また放置された定期預金は、物的資産に投資する際の頭金に活用できたことで、融資が受けやすくなり投資スピードが上がった。

・食品卸売業に加えて収益不動産のストック収入を目指す

不安定な本業だけでは事業継続に懸念があるためストック収入を得られる収益不動産からの家賃収入により固定費のカバーを目指す。

・太陽光発電事業により安定収入を目指す

収益不動産に集中することを避けるための資産ポートフォリオの視点から太陽光発電にも投資することにした。

・融資によるレバレッジを最大限活用

収益不動産も太陽光発電も融資を受けることによってレバレッジを活用して規模拡大を図ることに

した。

・税制優遇策の活用

生産性向上税制や経営強化税制といった中小企業の設備投資に対しての投資促進税制が常に手当されていたので活用できた。これにより投資効率がさらに高まった。

〈課題③〉

ホールディングスカンパニーや信託についてのメリット／デメリットを理解した結果、銀行が提案するスキームがいわゆる資産承継面のテーマばかりであることに気づいた社長は、ストック収入を確保しチャレンジできる財務基盤を作って経営承継に着手することが何より必要であることに気づいた。

〈課題④〉

ストック収入の確保で次第に財務基盤ができてきたので、社長は人的資産や組織資産を蓄え、M&Aや新規事業にチャレンジすることを決断できた。

図65　CASE ②のビフォーアフター

取組開始前		利益向上要因			資産形成取組（8年後）
売上高	15億円	利益向上要因	本業	15%	18億円（120%）
経常利益	0.5億円		太陽光収入	45%	1.2億円（240%）
時価純資産	5億円		不動産	40%	10億円（200%）

価値向上効果測定について

その結果、効果測定は次のようになりました。

- 毎年不安定だった利益が安定して見込めるようになった。
- 本業のこれまでの金融資産の蓄積は銀行から高く評価されていたので、多くの自己資金を持ち出さず、とにかく長期の融資を低金利で調達することができた。
- 収益不動産10億円から2％、太陽光発電は10億円の2.5％のＮＥＴキャッシュフローが合計４５００万円をストック収入として得られるようになった。

コラム 4

時間を買う！　中小企業もM&Aを活用できる時代に

先述のとおり、これから、経営者の価値観がお金より時間に重心移動し、企業の新陳代謝が進むと中小企業であってもM&Aをすることになります。

売る側に目を向けると、もともと2025年の事業承継問題でM&Aは増加していたところに、コロナショックが押し寄せたので社内の後継者に事業承継する準備が間に合わない企業でM&Aを考える企業は相当数出てくることでしょう。買う側からみると、これからの時代を生き残っていくために、既存の本業と違う軸足を持つための戦略としてM&Aをするということになるでしょう。

社内新規事業は一から形作れるメリットはあるものの、時間がかかります。M&Aは、おのずと「時間を買う」という観点で行われることが主流になるでしょう。

少し前はM&Aと聞くと経営者の間でも大企業が行う乗っ取りや敵対的買収といったイメージで捉えられていましたし、中小企業には縁遠いものだったかもしれませんが、最近ではM&A仲介会社もかなり増加していますし、各社それぞれ特色をもった活動をしています。以前よりはずいぶん一般的に中小企業でもM&Aが行われるようになってきました。私のクライアントでも年に数件、買う側がメインでM&Aをされています。

M&Aは何といっても売り情報が起点となって始まる取引です。以前はM&Aという性格上、水面下で匿名でひた隠しにして進められるイメージが強くありました。今も大きなM&A案件はこれまで通りに進められます。ただ、近年では会社を買いたい、という経営者がご自身でPCやスマホのサイトで検索して売られている会社を探すというスタイルが主流になりつつあります。

そこで売りに出されている企業を、経営者がPCやスマホから直接検索できるサイトを2つご紹介します。

バトンズ（https://batonz.jp/）

最大手の日本M&Aセンター（東証一部上場）が運営しているM&Aマッチングサイト。件数はまだまだ多いとは言えないが情報のほとんどが銀行や税理士経由であがってくるため、筋の良い情報案件が多い。また売り手側のアドバイザーも税理士である場合が多いので、M&Aの取引を丁寧に進めてもらえることが期待できる。

トランビ（https://www.tranbi.com/）

M&Aマッチングサイト最大手。売りも買いも簡単に登録できる手軽さから、圧倒的な件数が掲載されている、数百万円程度から買える手ごろな価格の案件が多く選択肢が豊富。ただし、登録に際してのハードルが低いため、案件自体は玉石混交となっている。よってこのサイト経由でM&Aを進める場合は、M&A経験の豊富なアドバイザーに依頼することと、案件精査（デューデリジェンス）を確実に行うことが肝要。

経営者なら知っておきたい！ M&Aの流れ

次に売る場合でも買う場合でも、M&Aを検討される経営者に知っておいていただきたいM&A取引の大まかな流れをご紹介します。

① M&A概要書類の作成
② 候補会社リストアップ
③ トップ面談
④ 基本合意
⑤ デューデリジェンス
⑥ 株式譲渡契約
⑦ クロージング

M&Aは、通常この流れをもとに進みます。実際は各ステップで細かいやり取りが発生しますが、おおよそ開始からクロージングまで3か月から6か月を要することになります。
期間に幅があるのは案件の売り手が早く売りたいかどうかによる部分もありますが、もう一つ影響が大きいのは売り手と買い手、またそれぞれのアドバイザーにM&Aの経験がどのくらいあるか、です。
売り手と買い手の両方でＭ＆Ａ経験がある経営者などほとんどいません。Ｍ＆Ａは会社を売るという大変大きなイベントですので、Ｍ＆Ａの経験豊富なアドバイザーにご依頼したほうがよいです。

Ｍ＆Ａで会社を高く売る方法

一般的にＭ＆Ａの譲渡条件を決めるために譲渡希望金額を出す場合の共通認識の相場として、以下の二つを合算した金額を算出して使われます。

解散価値としての時価純資産

将来キャッシュフローでのＥＢＩＴＤＡ（※）×**倍数●倍**（業種による）

（※）ＥＢＩＴＤＡ：Earnings Before Interest Taxes Depreciation and Amortization の頭文字をとったもので、税引前利益に支払利息と減価償却費などを足し戻して算出される簡便的な営業キャッシュフロー、あるいはキャッシュベースの利益と捉えることができます。

ただし、これはあくまでも目安ですし、これ以外の計算方法もいくつもあります。おおまかな共通認識の相場感として、この計算方法で自社の価値を把握することができるとお考えください。

なお、売る側は高く売りたい、と考えるものですが時価純資産やＥＢＩＴＤＡは過去の決算書に基づくものですからＭ＆Ａをすることになってからは操作のしようがありません。日ごろから決算書の見栄えは良くしなければならないことになりますが、唯一変わる要素があるとすれば、ＥＢＩＴＤＡの「倍数」です。この倍数に影響を与える主な要素としては、次のものがあります。

- キャッシュフローが安定して見込めそうな業種であること
- 成長中であり成長余地があること
- 業界で明確な優位性があること
- 顧客のデータベースが豊富であること
- 従業員の定着率が高いこと
- 社長や幹部といったキーマンがいなくても回る仕組みがあること

これらに該当することによってＥＢＩＴＤＡの倍数が大きくなることがあります。将来Ｍ＆Ａで会社を高く売ろうとしても、純資産やキャッシュフローだけでなく、やはり人的資産や組織資産もしっかり整える必要があります。

5

資産形成—成功の法則【これからの時代のアドバイザー】

答えのない時代に求められる新しいアドバイザー像とは

第5章

現在のアドバイザーの根本的な課題

資産形成という経営課題に取り組もうという中小企業に向き合ってきたアドバイザーには大きく分けて二つのタイプがいます。士業や経営コンサルタントといった特定分野のスペシャリストと、金融機関や不動産会社といった特定分野のブローカーです。

これまで異なる専門分野にまたがる課題が発生した場合、スペシャリストは対応する意思すら示しませんでしたし、現に自らの分野以外の課題に関しては全く機能しませんでした。一方ブローカーたちは顧客の課題を理解しようともせず、自社の販売スキームを押し付ける、といった顧客不在の販売手法を続けます。

こと資産形成の成果という点からは、いずれのアドバイザーも顧客の長期的な資産形成の役に立たなかったため、顧客の信頼を失い、顧客の資産形成への関心も失せてしまい、とうてい経営課題の解決に役立っているとはいえません。事業承継の２０２５年問題も控え、日本の中小企業に残された時間はそれほど多くないなか、これから求められるアドバイザー像はどのようなものになるのでしょうか？

まず、現在のアドバイザーに共通する根本的な課題を整理したいと思います。

(1) 顧客本位を貫けない基本姿勢

(2) 企業の課題全体を俯瞰していない視点
(3) 包括的なアドバイスができないタテ割りの視野の狭さ
(4) 個別の課題や現状を見ずに一般的な「答え」を教えるのみの姿勢がない
(5) 課題解決の答えを導くための寄り添った支援（実行支援）

といったところです。経営者の方であればほとんどが思い当たることばかりではないでしょうか？

こうしたアドバイザーの課題のいずれかやほとんどすべてのことが原因となって、中小企業の資産形成が思ったとおりに成し遂げられることはありませんでした。日本のアドバイザーは中小企業がかつてないほどの大きなパラダイムシフトという踊り場に差し掛かろうとしているのを見て、今こそ変わることはできるのでしょうか？

これからも金融機関や士業アドバイザーは役に立てないのか？

２０１４年にオックスフォード大学が発表して世界を驚かせた「ＡＩに取って代わられてなくなる職種」ランキングで、銀行の担当者、税理士、不動産のブローカーなど現在のアドバイザーが軒並みランキングしてしまいました。

法律や制度、先例、研究論文を広くあまねく精査し、公平・最適な判断をすることは機械（ＡＩ・ビッグデータ）のほうが得意なことがはっきりしていますので、過去の経験や知識にもとづいて「答え」を教える士業の現在のやり方自体が通用しなくなることは明らかです。

環境が激変しているにもかかわらず、これまでの先例や経験にだけ頼って画一的な「答え」を教えようとする姿勢を変えようとしない士業アドバイザーには付加価値がなくなっていきます。

こうした士業アドバイザーは、ヒアリングやコーチングという考え方を活用して課題解決のための現状分析や課題抽出をすることがコンサルティングの世界での潮流になっていることにも耳を傾けず、いくら立派なスキームをもってしても一方的すぎるため課題解決につながりにくいことに気づけていません。近年の複雑化した経営環境では、経営テーマは各社各様なのでオーダーメイドサービスを前提としていない士業アドバイザーは取り残されていくわけです。

一方、金融機関のほうは、2019年のかんぽ生命の不祥事など金融商品の営業ノルマの弊害に対する世論の批判の高まりを受け、顧客本位とは真逆のビジネスモデルに陥っていたことを認め、大手を中心に各社営業ノルマの撤廃を表明しました。

確かにそれ以降現場での手数料稼ぎを目的とした顧客不在の販売スタイルを見ることは減ったようです。ただ、本来期待されている顧客の金融リテラシーの向上や成功体験が蓄積するような取組みができているわけでもなく、牙を抜かれたライオンのように打つ手がなくおとなしくしているだけのように見えます。

その証拠に営業ノルマを撤廃した大手金融機関は、撤廃する前に比べて軒並み業績を悪化させています。営業ノルマがなくなって、顧客との接点が少なくなり、資産形成のアドバイスができなくなるようでは、営業ノルマのための手数料稼ぎのビジネスモデルだったと自ら証明しているようなものです。目の前にいるクライアントに資産形成の意義や手法を説きながら、資産形成に踏み出す一歩目を後押しするのが金融機関の仕事ではないのでしょうか？

果たしてこれからの厳しい経営環境を生き抜くような経営テーマを経営者と伴走して解決していけるようなアドバイザーは日本にいないのでしょうか？　あるいは、そのようなアドバイザーは今後現れることはないのでしょうか？

圧倒的なアドバイザー不足をどうやって乗り切るか

はっきりと言えることは、顧客不在のビジネスモデルを構築してきたことを悔い改め、心の底から顧客本位のビジネスモデルに移行しようとしないアドバイザーは生き残れなくなるということです。また、そうならない限り日本の中小企業の資産形成は手遅れになって、さらに世界から取り残されてしまうことは確実です。

顧客に対する向き合い方だけではありません。２０２５年の事業承継問題を抱えていたところにコロナショックが覆いかぶさったため、日本の中小企業の経営環境は日増しに悪化しており、生存率の悪化ペースは待ったなしの状況です。アドバイスの質や実効性の面からも、これまでのように一つ一つの資産や、見える資産だけといった単一テーマにしか着目しないアドバイザーは必要とされなくなるでしょう。

また課題解決の進め方についても、一方的に提案しておしまい、ということではなく、経営者へのカウンセリングと対象企業の企業価値の現状分析を行いながら、見える資産と見えない資産の包括的なマネジメントを実践していけるようなアドバイザーが求められることになります。

そのように考えると企業との向き合い方の基本姿勢やアドバイスの質、そして課題解決の進め方のすべてにおいて、これからの中小企業と向き合えるアドバイザーが少なすぎます。

何も手を打たなければ廃業してしまう可能性が高い百数十万社という膨大な数の廃業予備軍に対して、これまでのアドバイザーの課題を克服し、成果を出すことが期待できそうなアドバイザーがそもそも少なすぎるのです。

しかもそんな状況に追い打ちをかけるのが、税理士や弁護士といった士業アドバイザーの受験人口が減少の一途を辿っていることです（**図66、図67**）。

変わらなければいけないのは経営者だけではないのです。経営者を支えなければいけないアドバイザーがこんなことで中小企業の未来はどうなるでしょうか？

私は世の中のすべての中小企業にかかわるアドバイザーの皆さんが今から変わらなければ、この根深い問題は解決しないと考えています。そのためにこれからの時代にどんなアドバイザーが求められるについて、世界に目を向けてそのアドバイザー像のロールモデルを紹介し、説明したいと思いま

図66　税理士受験人口の推移

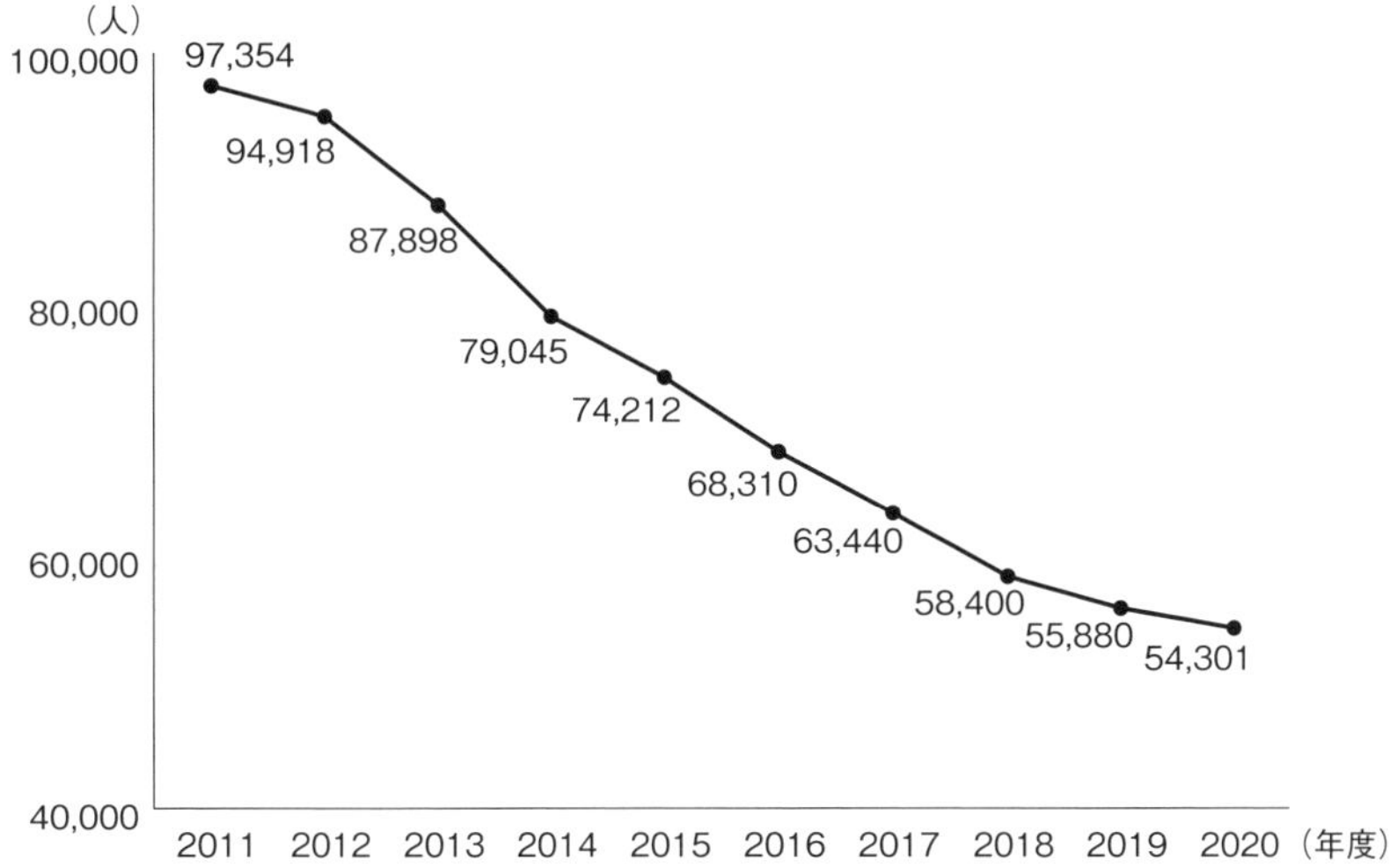

（出所）国税庁

図67　弁護士受験人口の推移

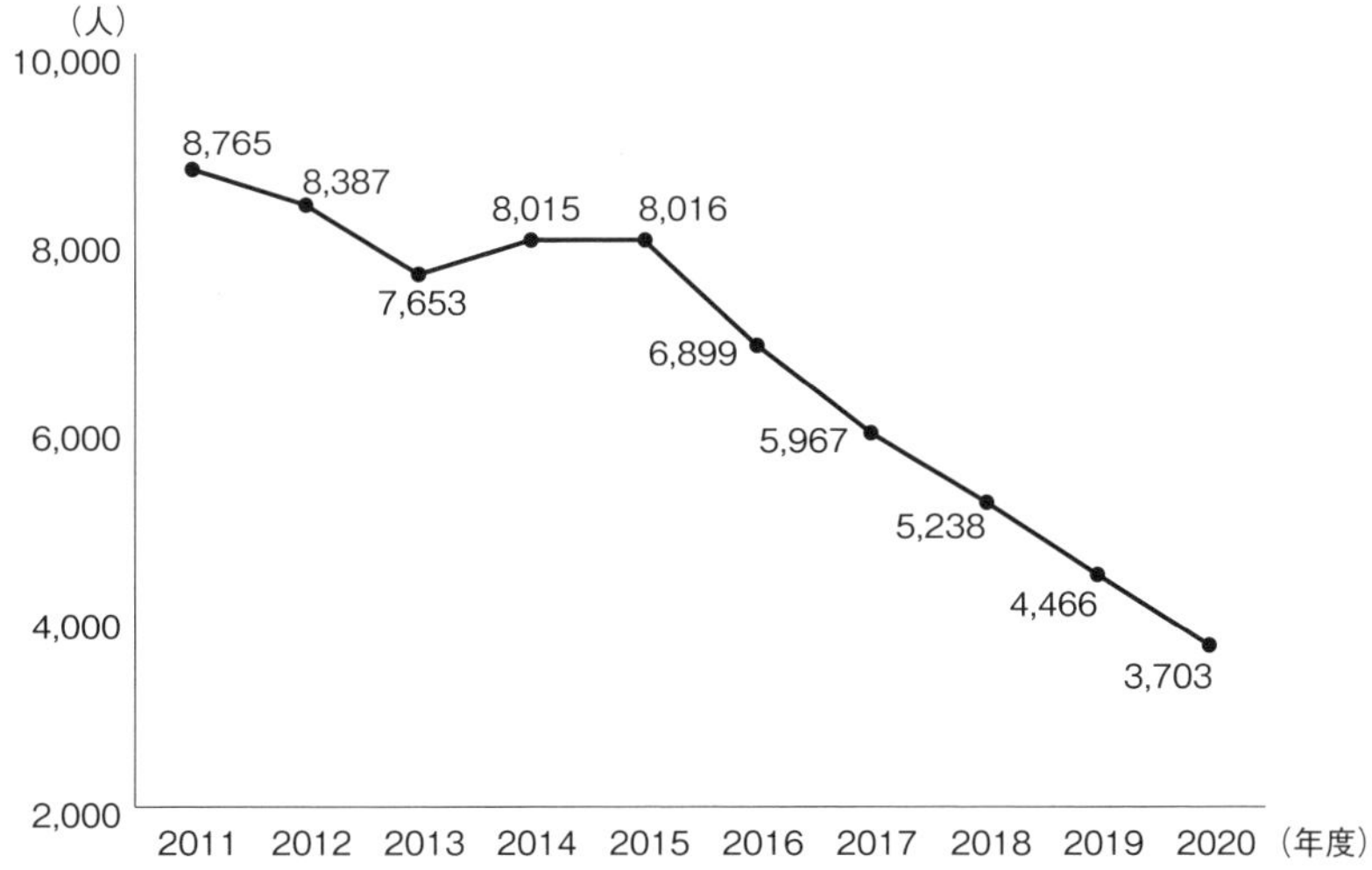

（出所）日本弁護士連合会

す。

中小企業の資産形成にコミットする！　これからの時代のアドバイザー像とは

それでは、中小企業の経営革新へのチャレンジやそのための資産形成の実現をサポートできるこれからの時代に求められるアドバイザー像をここに提起しようと思います。

①　自らの収益化に走らない顧客本位の考え方ができる。
②　すべてのステークホルダー（株主、取引先、家族、従業員など）に配慮できる。
③　商品やスキームは勧めず、現状分析から入り課題解決のソリューション提案ができる。
④　答えを教えるのではなく、伴走しながら課題解決のための実行支援ができる。
⑤　資産形成フレームワークを理解し、ローカル経営戦略＆グローバル財務戦略を実践する。
⑥　企業価値の改善幅にコミットできる。
⑦　企業価値創造に比例させた報酬体系をもっている。

①　自らの収益化に走らない顧客本位の考え方ができる

中小企業の資産形成によって、経営革新を実現するのだという使命感のないアドバイザーはそもそも務まりません。

自分本位の進め方のせいで顧客が資産形成に対する関心をなくしてしまった、というこれまでの失敗を繰り返さない、という意味では自らの収益化に走らないというのは、最も必要なファクターとなります。ただこれを徹底しようとすると、アドバイザー自身の経営にも収益性と健全性が求められることになります。この考え方の実践は、口で言うほど簡単ではありません。

②　すべてのステークホルダー（株主、取引先、家族、従業員など）に配慮できる

企業を支えているすべてのステークホルダーに配慮した視野を持たなければなりません。それは人的資産や組織資産を重視できる視野、とも言い換えることができます。これらステークホルダーが相互に結びついているということを経営者に理解させることやその結びつきを強化するための支援も大切なアドバイザーの仕事です。

③　商品やスキームは勧めず、現状分析から入り課題解決のソリューション提案ができる

これまで特定分野のブローカーも特定分野のスペシャリストにも多く見られた、自己都合による特定の商品やスキームを強く勧めて経営者に決断を迫るというやり方は絶対にやめないといけません。時間と手間はかかりますが、まずは企業ごとの現状分析を行ない、課題を見つけ出し、見つけ出した課題を解決するためのソリューションに取り組むための動機付けとマイルストーンを示す。これがこれからのアドバイザーのあるべき仕事の進め方です。

④　答えを教えるのではなく、伴走しながら課題解決のための実行支援ができる

アドバイスの仕方で、過去の知識や経験をもとにした課題や問題に対して「答えを教える」というスタイルは完全に過去のものです。

これからは答えのない時代です。北欧などでは「教える（TEACH）」という単語を教育現場から撤廃しています。答えを教える⟺覚えさせるという発想は過去のものとなり、教育や育成指導の現場には存在しなくなっています。

これからの時代の教育や育成指導は課題や問題に対する「答えを見つける」ためのスキルや手法を身に付けさせるスタイルに変わってきています。アドバイザーもこれに倣い、経営者に答えを教えるのではなく経営者に伴走しながら一緒に課題解決のための実行支援ができなければなりません。

⑤　資産形成フレームワークを理解し、ローカル経営戦略&グローバル財務戦略を実践する

これからのアドバイザーは、資産形成の正しいフレームワークを理解し、自らも実践していることが求められます。あらゆる投資におけるリスクとリターンの関係はもちろん、資産ポートフォリオやレバレッジを効かせた資産形成にはじまり、ローカルの経営戦略とグローバルの財務戦略が頭と身体に染み付いているアドバイザーでないと中小企業の資産形成の実践段階のアドバイスはできません。

⑥　企業価値の改善幅にコミットできる

これからのアドバイザーは、これからの時代に求められる企業価値を定義し、それを経営者に説明や理解をさせられることはもちろん、アドバイザーとして関わっている期間中のクライアント企業の企業価値の改善幅にコミットできる責任感を強く持てているべきです。

つまり結果にコミットできる自らのアドバイス手法や能力に対する確固たる自信とそれを発揮できるクライアントとの長期にわたる信頼関係を構築する力が求められます。

⑦　企業価値創造に比例させた報酬体系をもっている

企業価値の改善幅にコミットできるということは、改善幅に比例する成功報酬の体系を持つことができるということです。これは海外のＰＢ（プライベートバンク）などにみられる報酬体系ですが、日本ではいまのところ見当たりません。

中小企業にとっては、結果が出ても出なくても定額の報酬を請求されるということでは二の足を踏むこともあるでしょうが、企業価値の向上した財源の中から成功報酬で支払うということであれば、どちらにとってもフェアな考え方です。何よりも経営者が資産形成への取組みを開始することのハードルが下げられることになります。

繰り返しになりますが果たして、日本にこのようなアドバイザーが現れるのでしょうか？　また広く世界を見渡して海外であればそんなアドバイザーがいるのでしょうか？

海外では資産形成におけるアドバイザーとして、ＩＦＡがいますし、近年広く知られるようになったＰＢ（プライベートバンク）などがその役割を担っています。そして両者とも日本の同様のアドバイザーに比べると存在感は大きいように見えます。

ただ、いずれも基本は顧客の対象を個人富裕層をメインとしています。中小企業向けのアドバイザーとは呼ぶのは無理があるかもしれません。では、中小企業向けのサービスを提供しているチャネルは、世界を見渡しても存在しないのでしょうか？

いえそうではありません。海外の「ファミリーオフィス」という組織形態にそのヒントがあります。海外では近年単に資産を守りながら殖やすのではなく、資産を後の世代に継承し、一族やその事業が永続的に繁栄できるよう「ファミリーオフィス」という手法で資産管理することが広く行き渡っています。

ファミリーオフィスは究極のプライベート・バンキングと言われ欧米で発達した形態で、事業を行う経営者ファミリーが所有する事業や資産を積極的かつ安定的に経営・保全・運用し、現世代のリーダーシップ、役割分担や資産分配、未来世代への継承やその育成を行うことで、ファミリーの永続的な発展を目的として運営される外部機関を指します。なぜ海外でファミリーオフィスが必要とされたかについては、次の理由が考えられます。

●ファミリービジネス特有の難しさ

ここでいう「ファミリービジネス」とは同族で株式と経営を支配しているいわゆる「同族会社」を

指します。日本でも同様ですがファミリービジネスには株主や家族、そして経営の3つの視点に目配りする視野が必要になるため、ファミリービジネス特有の経営課題は複雑で多岐にわたるとされています。

●投資を感情や主観に頼らず客観的に行い続ける難しさ

企業価値向上のための投資や資産形成を世代を超えて長期間にわたって客観的に行い続けることは、思っているほど簡単なことではありません。経営者自身や家族のライフイベントなど感情や主観に左右されやすいものです。

●資産拡大よりも難しい世代間の継承

ＩＦＡやＰＢのように個人のライフプランに基づく資産形成のサービスと違って、企業に対して資産形成を通じて脈々と引き継がれていく企業価値向上のための本質的なサービスがファミリービジネスでは求められます。資産拡大ももちろん大事ですが、それ以上に何世代にもわたっての世代間の継承が重視されたため、資産形成だけではない法律面や税務面のアドバイスも包括的になされることとなりました。

私も以前、スイスやシンガポールのファミリーオフィスを数社訪問しましたが、海外のファミリーオフィスでは実際に資産形成の観点からのアドバイスだけではなく、内部に弁護士も税理士も抱えて

図68　富に対する経営者の価値観の変化

これまで	これから
時間＜お金	お金＜時間
投資リターン重視	富（色々な資産）の形成重視
目先の事業の継続を目指す	長期の企業の永続を目指す
自分ですべて完結	外部アドバイザーを活用

包括的な経営課題に向き合ったサービスを提供していました。そのときファミリーオフィスの経営者の言っていた言葉が印象に残っています。

「我々は100年以上の長期にわたってファミリービジネスのクライアントの資産を安全に増やしています。そしてクライアントの永続的な繁栄は我々にとっての共通目標でもあるので、あらゆる経営課題解決に一緒に立ち向かい、幾世代もの長期間にわたってサービスを提供するため絶対的な信頼関係があるのです」

資産形成に対する意識が進んでいる海外でも、ファミリービジネスにおける資産形成については、資産形成のプロに客観的な立場からのアドバイスを求めているからこそファミリーオフィスを必要としているのです。

経営者が大切だと感じるすべてのものを資産と捉える、ウェルス・マネジメント

ファミリーオフィスの存在からは、富める経営者一族がその繁栄が途絶えることがないようにプロの集団を雇い入れ、万全を期している姿が浮かび上がってきます。資産を築き上げることと同様に、それを何世代にもわたって

管理運用することに尽力する抜け目のない姿勢が、富裕層がその地位を維持できるゆえんなのでしょう。

ところで、世界では富（ウェルス）に対する価値観が深化しています。図68のように投資リターンや目先の事業継続を追いかけることはせず、多様な資産の形成を重視していっています。

これに伴い、富の形成に対するサービスも資産規模を拡大するだけだったものが、金融資産のみならず、家族、事業などといった経営者が大切だと感じるすべてのものを資産ととらえ、包括的にサポートするものへと高度化されています。この考え方を「ウェルス・マネジメント」と呼びますが、ウェルスマネジメントを自分ですべて完結することは難しいとされ、組織化された専門集団といった外部アドバイザーがワンストップで経営者の課題やニーズに向き合います。

そして経営者一族やその事業に向けてウェルスマネジメントを提供する組織形態がファミリーオフィスといわれるものなのです。

これは、日本の経営者が単独で特定分野のブローカーと向き合いながら資産形成の観点を持たずに行い続けた姿とはあまりにも違うもので驚きます。

ウェルスマネジメントの進んだ国々では資産拡大のみならず世代間の継承までも叶えられているのに対し、ひるがえって我が国では資産拡大の成果が乏しかっただけではなく、世代間の承継など発想すらなかったためにそれが叶うはずもなく、国全体が事業承継の課題を抱えたまま打つ手もなくその

図69　ファミリーオフィスの機能

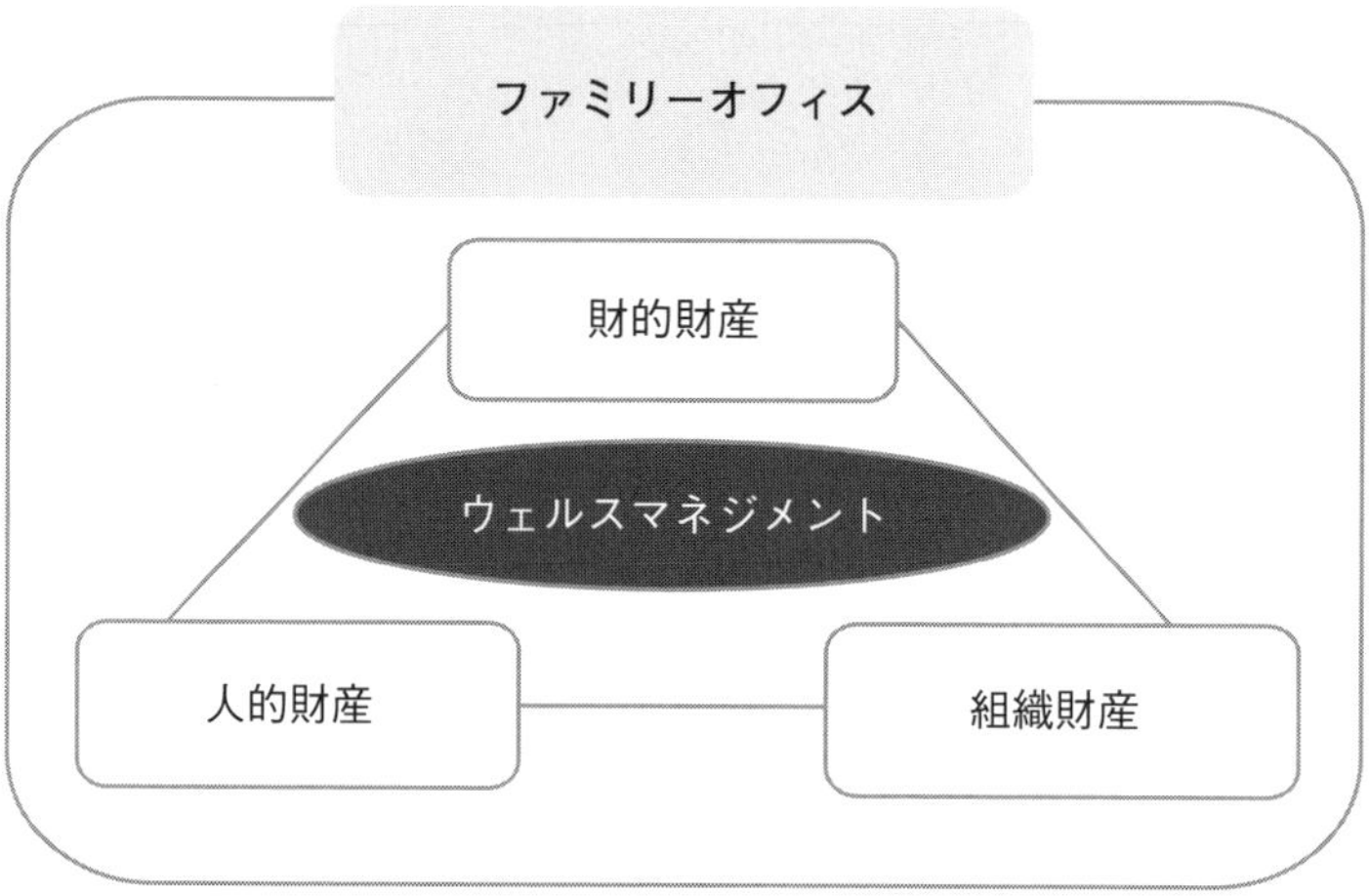

一族・事業のウェルスマネジメント

財的財産のマネジメント
- 事業資産（金融資産、不動産）のポートフォリオ管理
- 金融機関とのコミュニケーション

人的財産のマネジメント
- 後継者育成
- 事業承継体制の計画・実行
- 法務、会計、税務アドバイス

組織財産のマネジメント
- 経営理念の明確化
- 理念を具体化するための経営管理
- コンプライアンスやガバナンス機能

図70　ファミリーオフィスのサービス

	国内金融機関	プライベートバンク	ファミリーオフィス
対象顧客	不特定多数	個人富裕層	企業を経営する一族
サービス特徴	画一的サービス	顧客毎オーダーメイド	プライベートバンク機能＋次世代を含めた一族全体
資産の管理	国内認可商品の運用が中心	海外での運用が中心	プライベートバンク機能＋運用面のみならず税務、法務の面からもサポート
リスクの着眼点	経済リスクのみ	社会情勢の変化、戦争、政変	プライベートバンク機能＋世代を超えて
付帯サービス	規定外のサービスはなし	ホテルの手配、劇場予約、教育、税務等専門家紹介	プライベートバンク機能＋子弟の教育支援を含めた一族の基盤強化

（出所）JKWILTON&COMPANY　HPより筆者加工

時が来るのを待っているように見えます。

そう考えると、日本にこそウェルスマネジメントの考え方やファミリーオフィスの存在が必要だと私は思っています。

ウェルス・マネジメントの担い手であるファミリーオフィスサービスに学ぶ

さてここからはファミリーオフィスの果たす役割や機能と構造についてもう少し詳しくご説明しようと思います。

ファミリーオフィスの機能は、ウェルスマネジメントの考え方を貫き、世代を超えて資産運用とその資産を承継や育成することを通して経営者一族の富（ウェルス）全体を管理するというものです。つまり、見える資産（財的財産）と見えない資産（人的財産・組織財産）を包括的にマネジメントすることになるのです。

我が国の国内金融機関のサービスは富裕層とそうでない層との間で大きく変わることのない画一的なサービスが特徴で、富裕層が期待を超えるサービスを受けるということはまずありません。

プライベートバンクのサービスの特徴は、国内金融機関と比べものにならないくらい多岐にわたっていて、メインのサービスは幅広い視野での資産運用ですが、それに加えてホテルの手配や劇場の予約といった特別な体験を用意したりして富裕層に付加価値を感じてもらえるようにしています。

経営者一族に向けられるファミリーオフィスのサービスは、プライベートバンクの機能に加えて、資産運用面以外の世代を超えた事業承継のための総合企画サービスが付加されるのです。たとえば税務面、法務面の経営アドバイスや子弟の教育支援などは国内金融機関やプライベートバンクでは受けることができない、ファミリーオフィス特有のサービスです。

日本でのファミリーオフィスの発展

日本では「ファミリーオフィス」と聞かれても、「知っている」という方はほとんどいらっしゃらず、まだなじみのないものです。ファミリーオフィスを名乗る会社が無いわけではありませんが、そのほとんどが大手金融機関によるサービスか金融機関出身の方が行う金融サービスのどちらかです。よって本来のファミリーオフィスのウェルスマネジメントの考え方を持っているとは思えません。

私の会社でもファミリーオフィスサービスに2016年から取り組んでいますが、それでもなかなかその存在意義に対する認知度は上がってきません。

その原因は、見える資産と見えない資産を包括的にマネジメントする意義すらわからない、とか見える資産と見えない資産を包括的にアドバイスできるアドバイザーがいることすら知らない、ことだと思います。ただそんな悠長なことは言ってられないのが現状です。これからの時代、

- 市場の複雑化でプロフェッショナルサービスのニーズは拡大の一途を辿る。
- 日本では真のウェルスマネジメントができるアドバイザーが不足する。
- プライベートバンクすらない日本にはこれから絶対に必要となる。
- グローバル時代の資産形成に対して成熟した視野を持った組織が必要となる。

といった流れは止めることはできません。日本でもこれから急速にファミリーオフィスを提供するアドバイザーが増えてもらわないといけないと私は考えています。

資産形成のロールモデル「ファミリーオフィス」の活用で永続企業へ

さて、あらゆるステークホルダーから尊敬され、勝ち組企業として幾世代にもわたって永続を叶える企業を目指すためにすべきことは何でしょうか？

ここまで読み進めていただいた皆さんならおわかりかと思います。資産形成には様々なセオリーはありますが、セオリーを生かすも殺すも、フレームワークの第一歩である正しい動機付けと現状分析次第です。そこで経営者ご自身はまず、資産形成に踏み出すことへの動機付けと現状分析を始めましょう。

その際に、ファミリーオフィスやウェルスマネジメントの視野をもったアドバイザーの意見も聞けるとより早く目標に辿りつくことができます。現に私のクライアントの経営者は、そのことに気づき、資産形成に成功する企業が続々と生まれ始めています。

ここまでご説明してきたとおり、日本の中小企業に残された経営変革のための時間はさほど多くありません。本書でも今すぐに開始しないといけない中小企業の経営課題をいくつか挙げさせていただきました。

特に見えない資産を形成するのは、周りの人を巻き込まないといけません。したがって時間がかかりますし、何より見える資産が形成できていないと見える資産と見えない資産のどちらも枯渇してしまうことになりかねません。

先に見たこれからの時代に求められるアドバイザー像と、海外で発展しているウェルスマネジメントの発想やファミリーオフィスという組織には重なるところが多くあります。日本の中小企業の資産形成の成功のロールモデルの参考になれば幸いです。

コラム 5

ファミリーオフィスと海外PB（プライベートバンク）

ファミリーオフィスは、一定規模の資産を有する同族ファミリーとその事業の恒久的な繁栄を最終目標として、多世代を視野に入れて資産の運用及び事業承継等の財務的な管理計画を立案・実行するための外部機関です。企業側とアドバイザー側の共通目標を一族の永続的な発展とすることで、一族にとって事業承継の総合企画と財務面双方を担うのがファミリーオフィスの役割ということになります。

最大の特徴は資産の規模拡大よりも、それぞれの世代で築き上げた資産をいかにして、世代を超えて適切に管理・運用できるかということに重きを置くという姿勢にあります。つまり見える資産の資産運用アドバイスだけではなく、事業承継で世代を超えてバトンタッチしていく見えない資産にも着目する姿勢が徹底されているのです。

こうした目的を達成するために、ファミリーオフィスは会計士や弁護士、税理士などのプロフェッショナルを揃えたチームを形成して、一族とその事業のために専属で業務に当たります。

これがプライベートバンクとの最大の違いと言えます。プライベートバンクも顧客のニーズに合わせたサービスを行いますが、彼らは金融機関に所属しているため、中立性や専門性の点ではファミリーオフィスには遠く及びません。プライベートバンクはあくまでも金融資産の運用に関するアドバイスが中心で、後継者の教育などにも取り組むファミリーオフィスよりサービスが限定されることが多いのです。

ファミリーオフィスの歴史

ファミリーオフィスは、19世紀のアメリカ産業革命を契機に誕生したカーネギー、ロックフェラーなどの資産家の資産の保全・継承を目的に誕生しました。現在、アメリカでは3000以上のファミリーオフィスが存在するといわれています。アメリカ以外でもヨーロッパ、中近東、最近ではアジア、南米にも広がり、現在、世界中に1万社以上のファミリーオフィスが存在するといわれています。

ファミリーオフィスは原則「一ファミリーにつき一社」とされていますが、それだと資産規模が相当大きいファミリーを対象にしないと成り立たないので、最近ではマルチファミリーオフィスという、一社で複数のファミリーにサービスを提供する形態が増え、多くのファミリービジネスがさまざまなサービスの提供を受けています。今や、ファミリーオフィスは地域限定でも、超富裕層限定でもないのです。

海外ＰＢ（プライベートバンク）のサービス

ご存じの方もいらっしゃるでしょうが、日本は世界でも有数の富裕層が多い国です。富裕層と言われる資産総額が１００万ドルを超える資産を持つ人の数は、日本はアメリカに次ぐ世界で第二位となっています。にもかかわらず富裕層向けのサービスが成熟しているかといえば決してそんなことはありません。海外では古くから商業銀行とは別に「プライベートバンク」という銀行が存在し、富裕層向けのサービスを提供しているのに対して、そもそも日本では富裕層自身も、金融機関の担当者ですらプライベートバンクの何たるかを理解していないのが実情です。

近年になってようやく、少しずつプライベートバンクという用語を聞く機会は増えてきたと感じます。大手の国内金融機関が「プライベートバンク部門」という形でのサービスを富裕層向けに展開しだしたこと、またほかにも海外のプライベートバンクに勤めていた人材が日本で前職の海外プライベートバンクに取り次ぐ業務をしていることなども目立ってきているからでしょう。

ただ、これらのサービスと海外のプライベートバンクには大きな違いがあります。私もクライアントを通じて国内金融機関のプライベートバンク部門のサービスを拝見しますが、そこで見る光景は、依然として自社やグループ企業の金融商品を売ることに終始しており、名前はプライベートバンク部門と言っても、やはりどこまでいってもこれまでの画一的な金融サービスの延長にすぎません。

海外プライベートバンクは自社やグループ企業で金融商品を作ることはしませんし、あらゆる金融商品の知識を網羅し、顧客のニーズに基づいて中立的な立場から議論を重ね、最適なポートフォリオを提案することを当たり前としています。

両者を比較した場合、成り立ちや基本思想というＤＮＡが違いすぎて、国内金融機関がどれだけ背伸びをしてもナポレオンの時代から社会情勢の変化や戦争といったあらゆるリスクから顧客の資産を守り続けてきた海外のプライベートバンクには敵わないように見えます。

海外プライベートバンクの具体的な特徴は次のとおりです。

海外ＰＢサービスの特徴

１　基本スタンス

もともとプライベートバンク発祥の地であるスイスの伝統的なプライベートバンクといえば「無限責任のパートナーシップ」が原則とされてきました。「無限責任」とは取引で万が一のことがあった場合、顧客に対し経営者であるパートナーが個人的に責任を負うということです。これは日本では考えられない大きな特徴です。経営や運用の堅実さに絶対的な自信がある裏付けとして顧客の信頼を得る源泉となってきました。近年、経済のグローバル化に伴ってスイスの伝統的プライベートバンクにおいても「有限責任」へと転換していきつつありますが、まだ無限責任のプライベートバンクはありますし、有限責任に転換したプライベートバンクでも、これまでの伝統的な価値観や顧客との向き合い方をしているところは存在します。

スイスの伝統的なプライベートバンクでは経営者自身も自らの銀行に多額の資金を預けている

ことがよくあります。自行の質の高いサービスに自信があるからこそ、お金を預けられるのです。同じことができる日本の銀行経営者がいるでしょうか？　伝統あるプライベートバンクが維持している基本スタンスは以下のとおりです。

- 運用においては「減らさない」ことを心掛けている。
- 顧客のパートナーであるというプライドを持っている。
- 顧客本位（オーダーメイド）の考え方が徹底している。

このように顧客の資産を守り、顧客とその一族の繁栄をパートナーという立場で手助けすることを目的としているため、顧客本位の基本スタンスを貫けるのです。

2　顧客本位の手数料体系

日本の金融機関はほとんどが商品売買に対して、そのつど仲介手数料を徴収するモデルとなっています。一方、伝統的な海外プライベートバンクは顧客の預かり資産に応じて毎年管理手数料を徴収するモデルとなっています。

どちらが手数料として高くなるかは別として考え方が決定的に異なります。日本の手数料体系の場合は、顧客の資産が増えるか減るかにかかわらず、数多く商品売買したほうが銀行の利益は大きくなってしまいます。

一方、海外プライベートバンクの手数料体系であれば、顧客の資産を減らすことは自分たちの利益を減らすことを意味するので、「資産をいかに減らさないか」ということが最優先されるのです。顧客からしても、毎年管理手数料以上のリターンを出してもらえれば有難いということで顧客とプライベートバンクの利害が一致するのです。

著者ＰＢ訪問時の写真

3　減らさない運用

海外プライベートバンクのことを詳しく知らない方にとっては海外プライベートバンクのイメージは一部の限られたスーパーリッチ層に、一般庶民では購入できないような限られた高利回り商品を提供する、といったものではないでしょうか。

しかし、実際はプライベートバンクでは顧客から預かった資産を大きく殖やすことはそもそも目指していません。これはどの海外のプライベートバンクに聞いてもみな同様に言えることです。

伝統的なプライベートバンクが運用にあたって目指していることは、顧客から預かった資産を「減らさない」ことなのです。伝統的なプライベートバンクの信頼はこうやって生み出されてきたのです。

4 顧客本位（オーダーメイド）

海外のプライベートバンクは、国内の金融機関とちがってより密度の濃い、個別かつ個人的な対応を行います。海外のプライベートバンクに共通しているスタンスは顧客について徹底的に知ろうというものです。具体的には顧客の現状、課題、目標設定を聞き出すまでは運用を開始することはありません。

また、資産運用自体はほとんどプライベートバンクに一任されるのですが、運用戦略の選択肢や方針などは顧客にも理解させたうえで行われるのが特徴です。そこに貫かれているのは、上から目線のアドバイザーというものではなく、企業のＣＦＯのような立ち位置で、顧客の金融リテラシーを身に付けてもらうことも仕事と彼らは位置付けているのです。

このような顧客本位の姿勢が貫かれているのも、一族のパートナーであろうとするプライベートバンクに共通した経営目的によるものです。

5 付帯サービス

海外のプライベートバンクにはここまでに挙げた金融サービス以外にも以下の非金融サービスが用意されています。

- ステータス系：ホテル・劇場などの手配、独自のクレジットカードの発行

● 事業サポート：税理士や弁護士といった専門家の紹介
● 教育系：富裕層の子弟の留学斡旋
● チャリティ支援：良いお金の使い方のための慈善活動の紹介

海外のプライベートバンクは、富裕層に対してお金の「殖やし方」のサポートをするだけでなく、お金の「使い方」のサポートまでしていることがわかります。

6 オフショア生命保険

アジアのプライベートバンクを中心に海外の生命保険を活用する「オフショア保険」とよばれる手法を斡旋する銀行が増えています。私のクライアントでもこれを目的としてプライベートバンクとお付き合いを開始される方もいます。

基本はただの積立保険ですが、この生命保険を担保に、プライベートバンクが融資をしてくれることで、レバレッジがかかるのでとても大きい額の死亡保険金が設定できるという点が相続対策を考えている日本の富裕層にうけているようです。また、生命保険の商品自体も日本の生命保険とは比べ物にならないリターンが見込めるためデメリットの少なさから高い人気を得ています。

あとがき

私が税理士になってから15年になります。これまで多くの中小企業の経営者に対して税務の観点からの経営アドバイスを行ってきました。

私が資産形成についてはじめて関心を持ったのは前職のサラリーマン時代で税理士になるよりも前のことでした。そして手始めに宅地建物取引主任者の資格を取ったことでそれがより身近なものとなりました。そして税理士として中小企業の経営者と向き合ううちに、企業経営にとって最も大切なことが資産形成であることがわかり、そのためには資産形成の本質から理解しないといけないという思いを強くしました（また税理士としての専門分野を資産形成にしたことも自然な流れでした）。

そんな思いで自らも自社を通じて不動産投資をはじめとしたあらゆる投資を行い、資産形成を実践しました。何より有難かったことは、自らの資産形成を通して海外に目を向ける視点が持てたこと、クライアントの中で高度な資産形成に成功している経営者に共通するマインドを学ぶことができたことでした。

本書を通じて中小企業の資産形成の実態や資産形成の方法の一端をお伝えできたと思います。しかし、一番お伝えしたいことは資産形成に成功している経営者はどんな商品を買うかといった資産形成の方法をたくさん知っているわけではなく、共通した資産形成に対するマインドを持っているということです。
そう考えると、本来、一番資産形成の必要性を感じないといけない中小企業の経営者の多くが現状を認識せず、動機付けがなされていないことには驚きを通り越してがっかりします。経営者は自身や家族だけでなく、多くの従業員や取引先、ひいては社会に対して大きな責任を負っていることを忘れてほしくありません。

そのためにも今、経営者の方に本当に必要なことは、リスクを取って高い経営目的にチャレンジすることです。そして、そのためにはまず資産形成のためのフレームワークを理解したうえで、経営戦略として資産形成を位置付け「なりたい姿」を見定めることです。具体的には、見える資産と見えない資産の包括的な資産形成によって強固な財務基盤や経営基盤を作ることです。このことをお伝えするのに、本書は最もページを割きました。

そして、そうなれば、第4章でご紹介したような資産形成へのチャレンジを一歩踏み出し、その中で様々な視点からリスクを減らすための方法も、本業で国内の勝ち組企業を目指しつつ、財務戦略として国内で獲得した金融資産だけを海外進出させる「お金をグローバルに働かせる戦略」も採ることができるはずです。
こうした考え方は、海外はもちろん、日本でも成功している経営者に共通しているマインドです。

これまでも経営者の皆さんは、成功している経営者や海外に学ぶことはできたはずですし、そうするべきでした。

しかし、それができなかったとすれば、日本のアドバイザーが資産形成のことを理解していなさすぎて、経営者の皆さんはアドバイザーから、そのような有用な情報を得たり、支援を受けることができていなかったからです。いま中小企業に必要なことは資産形成を実現できるためのマインドセットとフレームワークといった仕組みなのです。

たとえば税理士の行う税務申告などの業務は国の税収確保のための重要な業務です。しかしこの業務だけでは中小企業の資産形成の仕組みづくりに役立っているように思えません。私はこうしたアドバイザーから変わらないといけないという思いが日増しに強くなりました。

そうして、私の会社では、目的が定まりチャレンジするための財務基盤もできたため、5年前から新規事業を立ち上げ、経営戦略としての企業磨きと財務戦略としての資産形成を包括的にアドバイスする業務に取り組んで現在に至ります。

第5章にご紹介したファミリーオフィスサービスは私の現在取り組んでいることそのものです。資産拡大だけではなく幾世代にも資産を継承できることをクライアントとの共通目標とし、企業価値拡大にも本気でコミットしようとします。いただく報酬も価値向上に連動したものにしていく予定にしています。

私の使命は経営者が経営目的にチャレンジできる資産形成を実現できるアドバイザーのロールモデ

ルを作ることです。詳しくは弊社ＨＰ（※）をご覧ください。

※株式会社Ｍ＆Ｔファミリービジネスサービス（https://mandt-tax.or.jp/familybusinessservice）

本書を参考にアドバイザーの皆さんの新たな発見や多面的な理解につながることを本当に願っております。本書はこれまで私自身の資産形成を通じての知識や経験だけでなく、資産形成のアドバイスを行ってきた中で成功している経営者の皆様から教えて頂いた中小企業の資産形成のノウハウをまとめることで、一人でも多くの経営者が「そんな方法があるのならやってみよう」というきっかけを提供するためのものです。

巷にある投資関連の書籍では個別の投資スキームや個別のおススメ商品といったテクニックを紹介するものが多く「資産形成を何のためにするか」としての視点が抜けているものが多いと感じます。その点、本書では、そういったことよりもなぜ資産形成をしないといけないのか、という目的や資産形成をするための価値向上のマインドセットや経営者がとるべきフレームワークといった仕組みづくりについて具体的に記述しました。

投資に必要な唯一のことは、資産形成の目的のためにブレないマインドを持ち続けるという姿勢です。それがないままテクニックに頼ってもこれまでの二の舞になるだけです。

また本書では「中小企業の経営者がとるべき」という視点を意識しました。その点を意識したのは、中小企業が日本経済の足を引っ張っており、中小企業が経営革新を起こすことが我が国が浮揚するための最も大きな原動力になると思うからです。

「人材のポテンシャルは高いのに、組織になると……」という指摘はすべての日本の経営者に突き付けられた挑戦状です。そう、日本はいまだに恵まれたリソースを活用できずにくすぶっている、私にはそのように見えます。逆にその分のびしろが大きいとも思います。

国全体を見ても家計に1800兆円、企業に1200兆円積みあがった資産のうち大半が現預金に放置され、活用できていません。全国民が、全中小企業が、国全体がお金を働かせるマインドを持てば1000兆円の現預金がリターンのある資産に変わり、何十兆円ものGDPの底上げが実現できるのです。

今、日本では人類史上最も速い人口減少による経済のパラダイムシフトが迫っていて、企業経営における不確実性がますます高まっています。日本の社会はこれまで未来を先取りする社会変革にことごとく失敗してきました。今度こそ成功させないと明るい未来は訪れません。このままでは我が国は二流国になり下がってしまうでしょう。

資産運用が尊敬され、ステータスが高い国には、資金だけでなく自然と一流の人材と情報が集まります。そうなればたとえ人口が増えなくても国は活性化するのです。人口減少という日本が直面している課題の解決の糸口も資産形成にあると思います。

目指すべきは小さくても高い経営目的を持った企業や高度な資産形成ができてチャレンジし続ける企業が尊敬されるような成熟した社会です。本書がそのための一助になることを心より願っています。

最後までお読みいただきまして、誠にありがとうございました。

今回出版の機会を与えてくださった中央経済社の皆さまと牲川健志様には大変感謝しております。

この場を借りて御礼申し上げます。

【著者紹介】

三反田　純一郎（さんたんだ　じゅんいちろう）

税理士
宅地建物取引士

1973年兵庫県生まれ。

早稲田大学商学部卒業。大手石油会社に入社し，GS（ガソリンスタンド）の戦略的不動産開発や経営企画に従事した後，税理士法人M&Tを設立し一部上場企業へのコンサルティング業務や，中堅中小企業に対する経営戦略の立案，M&A，組織再編支援など幅広いアドバイザリー実務に従事。

自らも行っている資産運用における投資対象は収益不動産にとどまらず太陽光発電や京都町屋と多岐にわたり，現在年間収入は１億円を超える。

2015年にそれまでの資産形成や事業承継の経験を活かすべく，株式会社M＆Tファミリーオフィスサービスを設立し，経営者に寄り添いながら，より専門的かつ総合的に企業磨きや事業承継を通じたウェルスマネジメント支援を行い，海外を範としたファミリーオフィスサービスを日本に普及する活動に尽力している。

会社の資産形成 成功の法則
「見えない」資産を築く最強の戦略

2021年３月31日　第１版第１刷発行

著　者　三反田純一郎
発行者　山本　継
発行所　㈱中央経済社
発売元　㈱中央経済グループパブリッシング
〒101-0051　東京都千代田区神田神保町1-31-2
電話　03（3293）3371（編集代表）
03（3293）3381（営業代表）
https://www.chuokeizai.co.jp
印刷／文唱堂印刷㈱
製本／誠製本㈱

ISBN978-4-502-37721-1　C3034